Systemtheorie

Campus Studium

Frank Becker ist Privatdozent für Neuere und Neueste Geschichte an der Universität Münster. *Elke Reinhardt-Becker* studierte Germanistik, Politik- und Kommunikationswissenschaft, sie ist Wissenschaftliche Mitarbeiterin an der Universität-GH Essen.

Frank Becker, Elke Reinhardt-Becker

Systemtheorie

Eine Einführung für die Geschichts- und Kulturwissenschaften

Campus Verlag
Frankfurt/New York

Die Deutsche Bibliothek – CIP-Einheitsaufnahme

Ein Titeldatensatz für diese Publikation ist bei
Der Deutschen Bibliothek erhältlich
ISBN 3-593-36848-X

Umschlaggestaltung: Guido Klütsch, Köln
Umschlagmotiv: Collage der Autoren
Gedruckt auf säurefreiem und chlorfrei gebleichtem Papier.
Printed in Germany

Inhalt

Teil II

Teil III

Vorwort

Wenn im Untertitel dieses Buches von einer „Einführung für die Geschichts- und Kulturwissenschaften" die Rede ist, dann handelt es sich bei dem Wörtchen „für" um viel mehr als nur eine Präposition – indem es die Systemtheorie sogleich mit einer Gruppe empirischer Wissenschaften verbindet, zeigt dieses „für" ein ganzes Programm an. Das Programm nämlich, die Systemtheorie nicht als Selbstzweck zu behandeln, sondern in den Bezug zu einem bestimmten Forschungsbereich: demjenigen der Geschichts- und Kulturwissenschaften, zu stellen. Keine Theoriedarstellung um der Theorie willen ist beabsichtigt, kein Beitrag zur ohnehin ausufernden sozialwissenschaftlichen Theoriediskussion, sondern eine Antwort auf die ganz praktische Frage, welchen Nutzen und Nachteil die Systemtheorie für bestimmte Forschungszweige besitzt. Diese Antwort soll in einer Weise gegeben werden, die einführenden Charakter hat, die nicht bereits ein entwickeltes Verständnis der Systemtheorie voraussetzt, sondern die Frage nach ihrer Anwendbarkeit noch mit der Frage nach ihrer Gestalt, nach ihren Begriffen und Denkkategorien verbindet. Der Leser, möglicherweise ein Student, möglicherweise aber auch irgendein anderer ‚Lernender', soll im Idealfall beides zugleich erfahren: was Systemtheorie überhaupt ist, und was man als Historiker oder Kulturwissenschaftler damit anfangen kann.

Die Frage, was man mit der Systemtheorie anfangen kann, ist gerade in der Geschichtswissenschaft bislang sehr skeptisch beurteilt worden. Häufig hieß es, daß der ‚Gebrauchswert' dieser Theorie sehr gering sei; denn auf den „Höhen der Luhmannschen Abstraktionsebene", wie Hans-Ulrich Wehler stellvertretend für viele seiner Kollegen formulierte, hat sich „historische Realität weithin verflüchtigt". Die Theorie setze so allgemein an, daß sie zur Erklärung konkreter geschichtlicher Phänomene kaum tauge; ihre Kategorien seien so abstrakt, daß es geradezu unmöglich sei, sie für die konkrete Quellenarbeit zu nutzen. Auch wenn es gleichwohl vereinzelte Stimmen gegeben hat, die dieser Auffassung widersprachen, blieben doch die Versuche, einer solchen Einschätzung auch forschungspraktische Taten folgen zu lassen, Mangelware; nach wie vor sind die historischen Studien, die von systemtheoretischen Begriffen angeleitet werden, an den Fingern einer einzigen Hand abzuzählen.

Dieser Befund überrascht insofern, als die Systemtheorie bei genauerer Betrachtung sehr viele Züge aufweist, die sie gerade für Historiker besonders interessant machen müßten. Immerhin legt einer ihrer Grundbegriffe, der Begriff der funktional differenzierten Gesellschaft, ein Verständnis der Moderne nahe, das von herkömmlichen Auffassungen entschieden abweicht. Traditionell wird behauptet, daß die moderne Gesellschaft primär von sozialer Ungleichheit geprägt sei; sie zerfalle in Klassen oder Schichten, die einander über- oder untergeordnet seien. Die Systemtheorie leugnet zwar nicht das Vorhandensein von sozialer Ungleichheit, hält sie aber nicht für das ausschlaggebende Gliederungsprinzip der modernen Gesellschaft; dieses Gliederungsprinzip sind vielmehr die verschiedenen Funktionsbereiche wie Politik, Wirtschaft, Recht oder Wissenschaft, die sich nicht zu einer Hierarchie gruppieren, sondern einander als gleichberechtigte ‚Umwelten' wahrnehmen. Wer die moderne Gesellschaft angemessen verstehen will, muß also die horizontale viel stärker als die vertikale Achse beachten – eine Forderung, die für die etablierten Sichtweisen in der Geschichtswissenschaft sicherlich eine Provokation darstellt.

Die Systemtheorie ist aber für Historiker auch insofern bedeutsam, als sie den Anspruch erhebt, *sämtliche* gesellschaftlichen Teilbereiche zu analysieren; denselben Anspruch also, den die Geschichtswissenschaft seit jeher für sich reklamiert. Wenn die Systemtheorie sowohl von Politik als auch von Wirtschaft, sowohl von Rechtsprechung als auch von Wissenschaft handelt und dabei große Bögen über die Jahrhunderte hinweg schlägt, dann ist dies ein Zugriff, wie er eigentlich nur für die Historiographie typisch ist; im Ergebnis werden Aussagen formuliert, an denen Historiker kaum achtlos vorübergehen können. Was so offenkundig auf dem Feld der Geschichtswissenschaft angesiedelt ist, muß von den angestammten Sachwaltern dieses Feldes einfach wahrgenommen werden, wenn sie den Ruf der primären Zuständigkeit für dieses Feld nicht verlieren wollen.

In den kulturwissenschaftlichen Fächern stellt sich die Situation völlig anders dar. So rar die historischen Studien bisher sind, die sich auf die Systemtheorie berufen, so groß ist umgekehrt die Konjunktur, die systemtheoretische Arbeiten in den kulturwissenschaftlichen Fächern haben. Diesen Fächern sollen hier nicht nur diejenigen Disziplinen zugeordnet werden, die sich traditionell mit kulturellen Phänomenen befassen, also die Literatur- und Kunstwissenschaften, sondern auch jene, die sich erst in den letzten Jahren verstärkt für diese Phänomene geöffnet haben: die Politikwissenschaft mit der Politischen Kulturforschung, die Sozialwissenschaft im Rahmen der Kultursoziologie, die Kommunikationswissenschaft durch ihren Fokus auf Medien und Zeichensysteme. Zusammen mit anderen Ansätzen hat die Systemtheorie hier für hohe theoretisch-methodische Standards gesorgt. Eine Geschichtswissenschaft, die sich durch ihre Wende zur Kulturgeschichte automatisch auch in die Nähe dieser Nachbarfächer gerückt hat, muß zu diesen Standards aufschließen, wenn sie auf dem Feld der interdisziplinären Kulturforschung auch in Zukunft eine Rolle beanspruchen will. Der allgemeine Trend zu einer solchen Kulturforschung läßt es im übrigen umso plausibler erscheinen, die Interessen aller hieran beteiligten Disziplinen mit einem einzelnen Einführungsband bedienen zu wollen.

Insbesondere vom systemtheoretischen Semantikbegriff können die Kulturgeschichte wie die Kulturwissenschaften in hohem Maße profitieren. Diesen Begriff darzulegen und in einem zweiten Schritt auch seine Anwendbarkeit zu diskutieren, wird eines der wichtigsten Anliegen unserer Einführung sein. Der Semantikbegriff eröffnet nämlich sowohl inhaltlich-konzeptionell, als auch im Hinblick auf die Methode neue Perspektiven. Inhaltlich-konzeptionell wird durch den Rückgriff auf die biologische Evolutionstheorie ein neues Verständnis der Wechselwirkung von Kultur und Gesellschaft entwickelt; auch die Frage nach der Ursache des Erfolgs oder Mißerfolgs von kulturellen Entwürfen wird in neuer Weise beantwortet. Auf der methodischen Ebene erlaubt es der Semantikbegriff, die unterschiedlichsten kulturellen Erzeugnisse, die unterschiedlichsten Text- und Bildsorten in strukturell ähnlicher Form zu analysieren – ein Verfahren, das bislang schon oft für notwendig erklärt, aber durch den eingeschränkten Blickwinkel der auf bestimmte Medien spezialisierten Einzelwissenschaften immer wieder behindert wurde.

Natürlich kann ein Buch, an das sich so konkrete Erwartungen von empirisch arbeitenden Wissenschaften richten, die Systemtheorie nicht in all ihren entlegensten Aspekten und feinsten Verästelungen nachzeichnen. Der Zugriff auf die Systemtheorie ist durch die gewählte Perspektive gewissermaßen von vornherein in doppelter Weise eingeschränkt. Die eine Einschränkung erfolgt dadurch, daß sogleich eine Beziehung zu den Fragestellungen und Forschungsinteressen der Geschichts- und Kulturwissenschaften hergestellt wird, die andere beruht auf dem didaktischen Gebot, nur die wichtigsten Grundlagen der Theorie in möglichst verständlicher Form darzustellen. Notwendigerweise kann die Theorie dadurch nicht in einer solchen Weise behandelt werden, die den reinen Theorieexperten als erschöpfend oder gar als bereichernd für das Verständnis der Theorie erschiene. Bereichert werden soll nur der Diskussionsstand um die Anwendbarkeit dieser Theorie in bestimmten Fächern. Ansonsten geht es einfach um die Präsentation einer möglichst verständlichen Einführung.

Vor diesem Hintergrund muß es auch gestattet sein, das mit dem Begriff Systemtheorie Gemeinte von vornherein auf das Denken Niklas Luhmanns zu beschränken. Das Aufzeigen von Positionen, an die Luhmann anknüpfen konnte oder die noch parallel zu seinen eigenen Arbeiten entwickelt wurden, eine fruchtbare Vorgehensweise für die Theoriediskussion, darf hier weitgehend entfallen. Gleiches gilt für die Rekonstruktion der verschiedenen Phasen in der Entwicklung des Luhmannschen Denkens, einen Zugriff, der ebenfalls in der Hauptsache für Theoretiker wichtig ist; wir hingegen wollen uns auf den ‚letzten Stand' der Überlegungen Luhmanns konzentrieren, auf die gleichsam zur vollen Höhe entwickelte Systemtheorie.

Jede Darstellung der Luhmannschen Theorie sieht sich mit dem Problem ihrer sehr eigenwilligen ‚Architektur' konfrontiert. Sie leitet nicht, wie die klassischen philosophischen Schulen, in strenger Deduktion Begriff aus Begriff her, um durch schichtweisen Aufbau zuletzt ein regelrechtes Gedankengebäude zu errichten; in diesem Fall bestände die Aufgabe des Referates nur darin, diesen Aufbau nachzuvollziehen – die Struktur der Darstellung folgte der Struktur der Theorie, Alternativen gäbe es nicht. Im Falle der Systemtheorie stellt sich die Situation komplizierter dar. Luhmann hat selbst darauf hingewiesen, daß seine Theorie eigentlich nicht linear dargestellt werden kann. Ihre Begriffe und Kategorien lassen sich nicht in eine strenge Reihenfolge bringen, wobei sich dann der jeweils folgende Begriff aus dem jeweils vorangehenden ergibt. Nur die Darstellungszwänge des Mediums Buch sorgen dafür, daß die Theorie in eine solche lineare Ordnung hineingezwängt wird. Eigentlich ist das Luhmannsche Denken eher zirkulär angelegt; alle Begriffe verweisen aufeinander, jeder Begriff setzt im Prinzip schon die Kenntnis der anderen Begriffe voraus. In dieses zirkuläre Geschehen kann man folglich an jeder beliebigen Stelle eintreten, um sich dann einen – genauso beliebigen – Weg durch die Theorie zu bahnen. Genau dies wird von den bisher vorliegenden Einführungen in das Werk Luhmanns bestätigt. Jedes dieser Bücher ist anders aufgebaut, jedes sucht einen anderen Zugang zur Theorie und ordnet ihre Elemente dann anders an. Auch wir müssen uns natürlich den Zwängen des Mediums Buch stellen. Um der zirkulären, im Grunde eher räumlichen als linearen Gestalt der Theorie gerecht zu werden, wollen wir aber zumindest auch graphische Darstellungen einsetzen; diese – wenn schon nicht drei-, so doch zumindest zweidimensionalen – Schaubilder sollen dazu beitragen, daß die Theorie, trotz der linearen Struktur des Textes, sofort auch räumlich imaginiert wird – und der Leser *muß* sie sich im Raum vorstellen, um sie richtig begreifen zu können. Die Zeichnungen sollen ihm dazu verhelfen, vom linearen Text zu abstrahieren und auf die Ebene der räumlichen Vorstellung zu gelangen; nur so sind die zahlreichen Wechselwirkungen zwischen den Elementen der Theorie auch in der intellektuellen Anschauung letztendlich noch zusammenzubringen.

Noch einige weitere Darstellungsprinzipien dieser Einführung sollen dazu beitragen, das Verständnis der Luhmannschen Theorie zu erleichtern. Auf wörtliche Zitate etwa aus den Werken Luhmanns wird verzichtet; solche Zitate weiten sich leicht zu regelrechten Zitatencollagen aus, die dem Leser dann die Frage eingeben, warum er sich nicht gleich an die Originaltexte wendet. Zudem geht die Distanz zwischen der zitierten und der kommentierenden Sprache, zwischen dem Duktus der Theorie und dem Duktus ihrer didaktischen Aufbereitung häufig sehr schnell verloren, wenn es ständig zu wörtlichen Übernahmen aus den Originaltexten kommt. Auch Fußnoten mit Hinweisen auf einschlägige Textpassagen würden den Text nur unnötig belasten. Statt dessen wird eine Auswahlbibliographie am Schluß Hinweise auf vertiefende oder weiterführende Literatur geben. Ansonsten sollen, wo immer möglich, Beispiele angeführt werden, um die abstrakten Denkfiguren der Theorie zu veranschaulichen. Solche Beispiele wird es im Haupttext geben, darüber hinaus aber auch, noch konkreter, noch alltagsnäher vielleicht, in den Unterschriften der graphischen Darstellungen, die sich in dieser Kombination von Bild und Text praktisch zu einer zusätzlichen Erläuterungsebene erweitern.

Selbstverständlich kann die Systemtheorie hier nicht vollständig präsentiert werden; jede einführende Darstellung, zumal auf knapp bemessenem Raum, muß selektiv verfahren. Wichtig ist es aber, die hierbei zugrunde gelegten Kriterien sichtbar zu machen. Zum einen soll es darum gehen, diejenigen Grundbegriffe und gedanklichen Grundoperationen vorzustellen, die für das Verständnis der gesamten Theorie unverzichtbar sind; zum anderen wollen wir uns auf solche Theorieelemente konzentrieren, die für die Geschichts- und Kulturwissenschaften von besonderem Interesse und von besonderer Relevanz sind. Gerade bei der Präsentation der letztgenannten Elemente muß immer auch deutlich werden, worin das Neue und Andere im Vergleich zu etablierten Sichtweisen besteht. Gerade die Geschichtswissenschaft wird sich nur dann zur Systemtheorie öffnen, wenn ihr hier Kategorien zur Verfügung gestellt werden, mit denen sie ungewohnte Perspektiven und neue Erkenntnisse gewinnen kann, die ihr ohne diese Theorie unzugänglich blieben. Solche Neuansätze sind sowohl auf der inhaltlichen, das Gesellschafts- und Geschichtsbild betreffenden, als auch auf der methodischen Ebene denkbar. Um die auffindlichen Aneignungsmöglichkeiten grundsätzlich so deutlich sichtbar wie möglich zu machen, wollen wir in den einschlägigen Passagen immer wieder auch Fragestellungen entwickeln, die auf der Grundlage systemtheoretischen Denkens bearbeitet werden könnten. Um von dieser Potentialität auch zur Realität zu kommen, führen wir im Schlußteil des Buches zwei Anwendungen der Luhmannschen Kategorien auf historisch-kulturelle Probleme selbst durch – die echten Skeptiker sind schließlich erst dann überzeugt, wenn die Anwendbarkeit einer Theorie tatsächlich demonstriert worden ist.

Niklas Luhmann – zur Person

1927 wurde Luhmann als Sohn eines Brauereibesitzers in Lüneburg geboren. Nach dem Jurastudium in Freiburg 1946-49 trat er in den höheren Verwaltungsdienst ein. Diese Tätigkeit, die ihn in intensiver Form mit der Funktionsweise und der Arbeitslogik von Organisationen vertraut machte, wird oft als biographischer Auslöser für das besondere Interesse an einem ‚systemischen' Denken interpretiert. Das abstrakte Nachdenken über Organisationen und ihre Arbeitsweise führte Luhmann mit einer gewissen Folgerichtigkeit zur theoretischen Soziologie. Ein Studienaufenthalt 1960/61 in Harvard bei Talcott Parsons, einem der profiliertesten Vertreter des systemtheoretischen Denkens, leitete die akademische Karriere in Deutschland ein. 1962-65 war Luhmann an der Hochschule für Verwaltungswissenschaft in Speyer tätig, bevor er im Rekordtempo die formalen Hürden meisterte: 1966 wurde er von Helmut Schelsky in Münster sowohl promoviert als auch habilitiert. Zwei Jahre später folgte der Ruf auf einen Lehrstuhl für Soziologie an der Universität Bielefeld. Kurz darauf trat Luhmann in einen Streit mit dem Frankfurter Philosophen und Sozialtheoretiker Jürgen Habermas ein, der als „Habermas-Luhmann-Kontroverse" beide Wissenschaftler binnen kurzer Frist bekannt machte. Während Habermas den emanzipatorischen Anspruch einer kritischen Sozialwissenschaft hochhielt, galt Luhmann seinen progressiven Kritikern – und diese Stimmen beherrschten die intellektuelle Diskussion im Deutschland der 1970er Jahre – als unpolitischer, ja tendenziell konservativer Sozialtechnologe. Luhmann selbst hat dieses politische Schubladendenken nur mit leisem Spott quittiert. Wichtiger war ihm die Weiterentwicklung seiner Theorie, bei der es 1984 mit der Veröffentlichung des programmatischen Werkes „Soziale Systeme“ zu einem Durchbruch kam, der in der Forschung als ‚autopoietische Wende‘ beschrieben wird. Nun hatte Luhmann sich endgültig gegenüber Parsons und anderen Vertretern des systemtheoretischen Denkens profiliert und einen originären Ansatz entwickelt, der den Ausgangspunkt für eine vollständig neue Analyse der Gesellschaft und ihrer verschiedenen Funktionssysteme bilden konnte. Der Ausarbeitung dieser Analyse war die folgende Zeit gewidmet, in der Luhmann in beeindruckendem Arbeitstempo, das sich in den Jahren nach der Emeritierung in Bielefeld 1993 noch steigerte, mehrere große Monographien vorlegte. 1998 setzte der Tod diesen Anstrengungen ein Ende.

Teil I

Worauf antwortet die Systemtheorie? – Drei Probleme aus dem Alltag

Drei Schüler desselben Abiturjahrgangs treffen sich nach drei Jahren wieder. Inzwischen hat der eine sechs Semester Jura studiert, der andere ein halbes Wirtschaftsstudium absolviert, der dritte eine Karriere im Studentenparlament eingeschlagen. Bei ihrem Gespräch, auf das sie sich sehr gefreut hatten, müssen sie sehr schnell feststellen, daß sie sich nicht mehr verstehen. Die gemeinsame Denkhaltung, die während der Schulzeit ihre Freundschaft getragen hatte, will sich nicht wieder herstellen. Bei jedem Thema hat der angehende Jurist eine bestimmte Sichtweise, genauso der Ökonom und der Nachwuchspolitiker, die den beiden jeweils anderen Gesprächspartnern fremd bleibt. Der Jurist scheint die Dinge nur noch nach juristischen Kriterien beurteilen zu können, der Kaufmann bringt mit allen Problemen einzig Gewinne und Verluste in Verbindung, und der Politiker sieht überall Machtverhältnisse am Werk. Fast hat man den Eindruck, als handle es sich gar nicht um dieselbe Realität, auf die die drei Sprecher Bezug nehmen. Jeder entwirft sich aufgrund der Denkkategorien, die seiner Ausbildung und Tätigkeit entsprechen, eine eigene Wirklichkeit. Sie leben in verschiedenen Welten, müssen die drei „Ehemaligen" am Schluß ihres Treffens feststellen, und es ist für sie kaum noch möglich, einen gemeinsamen Realitätsbezug aufzubauen.

Ein Mann und eine Frau haben sich über eine Agentur zu einem „blind date" verabredet. Beide sehen diesem Treffen so nervös wie ratlos entgegen. Schon die Wahl der Kleidung wird zu einem großen Problem. Zahllose Alternativen bieten sich an, und jede von ihnen konnotiert einen bestimmten Geschmack, ja sogar einen bestimmten Lebensstil, der bei dem unbekannten Gegenüber Zustimmung oder Ablehnung auslösen kann. Wie einfach die Welt doch noch war, als feste

Kleiderordnungen hier für Eindeutigkeit sorgten, und ein bestimmter Habit nicht einer individuellen Wahl zugerechnet werden konnte! Jetzt allerdings wird jede Entscheidung zum Bekenntnis, und das Gegenüber, das ebenso viele Wahlmöglichkeiten hat, muß in derselben Weise fürchten, sich „falsch“ zu verhalten. Was für die Kleidung gilt, setzt sich anschließend bei der gesamten Begegnung fort. Die Begrüßung kann förmlich oder lässig, das Gespräch höflich oder vertraulich, das Benehmen bei Tisch korrekt oder häuslich-gemütlich sein – stets gibt es eine große Bandbreite von Optionen, und es ist für beide Beteiligten schier unmöglich, die Entscheidungen des jeweils Anderen vorauszusehen.

Zwei Nachbarn haben zur gleichen Zeit ein Erbe angetreten. Dabei sind viele Dinge angefallen, die zwar noch brauchbar, aber im eigenen Haushalt bereits vorhanden sind. Die Nachbarn beschließen, miteinander ins Geschäft zu kommen: die jeweils überzähligen Objekte gegen die noch benötigten zu tauschen. Schon nach kurzer Zeit hat sich ein handfester Streit entwickelt. Der Tauschwert der Gegenstände wird zu unterschiedlich eingeschätzt. Während der eine Nachbar mit dem Wert des Holzes argumentiert, aus dem ein alter Tisch besteht, weist der andere darauf hin, daß solche Möbel längst aus der Mode gekommen seien; wo umgekehrt jener auf den Seltenheitswert einer antiken Standuhr pocht, macht dieser geltend, daß ein solches Instrument im Zeitalter der Armbanduhr doch völlig überflüssig sei. Insgeheim überlegen beide noch, ob der Nachbar überhaupt würdig ist, bestimmte Gegenstände zu besitzen, an denen die Erinnerungen der eigenen Familie hängen. Ein Segen, denken beide, daß im Supermarkt die Preise der Waren festgesetzt sind und man mit Geld dafür bezahlen kann, ohne ständig über den Wert oder Unwert jedes einzelnen Objektes streiten zu müssen!

Drei Situationen, die in dieser oder ähnlicher Form tagtäglich erlebt werden. Situationen, die in vielerlei Hinsicht für die moderne Gesellschaft charakteristisch sind. Drei Situationen aber auch, in denen Phänomene sichtbar werden, die für die Systemtheorie Niklas Luhmanns von entscheidender Bedeutung sind.

Wie jede sozialwissenschaftliche Theorie, so nimmt auch die Systemtheorie von ganz elementaren Beobachtungen der Gesellschaft ihren Ausgang. Das begriffliche Gerüst, das am Ende der theoretischen Bemühungen steht, mag sehr abstrakt wirken und den Eindruck erwecken, sich weit von der konkreten gesellschaftlichen Praxis entfernt zu haben, doch die Ausgangsbeobachtungen, die das Nachdenken in Gang gesetzt haben, sind unmittelbar auf das tagtägliche Erleben bezogen. Wie die Gesellschaftstheorie des Marxismus von der Wahrnehmung der sozialen Ungleichheit, des Gegensatzes von Besitz und Besitzlosigkeit angestoßen wurde, so sind für die Systemtheorie Phänomene von Bedeutung, die in den drei Beispielen angedeutet wurden. Im ersten Beispiel geht es um Arbeitsteiligkeit und Expertentum sowie die hieraus resultierende Verschiedenheit der Wahrnehmungsweisen und Weltbezüge. Das zweite Beispiel zeigt die Potenzierung der Wahlchancen des modernen Menschen und die sich daraus ergebende Unsicherheit an; und zuletzt wird im dritten Beispiel noch auf die Erleichterung hingewiesen, die universell verwendbare Tauschmedien wie das Geld für ein kompliziert gewordenes Wirtschaftsleben bedeuten können. Alle drei Aspekte spielen für die Systemtheorie eine entscheidende Rolle, auch wenn sie letztlich in eine Theoriesprache gekleidet werden, die sie von der alltäglichen Beobachtung sehr weit wegzurücken scheint.

Die Systemtheorie bezweckt also wie jede Gesellschaftstheorie nichts anderes als die Erklärung aktuellen wie vergangenen sozialen Geschehens. Dinge, die in der Realität anzutreffen sind, denen jeder ständig begegnet, aber oft mit Verwunderung oder Unverständnis gegenübersteht, werden mit Hilfe allgemeiner Aussagen über das Funktionieren der Gesellschaft erläutert. Die allgemeinste und grundlegendste Aussage, die Luhmann in diesem Sinne trifft, ist die Aussage, daß es Systeme gibt. Dieser Satz wirkt zunächst wenig spektakulär. Er entfaltet seine volle Bedeutung erst dann, wenn man sich vor Augen führt, was Luhmann unter Systemen versteht. Systeme sind vor allem *nicht* das, was gemeinhin unter ihnen verstanden wird: große Organisationen, oder auch, mit deutlich negativem Beigeschmack, das ‚politische System' eines Landes. Luhmann setzt hier viel grundsätzlicher an; es geht ihm nicht darum, Gebilde zu analysieren, die üblicherweise als Systeme bezeichnet werden, sondern ein *systemisches Denken* zu entwickeln, das sämtliche gesellschaftlichen Phänomene als Systeme auffaßt, das heißt auf der Basis eines unterstellten systemischen Funktionierens beschreibt und analysiert.

Der Systembegriff

Was aber versteht nun Luhmann unter einem System? Hier sind vor allem drei Kriterien von Bedeutung. Ein System ist erstens immer etwas Zusammengesetztes. Es kann niemals aus nur einem einzigen Element bestehen. Damit ist schon klar: Systemisches Denken wird niemals isolierte Einzelphänomene untersuchen, nicht einmal zuzugestehen bereit sein, daß es solche Phänomene gibt. Nichts steht ganz für sich allein und ist in dieser Singularität erschöpfend zu beschreiben, alles ist mit anderem ‚zusammengesetzt' und nur in dieser Kombination hinreichend zu charakterisieren. Aus dem Gesichtspunkt der Kombination verschiedener Elemente leitet sich auch das zweite Kriterium für die Bestimmung eines Systems her. Zwischen den Elementen, aus denen ein System zusammengesetzt ist, bestehen Wechselwirkungen. Die Elemente, die das System konstituieren, sind nicht nur additiv nebeneinander aufgereiht, sondern in vielfältigen Relationen aufeinander bezogen. Das System, der systemische Zusammenhalt, ist gewissermaßen das Produkt all dieser Wechselbeziehungen zwischen den einzelnen Elementen. Wo es keine solchen Wechselbeziehungen mehr gibt, und das ist der dritte Gesichtspunkt, endet der Systemzusammenhang und beginnt die sogenannte „Umwelt". Die Welt zerfällt aus dieser Perspektive in zwei Teile; den einen Teil bildet das jeweilige System, das gerade in den Blick genommen wird, den anderen Teil die gesamte außerhalb dieses Systems liegende Welt, die für das System den Status einer Umwelt hat.

Zusammenfassend läßt sich definieren: Systeme sind Mengen von Elementen, zwischen denen Wechselbeziehungen bestehen. Alles, was nicht Element des Systems ist, was nicht dazu gehört, ist dessen Umwelt.

Als Beispiel für ein in dieser Weise verstandenes System kann eine biologische Zelle dienen. Eine Zelle ist aus verschiedenen Elementen zusammengesetzt, löste man diesen Zusammenhang auf, existierte sie nicht länger. Die Elemente der Zelle – die Mitochondrien, der Golgi-Apparat usw. – können nur in ihrem Wechselspiel eine lebensfähige Einheit bilden. Jedes Element wäre für sich allein

Abbildung 1: Der Systembegriff

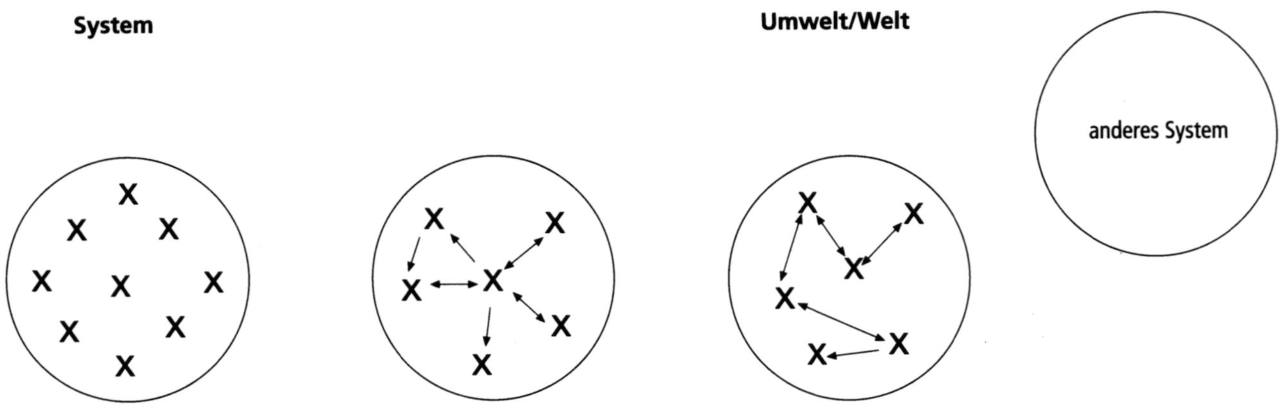

1. Jedes System besteht aus verschiedenen Elementen.
2. Die Elemente des Systems stehen in Wechselbeziehungen zueinander.
3. Das System endet dort, wo diese Wechselbeziehungen enden. An dieser Stelle beginnt die Umwelt, die aus der gesamten Welt und allen anderen Systemen besteht.

nutzlos. Die Zelle sieht sich einer Umwelt gegenüber, die prinzipiell mit der gesamten Welt, sofern sie nicht zu eben jener Zelle gehört, identisch ist. Mit dieser Umwelt tritt die Zelle nach Maßgabe ihrer Reprodukionsbedingungen in einen Austauschprozeß ein.

Komplexität

Zwischen den Elementen eines Systems kann es eine größere oder kleinere Zahl von Wechselbeziehungen geben. Das „Netz" zwischen den Elementen kann dichter oder weniger dicht geknüpft sein. Für diese Intensität der Vernetzung verwendet Luhmann den Begriff der Komplexität. Komplexität ist etwas ganz anderes als Kompliziertheit, jener Begriff, der umgangssprachlich häufig synonym mit Komplexität verwendet wird. Die Komplexität eines Systems hängt von der Zahl der möglichen Relationen ab, die zwischen seinen Elementen bestehen. Auch die Umwelt eines Systems kann mehr oder weniger komplex sein, je nachdem, wie hoch die Dichte der Vernetzung ihrer Bestandteile ist. Dabei gilt grundsätzlich die Regel, daß die Komplexität eines Systems immer geringer ist als diejenige seiner Umwelt. Das System, das seine Existenz in der Umwelt und gegenüber der Umwelt aufrechterhalten muß, baut stets nur eine so große Komplexität auf, wie es nötig ist, um die eigene Reproduktion zu gewährleisten. Wollte es die gesamte Komplexität seiner Umwelt in seiner internen Organisation abbilden, verschwendete es nur Energie, denn viele Wechselbeziehungen in der Umwelt haben für das Überlebensinteresse des Systems keine Bedeutung. Hier setzt der Luhmannsche Begriff der Komplexitätsreduktion an, der mittlerweile schon fast zu einem geflügelten Wort geworden ist; daß immer und überall Komplexität reduziert werden muß, ist teils als Scherz, teils als ernstgemeinte Sentenz in vieler Munde. Meistens wird hier allerdings wieder Komplexität mit Kompliziertheit verwechselt, und die Aufforderung zur Komplexitätsreduktion ist gleichsam als Appell zur Vereinfachung zu verstehen. Wenn ein System die Komplexität seiner Umwelt redu-

Abbildung 2: Komplexität

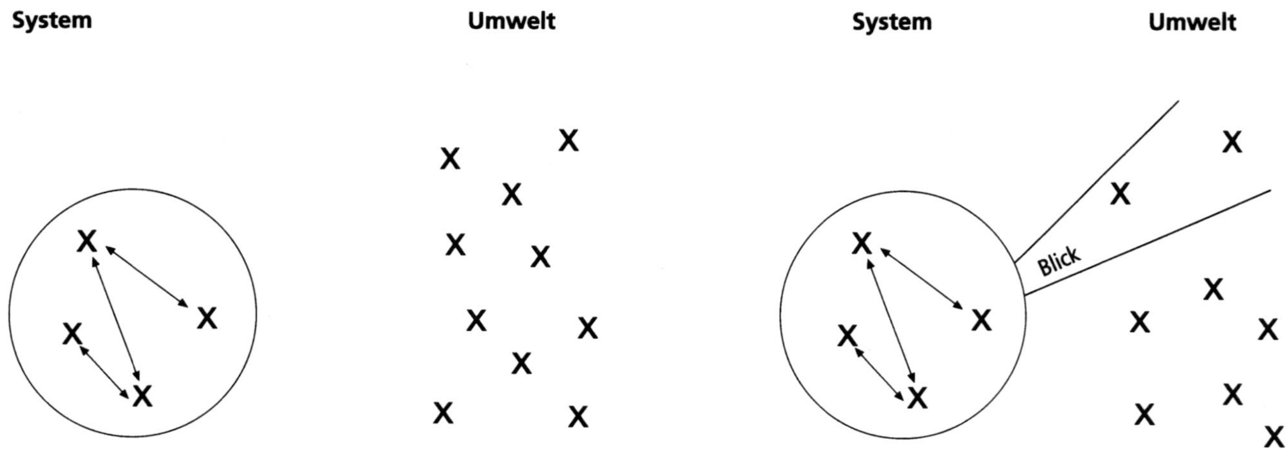

1. Jedes System weist ein gewisses Maß an innerer Komplexität auf, das aus der Anzahl seiner Elemente und deren möglicher Wechselbeziehungen resultiert.

2. Die Umweltkomplexität ist stets größer als die Systemkomplexität.

3. Man spricht von Komplexitätsreduktion, weil das einzelne System nur Teile seiner Umwelt wahrnimmt – diejenigen Teile nämlich, die für die Durchführung seiner eigenen Operationen relevant sind.

ziert, ist dies jedoch weniger eine Vereinfachung, als vielmehr eine Konzentration auf bestimmte Abläufe, die nicht deswegen allein schon weniger kompliziert sind, weil sie nur einen Ausschnitt der Umwelt, und nicht die Umwelt im Ganzen bearbeiten.
Ein System, das die Komplexität seiner Umwelt reduziert, ist mit dem menschlichen Auge zu vergleichen, das auch nur ein bestimmtes Spektrum an Wellenlängen registrieren und verarbeiten kann. Was außerhalb dieses Spektrums liegt – und die meisten der in der Realität vorkommenden Lichtwellen liegen außerhalb – kann von den Rezeptoren auf der Netzhaut gar nicht erfaßt werden. Die Gesamtheit aller Lichtwellen wird auf den schmalen Ausschnitt zwischen ultraviolett und infrarot reduziert. Innerhalb dieses Ausschnittes können verschiedene Farbwerte unterschieden werden – zu dieser Verarbeitungsleistung reicht die Komplexität der neuronalen Ausstattung des Auges aus. Um den Aspekt der Existenzerhaltung mit in dieses Beispiel hineinzunehmen, muß das Auge allerdings als funktionaler Bestandteil des menschlichen Organismus aufgefaßt werden. Die Fähigkeit zu sehen hat sich in der Evolution für praktisch alle höheren Lebewesens als Überlebensvorteil erwiesen. Um diesen Vorteil zu genießen, ist es nicht nötig, das gesamte Spektrum der Lichtwellen erfassen zu können. In demjenigen Lebensraum, in dem sich die evolutionäre Entwicklung des Menschen abgespielt hat, reichte es aus, Farbwerte zwischen ultraviolett und infrarot wahrzunehmen, um das Überleben zu gewährleisten. Die Fähigkeit zu entwickeln, auch andere Lichtwellen registrieren zu können, hätte für das System nur einen unnötigen Aufwand und Energieverlust bedeutet. Statt dessen sorgte eine Komplexitätsreduktion dafür, daß nur diejenigen Informationen in das System Einlaß fanden und dort verarbeitet wurden, die tatsächlich für seine Fortexistenz von Bedeutung waren.

Soziale Systeme

Bisher ist recht abstrakt von Systemen, von Möglichkeiten zu ihrer Definition sowie von System-Umwelt-Beziehungen die Rede gewesen; die Beispiele, die zur Veranschaulichung herangezogen wurden, stammen aus dem Bereich der Biologie. Wir sind von der Gesellschaft, um deren Analyse es hier gehen soll – worauf auch die eingangs skizzierten Probleme hinwiesen –, offenkundig noch weit entfernt. Doch dieser Schein trügt. Das systemische Denken, das seine Wurzeln in Technik und Naturwissenschaften hat, wird von Luhmann konsequent auf die Gesellschaft bezogen. Soziale Systeme funktionieren strukturell genauso wie Organismen, also lebende Systeme. Die Logik, nach der ein System arbeitet, ist bei Einzellern im Prinzip dieselbe wie bei hochentwickelten sozialen Systemen. Bei den hochentwickelten sozialen Systemen ist es nur so, daß für ihr Zustandekommen bereits sehr viele einzelne Zellen benötigt werden; die sozialen Systeme bauen gewissermaßen auf den einfacheren Systemen auf. Dieser Mechanismus muß kurz erklärt werden.

Die einzelnen Zellen fügen sich zu größeren Organismen zusammen. Der größere Organismus ist dabei mehr als die Summe seiner Teile, mehr als die Addition aller einzelnen Zellen, denn er kann Aufgaben erfüllen, die den Zellen selbst völlig fremd sind. Die Zellen spezialisieren sich innerhalb des Organismus auf bestimmte Leistungen, deren Zusammenwirken dazu führt, daß ein neues Gesamtergebnis entsteht. Als Elemente des umfassenden Systems ‚Organismus' treten die Zell-Systeme in Wechselbeziehungen ein, die eine ganz neue Komplexität ausbilden. Der Organismus wird auf ein anderes Existenzniveau gehoben. Der Fachbegriff für diesen Effekt, daß das Ergebnis einer Synthese mehr ist als die Summe ihrer Teile, lautet Emergenz.

Emergenz ist aber nicht nur im Verhältnis der Zelle zum Organismus zu beobachten, sie erklärt auch den Übergang vom Organismus zum psychischen System, vom Leben zum Bewußtsein. Schließlich ist auch das Gehirn zunächst nur ein Teil des Organismus – trotzdem finden im Gehirn Prozesse statt, die über die Leistungen eines Organismus weit hinausgehen. Verschiedene Bestandteile des Organismus haben sich so zusammengefügt, daß eine neue Existenzform, die Form des bewußten Lebens, entstehen konnte. Auch wenn ohne das Gehirn kein Denken möglich ist, auch wenn sich jedes psychische Ereignis auf eine biochemische Reaktion im Gehirn zurückführen läßt, haben das Denken und die psychischen Ereignisse doch eine gesonderte Existenz. Sie sind etwas anderes, sind mehr als die materiellen Prozesse, die ihnen fraglos zugrundeliegen. Die Synthese verschiedener Leistungen des Organismus hat zu einem qualitativen Sprung geführt. Bewußtsein ist entstanden, daß sich nun nach eigenen Regeln reproduziert. Psychische Systeme fußen zwar auf organischen Systemen, aber sie entwickeln letztlich ihre eigene Komplexität und ihren eigenen Umweltbezug.

Mit einem weiteren Schritt ist nun endlich die Ebene der sozialen Systeme erreicht. Hier bilden die psychischen Systeme, also die Bewußtseine der handelnden Menschen die Basis, von der aus sich eine neue Existenzweise entwickeln kann. Sind die bisherigen Ausführungen noch relativ leicht nachvollziehbar gewesen, da sie den gängigen Schulmeinungen über Leben und Bewußtsein entsprechen, wird nun ein Gedankengang begonnen, der weitaus weniger selbstverständlich erscheint. Sind soziale Systeme wirklich mehr als die Summe ihrer Elemente, das heißt, wie man zunächst vermuten müßte, der psychischen Systeme, aus denen sie bestehen? Daß die Gesellschaft die Gesamtheit der lebenden Menschen umfaßt, ist eine Binsenweisheit. Trotzdem kann auf der Grundlage des Emergenzbegriffs argumentiert werden, daß die Gesellschaft, auch wenn sie aus psychischen Systemen besteht, dennoch im Ergebnis mehr sein kann, als die Summe ihrer Teile. Die Gesellschaft entwickelt also Existenzformen, die auf der Ebene der psychischen Systeme noch gar nicht bestehen. Dieses Mehr der Gesellschaft gegenüber dem Menschen wirkt umso befremdlicher, wenn man sich daran gewöhnt hat, den Menschen als das Produkt seiner sozialen Umgebung anzusehen. Besonders radikal ist diese Auffassung bekanntlich von Marx vertreten worden, der den Menschen als das ‚Ensemble der gesellschaftlichen Verhältnisse' bezeichnet hat. Wenn

Abbildung 3: Soziale Systeme

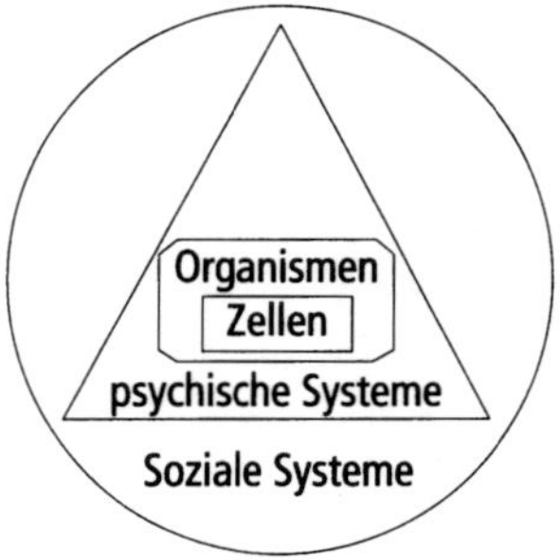

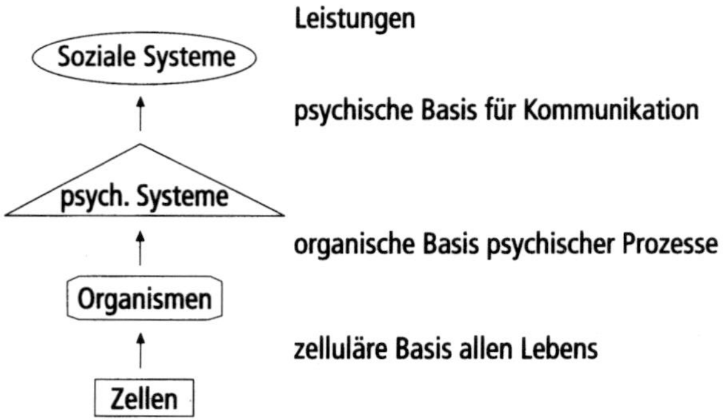

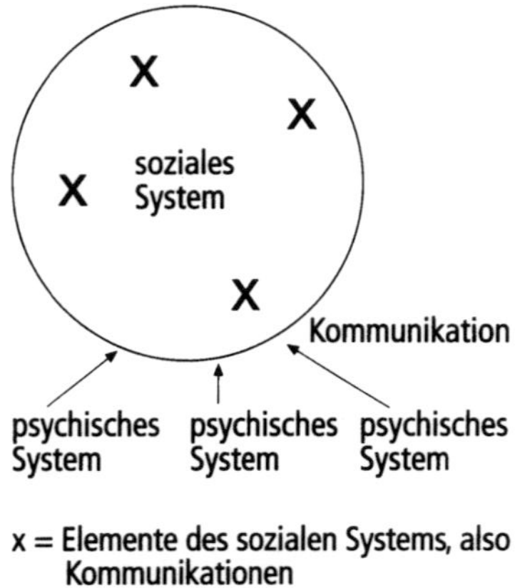

1. Die Systeme höherer Ordnung bestehen aus den Systemen niedrigerer Ordnung. Sie sind jedoch mehr und anders als diese – was hier graphisch durch die unterschiedlichen geometrischen Formen ausgedrückt wird.

2. Die Unterschiede der Systeme manifestieren sich in den verschiedenen Leistungen, die das jeweils untergeordnete System für das jeweils übergeordnete übernimmt.

3. Die psychischen Systeme sind nicht Teil der Gesellschaft, sondern stellen den sozialen Systemen jene Kommunikationen zur Verfügung, aus denen die sozialen Systeme bestehen.

sich die Gesellschaft im Menschen vollständig abbilden kann, dann kann sie auch nichts sein und beinhalten, was notwendig über den Menschen hinausgeht. Luhmann widerspricht dieser Auffassung. Er erklärt weniger die psychischen Systeme selbst, als vielmehr ihre spezifischen Leistungen: die Kommunikationen, zu den Elementen, aus denen soziale Systeme bestehen. An Kommunikation muß Bewußtsein beteiligt sein, Kommunikation ohne Bewußtsein ist nicht denkbar, stellt Luhmann fest, und deshalb kann er die Kommunikation zu derjenigen Leistung der psychischen Systeme erklären, aus deren Zusammenfassung die sozialen Systeme entstehen. Nicht die Handlungen des Menschen, wie in der klassischen Soziologie, bilden die Gesellschaft, sondern seine Kommunikationen formieren sich zu sozialen Systemen. Diese sozialen Systeme bauen kommunikative Muster auf, die des Menschen eher zu ihrer Aktualisierung, um ihres Vollzugs willen bedürfen, als daß sie nur Erzeugnis seines Bewußtseins und seiner Absichten wären. Das soziale System bildet eine Ordnung, die dem Menschen, wenn er in sie eintritt, bestimmte Formen des Kommunizierens vorschreibt – nicht der Mensch bestimmt die Regeln der Kommunikation, sondern die Kommunikationsregeln werden vom Menschen exekutiert.

Der Systembegriff und die Geschichts- und Kulturwissenschaften – eine Zwischenbemerkung

Damit hat sich ein erster Einblick in jenes Verständnis von Gesellschaft eröffnet, das die Systemtheorie entwickelt. Auch wenn soziale Systeme jetzt erst abstrakt definiert sind und noch nicht ausgeführt worden ist, worin sie konkret bestehen, sollte an dieser Stelle schon einmal gefragt werden, ob diese spezifische Sichtweise für die Geschichts- und Kulturwissenschaften neue Aufschlüsse bringt. Diese Frage kann zum jetzigen Zeitpunkt nur verneint werden. Ansätze, die die Bedeutung des Individuums, des ‚subjektiven Faktors‘ zugunsten der Wirksamkeit objektiver, überindividueller Strukturen zurückstufen, haben in der aktuellen Diskussion keinen

Seltenheitswert. Gerade im Umfeld des Strukturalismus und der Strukturgeschichte ist immer wieder nachdrücklich darauf hingewiesen worden, daß sich das individuelle Leben in Ordnungen vollzieht, die in großer räumlicher und zeitlicher Ausbreitung gültig sind und vom einzelnen weder mit Absicht angenommen oder abgelehnt, noch in ihrer Wirksamkeit durchschaut werden können. Die Menschen leben in dem Bewußtsein, daß ihr Handeln und Erleben einzigartig ist und nur ihrer eigenen, unverwechselbaren Persönlichkeit zugerechnet werden kann. Dabei sind sie doch in Wirklichkeit nur die Marionetten, die an den Fäden kollektiv verbindlicher Denk- und Verhaltensmuster durch ihr Dasein geführt werden.

Selbstverständlich ruhen die Annahmen Luhmanns auf einem anderen theoretischen Fundament als diejenigen des Strukturalismus und der Strukturgeschichte. Hier soll es nur darum gehen, die Konsequenzen zu vergleichen, die sich für die Definition des Verhältnisses von Individuum und Gesellschaft ergeben. Diese Konsequenzen sind für die geschichts- und kulturwissenschaftliche Arbeit von Interesse. Und dabei zeigen sich deutliche Ähnlichkeiten, die das Anregungspotential des systemtheoretischen Denkens an dieser Stelle noch gering erscheinen lassen. Die Rekonstruktion des Luhmannschen Gedankengebäudes muß also noch weiter fortgesetzt werden.

Der gerade vollzogene Brückenschlag zu den Geschichts- und Kulturwissenschaften legt es nahe, nun mit einem Faktor fortzufahren, der insbesondere für die historische Analyse grundlegend ist: dem Faktor der Zeit. Auch Systeme sind keine Gebilde, deren Zustände einfach eingefroren wären. Systeme müssen sich permanent erneuern, um ihre Existenz zu sichern. Schon an dieser Stelle wird also deutlich, daß der häufig gegen die Systemtheorie vorgebrachte Einwand, ihr Denken sei statisch und nur auf Zustände, nicht aber auf Entwicklungen bezogen, völlig unzutreffend ist. Schon in den Grundkategorien der Theorie ist ein Moment der Prozeßhaftigkeit und der Veränderung angelegt. Stillstand ist geradezu als derjenige Zustand eines Systems zu charakterisieren, in dem es zu bestehen aufgehört hat.

Autopoiesis

Wie verhalten sich Systeme im Zeitverlauf? Welche Prozesse spielen sich in ihnen ab? Auch um diese Fragen zu beantworten, macht Luhmann wieder Anleihen beim Systembegriff der modernen Naturwissenschaften. Die Reproduktion von Systemen wird von den Systemen selbst geleistet. Diese Feststellung verblüfft zunächst. Auch wenn wir uns keinen ‚Maschinenmeister' vorstellen müssen, der von außen regulierend in die Systeme eingreift, ist es doch schwer vorstellbar, daß die Systeme ohne irgendeinen Austausch mit ihrer Umwelt reproduktionsfähig sind. Das ist auch nicht gemeint, denn ein System nimmt bei seiner Reproduktion sehr wohl etwas von seiner Umwelt in sich auf. Die Bestandteile der Umwelt werden aber sofort nach Maßgabe der innersystemischen Strukturen bearbeitet und umgewandelt; sie können nicht *bestimmend* auf die Verhältnisse innerhalb des Systems einwirken. Die Umwelt liefert nur die Reize, die die Elemente des Systems in Schwingungen versetzen. Erst diese Schwingungen stellen dann die Grundlage für die Selbstreproduktion des Systems dar, nicht die Reize, von denen die Schwingungen ausgelöst worden sind. Um diesen zunächst kompliziert wirkenden Zusammenhang zu erklären, wollen wir noch einmal auf das Beispiel des menschlichen Auges zurückkommen, das uns schon zur Veranschaulichung des Begriffs der Komplexitätsreduktion gedient hatte. Das Auge mitsamt der zugeordneten Gehirnpartien stellt das System dar, in dem visuelle Eindrücke von der Welt produziert werden, die jenseits der Augenlinse befindlichen Lichtwellen sind dessen Umwelt. Auch hier ist es so, daß die Lichtwellen, obwohl Grundlage für die Tätigkeit des Gesichtssinnes, nicht einfach in das Auge/Hirn-System eindringen und dort in ihrer eigenen Gestalt für Veränderungen sorgen können. Wie jedermann weiß, können die Lichtwellen lediglich Rezeptoren auf der Netzhaut anregen, die ihrerseits wieder Nervenströme zum Gehirn leiten, die dort zu Bildern verarbeitet werden. Das Licht wird sogleich in einen Nervenreiz umgesetzt, und erst dieser Nervenreiz ist es, der innerhalb des Systems, also in letzter Instanz vom Gehirn, verarbeitet wird und zu bestimmten Ergebnissen –

Bildern von der Wirklichkeit – führt. Der Prozeß der ständigen Herstellung von Bildern, genuine Aufgabe des Systems, fußt also nicht auf den Umweltreizen (Lichteinwirkung), sondern erst auf den neuronalen Aktivitäten, die zur Verarbeitung dieser Einwirkungen in Gang gesetzt werden. Daß dieses Gedankenmodell mehr impliziert, als nur innerhalb einer Ursachenkette die Aufmerksamkeit von der ersten auf die zweite Stelle zu verlegen, beweist schon der einfache Umstand, daß auch mechanische Einwirkungen bekanntlich zur Produktion von Bildern im Gehirn führen können: so etwa der Schlag gegen die Hornhaut, der ein helles Flimmern vor den Augen entstehen läßt. Der Nervenreiz wird hier nicht von Lichtwellen, sondern von einer Erschütterung des ganzen Auges ausgelöst, aber das Auge/Hirn-System ist nicht imstande, diesen Unterschied zu erkennen bzw. mit einem anderen Ergebnis zu verarbeiten. Verarbeitungsfähig ist erst der Nervenreiz selbst, erst dieser Reiz tritt als Element des Wahrnehmungssystems in diejenigen Wechselbeziehungen ein, die die Komplexität des Systems ausmachen.

Es sind also die Elemente des Systems selbst, die seine Reproduktion gewährleisten. Systeme erzeugen mit Hilfe der vorhandenen Elemente jene neuen Elemente, die ihre Existenz fortschreiben. Der Begriff, den Luhmann zur Bezeichnung dieses Sachverhalts wählt, lautet Autopoiesis. Wörtlich bedeutet Autopoiesis so viel wie Selbst-Herstellung; autopoietisch verhält sich ein System, das nicht von außen umgebaut, verändert oder erneuert werden muß, sondern diese Aufgaben in selbstbezüglichen Prozessen erfüllt. Die Übertragung einer solchen Sichtweise von Systemen aus der Natur- in die Sozialwissenschaft gehört zu den großen Neuerungen, die Luhmann gelungen sind. Zu fragen ist allerdings, wie wir uns die Autopoiesis von Systemen außerhalb von physiologischen Zusammenhängen konkret vorzustellen haben.

Beginnen wir mit den psychischen Systemen: Ihre Elemente können als Bewußtseinsakte definiert werden. Bewußtseinsakte werden offenkundig durch Ereignisse in der Außenwelt, in der Umwelt des psychischen Systems angestoßen. Auf die Handlungen der Mitmenschen, auf die politische Lage oder das Wetter, nicht zuletzt auch auf das körperliche Befinden reagiert das psychische System mit Bewußtseinsakten. Von Autopoiesis kann also keine Rede sein. Zwar gibt es im Bewußtsein auch Gedanken und Vorstellungen, die gleichsam aus sich selbst heraus entwickelt werden – das bekannteste Beispiel sind Phantasien –, aber die Erklärung aller Bewußtseinsakte zu einem eigenschöpferischen Prozeß scheint den Rückfall auf jene philosophische Position zu bedeuten, die als Solipsismus bezeichnet wird: die Verabsolutierung des subjektiven Denkens, das nicht mehr als Reflex von Realität, sondern umgekehrt als deren Ursprung gedeutet wird. Die gesamte Wirklichkeit wird letztendlich als Projektion des denkenden Geistes begriffen.

Das ist mit der Autopoiesis des Bewußtseins selbstverständlich nicht gemeint. Es geht hier nicht darum, den alten Streit um die Existenz oder Nicht-Existenz der Außenwelt zugunsten der letzteren Position zu entscheiden. Die Argumentation Luhmanns wird vielmehr deutlich, wenn man sich noch einmal das Beispiel von Lichtwellen und Gesichtssinn vergegenwärtigt. So wenig die Notwendigkeit der Existenz von Lichtwellen für die Arbeit des Auge/Hirn-Systems geleugnet wird, so wenig wird auch bestritten, daß Ereignisse in der Außenwelt für die Entstehung von Bewußtseinsakten verantwortlich sind. Die Ereignisse in der Außenwelt müssen jedoch zuerst psychische Ereignisse auslösen, bevor diese dann als Elemente des psychischen Systems in systemspezifischer Weise verarbeitet werden können. Ebenso, wie nicht die Lichtwellen selbst, sondern die von ihnen angeregten Nervenreize zur Produktion von Bildern im Gehirn führen, werden nicht die außerpsychischen Geschehnisse, sondern die Bewußtseinsakte, die von ihnen angestoßen werden, im System wirksam und in Wechselbeziehung zu anderen Bewußtseinsakten gebracht. Aus dieser Wechselbeziehung gehen neue Gedanken und Vorstellungen hervor. In diesem Sinne erfüllt das psychische System dann in ganz idealer Weise die Kriterien für eine autopoietische Reproduktion: Nur aus Bewußtseinsakten können neue Bewußtseinsakte entstehen. Bei aller Aufnahmefähigkeit des psychischen Systems für Umweltreize und notwendigen Fundierung psychischer Prozesse durch biochemische

Abbildung 4: Autopoiesis psychischer Systeme

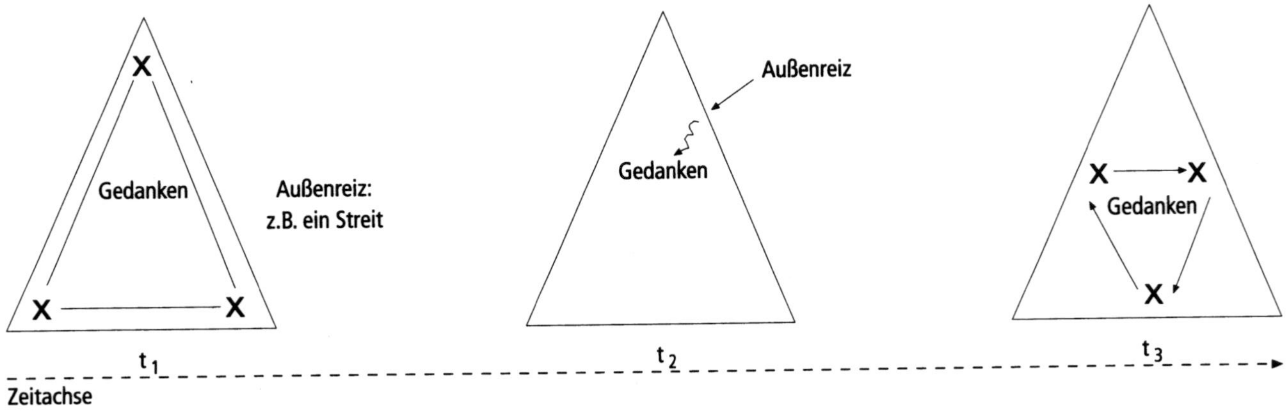

Psychische Systeme bestehen aus Gedanken. Ständig sind diese Systeme von Außenreizen umgeben (t_1). Stellen Sie sich als einen solchen Außenreiz für Ihr psychisches System einmal einen Streit mit einem Kommilitonen vor, der zur Systemtheorie einen anderen Standpunkt vertritt als Sie. Sind Sie nun in Gefahr, Ihren eigenen Standpunkt zu verlieren, ihn zwangsweise durch den Standpunkt des Kommilitonen ersetzen zu müssen? Nein, keineswegs – und Sie werden gewiß allein schon die Vorstellung absurd finden. Warum ist das so? Systemtheoretisch antworten wir Ihnen: Dieser Standpunkt/ Außenreiz kann nicht in Ihr psychisches System eindringen. Ihr Kommilitone kann nicht das, was Sie denken, einfach determinieren. Es gibt keinen Kanal, der den Außenreiz direkt in Ihr Gehirn führt, vielmehr wird dieser Außenreiz an der Grenze Ihres psychischen Systems in Gedanken umgeformt, die zwar von ihm angeregt wurden, aber letztlich doch aus Ihren Gedanken hervorgingen (t_2). Im Endeffekt haben Sie in diesem Moment einen neuen Gedanken (t_3), den Ihr psychisches System autopoietisch erzeugt hat.

Abläufe gilt doch unbestreitbar, daß die Innen- sprich Systemperspektive des Bewußtseins nichts anderes als Gedanken kennt, und sich jeder Gedanke nur aus vorangegangenen entwickeln kann. Es ist nicht möglich, durch gezielte Außenreize unmittelbar das Bewußtsein zu verändern. Jede Veränderung muß als Gedachtes aus vorher bereits Gedachtem hervorgehen. Die qualitativ neue Existenzform ‚Bewußtsein', die sich durch Emergenz aus dem organischen Leben heraus entwickelt hat, muß zu jeder Zeit nach ihrer spezifischen Eigenlogik arbeiten.

Aufeinander Bezug nehmende Bewußtseinsakte sind für die Autopoiesis psychischer Systeme verantwortlich. Bei den sozialen Systemen scheint die Frage nach der Autopoiesis noch schwieriger zu sein. Als deren Elemente konnten bisher nur in recht vager Form ‚Kommunikationen' benannt werden. In welcher Weise können Kommunikationen neue Kommunikationen erzeugen, um dadurch das Fortbestehen der sozialen Systeme zu gewährleisten? Um dieses Problem in den Griff zu bekommen, muß zunächst ein genauerer Blick auf die Gestalt und Funktion der sozialen Systeme geworfen werden:

Schon die Verwendung des Plurals, die Rede von sozialen Systemen, weist darauf hin, daß es innerhalb des Gesamtsystems ‚Gesellschaft' Teilsysteme gibt. Diese Teilsysteme werden im Verlauf der historischen Entwicklung zunehmend durch ihre Funktionen bestimmt. In anderen Phasen des Geschichtsprozesses hat es auch andere Einteilungsprinzipien der Gesellschaft gegeben. Diese Phasen sollen hier noch nicht interessieren. Wir konzentrieren uns an dieser Stelle auf die Moderne, in der die Gesellschaft sich in Teilsysteme ausdifferenziert hat, die durch ihre Funktion bestimmt sind. Indem Luhmann die Bedeutung des Funktionalen so stark betont, ordnet er sich der sozialwissenschaftlichen Schule des sogenannten Funktionalismus zu. Der Funktionalismus versucht alle gesellschaftlichen Phänomene im Hinblick auf ihre Leistung für das soziale Ganze zu bestimmen. Dabei geht er davon aus, daß in jeder Gesellschaft bestimmte Funktionen erfüllt sein müssen: Die materielle Notdurft muß befriedigt, die Fortpflanzung gesichert, ein Weltbild formuliert werden. Um diese Leistungen zu erbringen,

Abbildung 5: Soziale Systeme als Funktionssysteme

kollektiv bindende Entscheidungen treffen	Erkenntnisse über die Wirklichkeit gewinnen
knappe Güter verteilen	Rechtsnormen formulieren und sichern

1. Jede Gesellschaft hat einige grundlegende Aufgaben zu erfüllen. Das Zusammenleben der Menschen muß organisiert werden, es müssen z. B. bestimmte Normen aufgestellt werden, die Mord und Totschlag verhindern und das Eigentum sicherstellen. Außerdem müssen knappe Güter verteilt und Erkenntnisse über die Wirklichkeit gewonnen werden. Die leeren Felder der Tabelle deuten an, daß es noch weitere Funktionen gibt, auf die hier aber noch nicht eingegangen werden soll.

Politik-system — Funktion

Wissenschafts-system — Funktion

kollektiv bindende Entscheidungen treffen		Erkenntnisse über die Wirklichkeit gewinnen	
knappe Güter verteilen		Rechtsnormen formulieren und sichern	

Funktion — **Wirtschafts-system**

Funktion — **Rechts-system**

2. Die Systemtheorie geht davon aus, daß für jedes dieser Grundprobleme ein Funktionssystem exklusiv zuständig ist. So sorgt das Wirtschaftssystem für die Versorgung des modernen Menschen mit Nahrung, Kleidung, Wohnraum etc. Sie gehen zu einem Kaufmann, wenn Ihnen frisches Gemüse fehlt. Auf die Idee, bei einem Lebensmitteltechniker der Universität einzukaufen, kämen Sie nicht, auch wenn sein Labor fast so wie ein Wochenmarkt aussähe. Der Lebensmitteltechniker *analysiert* die Welt bzw. das Gemüse, und nur der Gemüsehändler hat etwas zu *verkaufen*. Nur der Letztere operiert im Wirtschaftssystem, nur dort können Sie sich mit einem knappen Gut versorgen, können Sie etwas kaufen.

werden in Gesellschaften ganz unterschiedliche Formen gewählt und Institutionen geschaffen. Entscheidend ist, daß diese Formen und Institutionen, so sehr sie in ihrer konkreten Gestalt voneinander abweichen, doch im Prinzip dieselben Aufgaben erfüllen. Sie stellen funktionale Äquivalente dar. Luhmann sieht in analoger Weise jedes Teilsystem der modernen Gesellschaft durch eine bestimmte Funktion definiert. In dieser Gesellschaft werden Güter ausgetauscht – die Funktion des Wirtschaftssystems –, werden Rechtsnormen formuliert und deren Einhaltung kontrolliert – das Rechtssystem übernimmt diese Aufgabe –, geht es darum, Macht zu verteilen und mit Hilfe dieser Macht kollektiv bindende Entscheidungen zu treffen – hier setzt das politische System an –, müssen Erkenntnisse über die Wirklichkeit gewonnen werden – Rolle des Wissenschaftssystems. Diese Liste ließe sich noch fortsetzen. Das soll später geschehen. Hier genügt es, erst einmal eine Vorstellung von der konkreten Gestalt sozialer Systeme zu gewinnen. Diese Systeme sind gänzlich auf bestimmte Funktionen hin ausgelegt.

Kehren wir zum Problem der Autopoiesis zurück. Die Elemente, aus denen soziale Systeme bestehen, sind Kommunikationen; diese Kommunikationen erfolgen, um bestimmte Funktionen für die Gesamtgesellschaft zu erfüllen: Güter auszutauschen, Recht zu sprechen, kollektiv bindende Entscheidungen zu treffen, Erkenntnisse zu gewinnen. Kommunikationen, die diese Funktionen betreffen, ermöglichen neue Kommunikationen, so daß die Fortexistenz des Systems im Modus der permanenten Selbsterzeugung gewährleistet ist. Wie muß man sich diesen Mechanismus vorstellen? Führen wir uns zur Veranschaulichung zunächst das erstgenannte System vor Augen. Kommunikationen, die den Austausch von Gütern betreffen, sind immer auf den Besitz oder Nicht-Besitz von Gütern bezogen. Findet ein Güteraustausch statt, so vermehrt sich der Besitz des einen Tauschpartners, während der Besitz des anderen vermindert wird. Auf diese einfache logische Grundoperation läßt sich das wirtschaftliche Handeln im Kern reduzieren. Setzt man die Operation fort, ergibt sich für denjenigen, der seinen Besitz vermehrt hat, stets die Möglichkeit, überzählige Güter weiterzutauschen, während derjenige, dessen Besitz vermindert worden ist, mit besonde-

Abbildung 6: Autopoiesis des Wirtschaftssystems

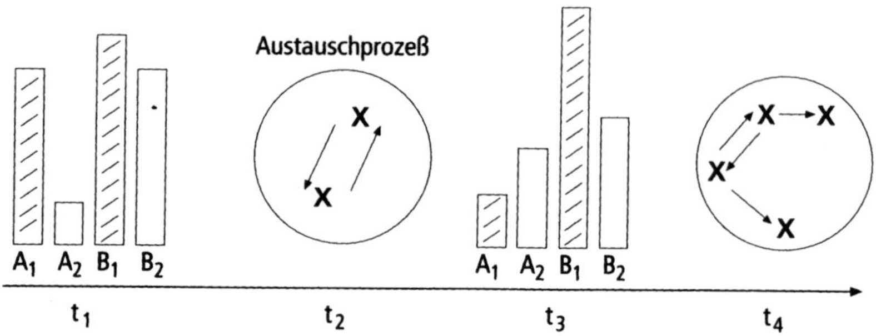

A_1 = Geldmenge eines Studenten
A_2 = Menge der Semesterliteratur desselben Studenten
B_1 = Geldmenge des Buchhändlers
B_2 = Menge der vorhandenen Semesterliteratur des Buchhändlers
t = Zeitpunkt

(schraffiert) = Geld
(leer) = Waren

Grundvoraussetzung für die Autopoiesis ist ein ständiger Problemdruck, der die Operationen des Systems in Gang hält. In unserem Beispiel handelt es sich um das bekannte Problem der Beschaffung von Semesterliteratur. Student A hat von seinem letzten Semesterferienjob noch genügend Geld übrig, um zu Buchhändler B zu gehen (t_1). Dort kauft er alle wichtigen Bücher für das kommende Semester (t_2). Jetzt steht er vor dem neuerlichen wirtschaftlichen Problem, daß er zwar sämtliche Literatur besitzt, aber nicht mehr genug Geld hat, um seine Rechnungen für Miete, Telefon und Strom in den folgenden Monaten zu begleichen (t_3). Von diesem Problemdruck gebeutelt, sucht er sich einen neuen Nebenjob, verkauft also seine Arbeitskraft, um seine Zahlungsfähigkeit wiederherzustellen. Dies ist natürlich wieder eine Operation im Wirtschaftssystem (t_4). Die eine Operation zieht also die andere nach sich, sorgt – durch das neu entstehende Problem – für die Autopoiesis des Systems. Betrachten wir nun den Buchhändler, so sehen wir uns mit demselben Mechanismus konfrontiert. Er hat seine Warenmenge reduziert und seine Geldmenge erhöht (t_3), ergo wird er nach Abzug aller Nebenkosten und des ihm angemessen erscheinenden Gewinns sein Geld reinvestieren, um die Gütermenge wieder zu erhöhen (t_4). Gleichzeitig sinkt seine Geldmenge, er versucht also wieder einen neuen Studenten A, B oder C für sein Bücherangebot zu interessieren. Die Dynamik und Komplexität des Wirtschaftssystems wird an diesem begrenzten Beispiel natürlich nicht vollständig deutlich. Aber stellen Sie sich einmal 1 Millionen Studenten, sämtliche Buchhändler, die Gesamtbevölkerung, alle übrigen Handeltreibenden vor...

rer Intensität neue Güter nachfragen wird. Jeder Gütertausch führt also zu einer Veränderung der Besitzverhältnisse, die mit Notwendigkeit neuen Gütertausch auslöst. Das Wechselspiel von Besitz und Tausch, grundlegend für die Kommunikation innerhalb des Wirtschaftssystems, entwickelt eben jene selbstbezügliche Eigendynamik, die der Begriff der Autopoiesis meint: Es ist der Austausch von Gütern, der immer wieder einen neuen Austausch von Gütern erzeugt.

In den anderen Systemen verhält es sich im Prinzip genauso. Das Rechtssystem besteht aus Kommunikationen, die über Recht und Unrecht entscheiden. Am Beispiel von Gerichtsurteilen, auf die sich immer wieder neue Gerichtsurteile berufen, läßt sich sehr schön verdeutlichen, wie die Selbsterzeugung von Rechtskommunikation durch Rechtskommunikation abläuft. Das politische System regelt in ähnlicher Form die Verteilung von Macht, wie das Wirtschaftssystem die Verteilung von Gütern. Hier ist es das permanente Gewinnen und Verlieren von Macht, das den autopoietischen Prozeß in Gang hält. Und im Wissenschaftssystem sind es die jeweils gewonnenen Erkenntnisse, die neue Erkenntnisse möglich machen: Was an feststehenden Lehrsätzen bereitsteht, dient als Grundlage für weiterführende Forschungen. So wird in allen sozialen Systemen die Selbstreproduktion von der jeweils systemspezifischen Kommunikation geleistet.

Evolution

Wenn wir die Zeitachse in Betracht ziehen wollen, dürfen wir nicht bei der permanenten Selbstreproduktion stehen bleiben, bei jenem Entwicklungsgesetz, das jeder Systemgenese zugrunde liegt. Statt dessen müssen wir auch langfristige Prozesse in der Entwicklung von Systemen in den Blick nehmen. Für solche langfristigen Prozesse hat Luhmann den Begriff der Evolution geprägt. Auch hier wird wieder eine Anleihe bei den Naturwissenschaften gemacht. Luhmann sieht Systeme jeder Art, also auch die hochkomplexen sozialen Systeme, denselben Gesetzen unterworfen, denen die Lebewesen – Darwin spricht von Arten – in der Evolutionstheorie gehorchen müssen. Variation und Selektion sind die Schlüsselbegriffe, die in der Arten- wie in der Systemgenese alle beobachtbaren Entwicklungen erklären sollen. In der biologischen Evolutionstheorie werden Variationen durch Veränderungen des Erbmaterials, sogenannte Mutationen, ausgelöst. Dadurch entstehen Organismen mit neuen Eigenschaften, die unter Umständen überlebensfähiger als ihre Artgenossen sind. Größere Überlebensfähigkeit ist hier mit einem besseren Angepaßt-Sein an die natürliche Umwelt gleichzusetzen; je nachdem, welche ökologische Nische die entsprechende Art besetzt, kann es sich hier um eine Verbesserung der Fähigkeit zum Angriff oder zur Verteidigung, zum Ertragen von Hitze oder Kälte, Durst oder Hunger handeln – die Möglichkeiten sind nahezu unbegrenzt. Ausschlaggebend ist, daß die Erhöhung oder Verringerung der Überlebenschance darüber entscheidet, welche Variation sich durchsetzt, und welche andere sofort wieder untergeht. Für diesen von der Umwelt ausgehenden Druck verwenden die Biologen den Begriff der Selektion; die Umwelt selegiert, trennt also gleichsam die Mutationen, die sich behaupten können, von jenen, die wieder verschwinden müssen, weil sie im Bereich der überlebensrelevanten Eigenschaften des Organismus eine Verschlechterung herbeigeführt haben.

Luhmann überträgt dieses Konzept nun auf die Entwicklung sozialer Systeme. Den Mutationen entsprechen Veränderungen innerhalb dieser Systeme. Daß die biologische Evolutionstheorie die Mutationen selbst zu Produkten des Zufalls erklärt, macht es leichter, hier eine Brücke zur Vorstellung der Autopoiesis zu schlagen. Ebenso wenig, wie Mutationen durch Umwelteinflüsse direkt ausgelöst werden können, sind auch die Veränderungen innerhalb der sozialen Systeme von außen bestimmbar; all diese Veränderungen gehen aus dem Prozeß der Selbsterneuerung hervor. Bei dieser Selbsterneuerung kommt es zu Umstellungen und Modifikationen, die mit den Variationen bei den biologischen Arten zu vergleichen sind. Neue Systemeigenschaften entstehen, die sich in und gegenüber ihrer Umwelt behaupten müssen – wobei es sich im Falle der sozialen Systeme natürlich primär um eine gesellschaftliche, und nur noch sekundär um eine natürliche Umwelt handelt.

Diese Umwelt ist für die Entwicklung der sozialen Systeme freilich nicht völlig bedeutungslos. Der Begriff der Autopoiesis soll nicht implizieren, daß die Systeme sich von ihrer Umwelt ablösen können. Der ständige Austausch mit der Umwelt ist für das System schließlich lebensnotwendig. Wenn die Veränderungen in den sozialen Systemen, analog zu den Mutationen, auch autopoietisch ausgelöst werden, sehen sie sich anschließend doch einem Selektionsdruck ihrer Umwelt ausgesetzt; dieser Selektionsdruck entscheidet darüber, ob sich eine Neuerung durchsetzen kann, oder ob sie wieder zurückgedrängt wird. Der Austausch des Systems mit seiner Umwelt muß gelingen, gibt es hierbei Irritationen, dann erweist sich die entsprechende Veränderung als Überlebensnachteil, verbessert sich die System-Umwelt-Interaktion, dann kann umgekehrt von einem Überlebensvorteil gesprochen werden. Bei aller Fähigkeit der Systeme zur Selbsterzeugung darf also der indirekte Einfluß der Umwelt auf die Systementwicklung nicht übersehen werden. Das Wechselspiel von Variation und Selektion liefert ein Modell, das auch die Genese sozialer Systeme sehr treffend zu beschreiben erlaubt.

An einem Beispiel soll dies noch einmal verdeutlicht werden. Das Wissenschaftssystem, das haben wir oben erörtert, hat die gesellschaftliche Funktion, Erkenntnisse über die Wirklichkeit zu produzieren. Dabei formuliert es Lehrsätze, aus denen sich in autopoietischer Weise immer wieder neue Lehrsätze herleiten lassen. Die gesellschaftliche Umwelt des Systems unterscheidet nun aber zwischen Erkenntnissen von größerem oder geringerem Nutzen für Wohlstand und Lebensqualität, von höherer oder niedrigerer Bedeutung für das Verständnis des Menschen und seiner Welt. Hierdurch wird ein Selektionsdruck auf die wissenschaftliche Produktion ausgeübt. Erkenntnisse von geringer Relevanz werden durch die Verweigerung von Anerkennung, Förderung und Beachtung zurückgedrängt, während als besonders wichtig eingestufte Erkenntnisse so stark gewürdigt werden, daß ihre Produktion in jeder Hinsicht begünstigt ist. Die Umwelt kann diese Erkenntnisse zwar nicht selbst erzeugen oder ihre Erzeugung unmittelbar determinieren, weil sie nur innerhalb des Wissenschaftssystems unter Beachtung der dort herrschenden Produktionsregeln herstellbar sind, aber sie kann durch verschiedene Formen der Perzeption dafür sorgen, daß sich bestimmte Forschungsrichtungen erhalten, während andere sehr schnell wieder von der Bildfläche verschwinden.

Differenz

Schon mehrfach ist im bisherigen Verlauf der Darstellung des Luhmannschen Denkens aufgefallen, wie stark es sich an mathematischen oder auch technischen Kategorien orientiert. Diese Verwandtschaft ist der Systemtheorie häufig vorgeworfen worden. Eine so ausgesprochen technische und formale Argumentationsweise könne der Fülle des menschlichen und gesellschaftlichen Lebens nicht gerecht werden. Luhmann hat gegenüber solchen Einwänden immer geltend gemacht, daß eine Theorie nicht dieselbe Gestalt haben müsse wie ihr Gegenstand, um ihn angemessen beschreiben zu können. Außerdem beruhe jegliches gesellschaftliche Leben, und das bedeutet im Sinne der Systemtheorie: jegliche Kommunikation, letztlich auf der Wirksamkeit von Differenzen – und diese Wirksamkeit verweise die Gesellschaftstheorie nun einmal mit Notwendigkeit auf die Denkmodelle der Informationstheorie und der Informatik.

Um diesen Zusammenhang zu verstehen, müssen wir uns zuerst mit dem neuen Begriff befassen, der gerade eingeführt worden ist: mit dem Begriff der Differenz. Differenz bedeutet soviel wie Unterschied oder Unterscheidung. Jede Kommunikation, so argumentiert Luhmann, beruht auf Unterscheidungen zwischen dem, was gesagt, getan, veranlaßt etc. wird und dem, was nicht gesagt, getan oder veranlaßt wird. Kommunikative Akte sind niemals isoliert aufzufassen, sondern immer vor dem Hintergrund ihrer Alternativen, das heißt dessen, was *auch* möglich wäre, aber in dieser Situation nicht verwirklicht worden ist. Eine Kommunikation gewinnt ihre Identität immer nur dadurch, daß sie gleichzeitig die Negation von etwas anderem darstellt. A ist A, weil es nicht B, nicht C etc. ist; A ist durch die Differenz zu seinen Alternativen definiert.

Kommunikation

Die Definition des Begriffs der Differenz hängt also sehr eng mit Luhmanns Kommunikationsbegriff zusammen. Letzterer Terminus ist schon mehrfach verwendet worden, weil er für das Verständnis sozialer Systeme eine konstitutive Bedeutung hat – Kommunikationen sind die Elemente, aus denen soziale Systeme bestehen –, der Begriff selbst wurde aber noch nicht grundlegend geklärt. Am Anfang jeder Kommunikation, so haben wir gelernt, steht also die Wahrnehmung der Differenz zwischen dem, was tatsächlich vorgebracht wird, und dem, was statt dessen auch hätte vorgebracht werden können. Diese Differenz bezeichnet Luhmann als Information. Damit teilt er die Auffassung der modernen Informationstheorie, die in ähnlicher Weise behauptet, daß ein Ereignis keinen Informationswert hätte, wenn es nur dieses eine Ereignis gäbe und überhaupt keine Alternativen bestünden; andererseits besäße ein absolutes Chaos, in dem alles gleichzeitig geschähe, ebenfalls den Informationswert Null. Nur wenn *eine* bestimmte Option verwendet wird, zu der es auch Alternativen gibt, die allerdings nicht realisiert werden, entsteht wirklich ein Informationswert.

Mit dieser ersten Unterscheidung zwischen einer Option und ihren nicht realisierten Alternativen ist der kommunikative Akt aber noch nicht beendet. Zu diesem Akt gehört neben der reinen Information immer auch noch die Weise ihrer Mitteilung. Anders, bildlicher gesprochen: Eine Information muß stets auch ‚verpackt' werden. Und der Äußerungsmodus beeinflußt das, was beim Empfänger ankommt, in ganz entscheidender Weise. Beispiele lassen sich hier in beliebiger Zahl finden. Eine Aussage über die Wirklichkeit kann etwa dadurch, daß der Sprecher einen ironischen Tonfall wählt und mit den Augen zwinkert, geradezu in ihr Gegenteil verkehrt werden; die bekannte spöttische Bemerkung über das prächtige Wetter weist zumeist auf einen Dauerregen hin. In anderen Kommunikationssituationen sind die Gegensätze oft nicht ganz so kraß, aber trotzdem bedeutsam. Jede Nuance im Tonfall, jede Feinheit des gesamten Ausdrucks spielt eine wichtige Rolle und muß vom Rezipienten ebenso hoch gewichtet werden, wie die ‚eigentliche' Information. Luhmann spricht hier von einer doppelten Selektion: die Information und die *Mitteilung*, so der Begriff für den Äußerungsmodus, sind beide durch Auswahl aus dem Reich des Möglichen – des Potentiellen – in das Reich des Tatsächlichen – des Aktuellen – überführt worden. Erst das Wechselspiel beider Selektionen stellt die volle Bedeutung des kommunikativen Aktes her. Oder formaler ausgedrückt: Diese Bedeutung wird durch die Differenz von Information und Mitteilung konstituiert – schließlich ist das Unterscheiden zwischen dem auf den beiden Ebenen jeweils Vermittelten die Voraussetzung für die Realisierung jeglicher Bedeutung. Alles muß gleichzeitig wahrgenommen werden: die Differenz zwischen Information und Mitteilung und ebenso die Einheit, die diese unterschiedlichen Komponenten auch wieder miteinander bilden. Das *Verstehen*, für Luhmann das dritte Element in der kommunikativen Trias, muß gerade diese Einheit, dieses Gesamttableau von Information, Mitteilung und der Differenz von beidem in den Blick bekommen. Im Ergebnis lautet Luhmanns bekannte Formel: Verstehen realisiert die *Einheit der Differenz von Information und Mitteilung*. Hätten wir diesen sehr abstrakt klingenden Satz an den Beginn dieses Abschnittes gestellt, wäre er sicherlich völlig unverständlich gewesen. So, nach den obigen Erläuterungen, hat er gewiß viel von seiner Sperrigkeit verloren.

Das ‚Verstehen' ist also auch für Luhmann ein wichtiger Bestandteil des Kommunikationsprozesses. Diese Begriffswahl darf aber nicht zu Mißverständnissen führen. ‚Verstehen' ist bei Luhmann keineswegs das, was sich in der hermeneutischen Tradition mit diesem Terminus verbindet. Dort wird das Verstehen zu einer besonders umfassenden Form des Begreifens stilisiert, die sogar über die intellektuelle Einsicht noch weit hinausgeht: Die Einfühlung in den Kommunikationspartner und die Übernahme seiner

Abbildung 7: Kommunikation

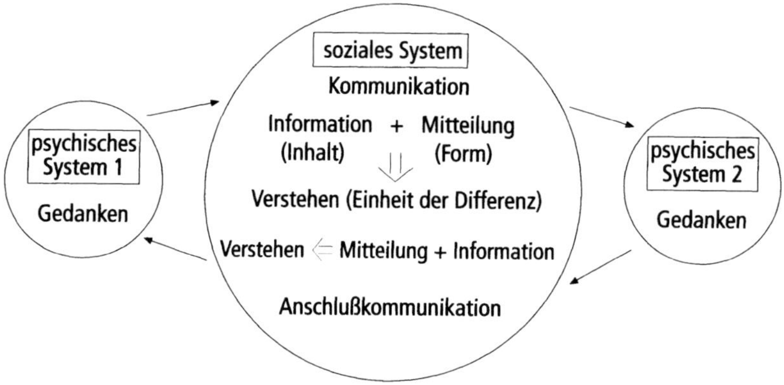

Um den abstrakten Kommunikationsbegriff Niklas Luhmanns noch verständlicher zu machen, wollen wir diese Graphik mit einem zusätzlichen Beispiel illustrieren. Unser psychisches System 1 ist in diesem Beispiel ein Arzt, der seinen Patienten Müller (psychisches System 2) über dessen zu hohen Cholesterinspiegel aufklärt und eine Ernährungsumstellung vorschlägt. Er sagt: „Lieber Herr Müller, die Blutuntersuchung hat ergeben, daß ihr Cholesterinspiegel leicht erhöht ist. Wäre es ihnen möglich, ihre Eßgewohnheiten umzustellen?" Die Information ist also der erhöhte Cholesterinspiegel und die Aufforderung zur Ernährungsumstellung. Da der Arzt den Patienten schon sehr lange kennt, spricht er ihn mit „Lieber Herr Müller" an, seine Stimme klingt einfühlsam, er lächelt und breitet Arme und Hände leicht aus. Auf der Mitteilungsebene wird Sympathie kommuniziert. Insgesamt liegt eine einfühlsame, nicht autoritäre Arzt-Patient-Kommunikation vor, die eine Verhaltensänderung des Patienten anstoßen möchte. Was passiert aber im psychischen System 2, kann dieses System via Kommunikation „verstehen", was der Arzt ihm sagen wollte? Da psychische Systeme von uns nicht beobachtbar sind – wir können ja nicht die Gedanken unserer Mitmenschen lesen – müssen wir uns mit der Beobachtung der Anschlußkommunikation begnügen. Wir hören Herrn Müller sagen: „Ach, das ist ja eine freudige Überraschung, aber wir kennen uns ja auch schon so lange, Herr Doktor. Ich nehme ihre Einladung zum Essen gerne an." Was ist passiert? Darüber können wir natürlich nur spekulieren, aber anscheinend wurde der Verstehensprozeß des psychischen Systems 2 vornehmlich durch die Mitteilungsebene beeinflußt. Das Stichwort „Eßgewohnheiten" löste eine Assoziationskette aus, die das psychische System 2 zur „Einladung" führte. Dies war nicht überraschend, da Herr Müller den Arzt fast als einen Familienangehörigen ansieht. Das psychische System 1 wird nun den Duktus der Mitteilungsebene wiedererkennen, aber auf der Ebene der Information ein vorangegangenes „Mißverstehen" des Patienten realisieren. Die Folge wird ein neuerlicher Kommunikationsversuch im sozialen System sein.

Perspektive kommen hinzu. Damit wird die Kommunikation radikal psychologisiert. Das ist eine Sichtweise, die sich für Luhmann verbietet. Schließlich sind in systemtheoretischer Sicht, wie oben ausgeführt, psychische Systeme und soziale Systeme grundsätzlich voneinander getrennt. Sie nehmen sich wechselseitig als Umwelten wahr. Kommunikationen sind die Elemente, aus denen die sozialen Systeme bestehen – sie können folglich nicht gleichzeitig Bestandteile der psychischen Systeme sein. Sicherlich müssen psychische Systeme an der Kommunikation beteiligt sein; das ändert aber nichts an der Tatsache, daß die Kommunikation einem anderen Emergenzniveau zugeordnet ist: Sie ist *keine* Operation der psychischen Systeme. Nicht Gedanken werden kommuniziert – diese gehören als Elemente des psychischen Systems einem anderen Systemzusammenhang an – sondern nur Kommunikationen. Das Verstehen innerhalb des Kommunikationsprozesses kann folglich niemals mit psychischen Ereignissen wie Gedanken oder Emotionen in Verbindung gebracht werden. Es ist vielmehr eine Selektionsleistung, die sich über die Differenz zu anderen Möglichkeiten des Verstehens bestimmt. Was jeweils verstanden worden ist, kann nur auf der Ebene des Kommunikationsprozesses vermittelt werden; einzig die folgende Kommunikation, die sogenannte Anschlußkommunikation signalisiert, daß die vorangegangene Kommunikation in einer bestimmten Art und Weise verstanden worden ist.

Sinn

Der Begriff des Verstehens ist nicht der einzige Terminus, den Luhmann vermeintlich aus der philosophisch-geisteswissenschaftlichen Tradition übernimmt, in Wirklichkeit aber mit einer völlig neuen Bedeutung füllt. Auch mit dem Begriff ‚Sinn' wird von ihm in derselben Weise verfahren. Während traditionell die Frage nach dem Sinn einer Sache auf die grundlegende Ursache ihres Bestehens abzielte, legt Luhmann nun wieder eine ausgesprochen formale Definition dieses Terminus vor. Sinn ist für ihn die

Gesamtheit dessen, was in einem System möglich ist. Jedes System hat in diesem Verständnis einen Sinnhorizont, dessen Ausdehnung endlich ist; für psychische Systeme ist dieser Sinnhorizont durch das überhaupt Denkbare, für soziale Systeme durch das überhaupt Kommunizierbare begrenzt. Begrenzende Wirkung haben im Falle der psychischen Systeme vor allem die zur Verfügung stehende Eigenkomplexität und die Gesamtheit des bereits Gedachten, an das sich neue Gedanken anschließen können, und im Falle der sozialen Systeme – neben der Eigenkomplexität, die natürlich auch hier eine Rolle spielt – die jeweils zu erbringenden Funktionen. Am besten machen wir uns den Unterschied zwischen dem Sinn als der Gesamtheit des für das System Möglichen auf der einen, und dem außerhalb dieses Sinnhorizonts Liegenden auf der anderen Seite an einem Beispiel deutlich. Zum Sinnhorizont eines Fußballspiels gehören alle Handlungen, die das Spielgeschehen auf der Basis der Spielregeln beeinflussen können: Flanken und Torschüsse, Eckbälle und Freistöße, Kopfbälle und Einwürfe, Spurts und Dribblings etc. Sogar Verletzungen der Spielregeln wie Fouls oder Handspiele, die den Rahmen gleichsam ‚reglementierter' Verstöße nicht sprengen, sind im Sinnhorizont des Spiels angesiedelt. Keinen Sinn hätte jedoch die Aktion eines Spielers, der seinen Gegner mit einer Schußwaffe zu Boden streckte; diese Handlung wäre in einem Fußballspiel völlig absurd, sie fiele aus dem Spektrum des hier Möglichen total heraus und gehörte damit quasi einer anderen Welt an: der Welt der kriminellen Handlungen etwa. So groß die Zahl der Möglichkeiten in einem System auch immer sein mag, und die Zahl der Eckbälle, Freistöße, Spurts etc. und ihrer möglichen Kombination und Abfolge in einem Fußballspiel ist sicherlich gigantisch, so gibt es doch immer noch Dinge, die prinzipiell ausgeschlossen sind. Die Rede von einem Sinn, der in der Gesamtheit des für das System Möglichen besteht, ist also keineswegs trivial.

Der Vergleich mit dem Fußballspiel macht aber noch einen anderen Sachverhalt deutlich. In jeder einzelnen Spielsituation kann immer nur eine einzige Aktion vollzogen werden. Wenn ein Eckball getreten wird, gibt es nicht gleichzeitig einen Elfmeter oder einen Einwurf, obwohl diese Dinge in einem Fußballspiel prinzipiell ebenso gut möglich sind. Der Eckball schließt diese anderen Handlungen auf der Ebene des tatsächlich Erfolgenden also gewissermaßen aus. Trotzdem bleiben sie als Alternativen im Möglichkeitshorizont präsent. Auch hier muß wieder mit dem Begriff der Differenz gearbeitet werden: Der Eckball wird erst dadurch zum Eckball, daß er kein Elfmeter, Einwurf o.ä. ist. Das reale Tun, die Aktualität, stellt sich in den Horizont des Möglichen, der Potentialität. Zur kontinuierlichen Wirksamkeit von Sinn – Luhmann verwendet hier den Begriff des ‚Sinnprozessierens' – gehört immer auch dieses Wechselspiel von Aktualität und Potentialität. Die Menge des für ein System Möglichen ist immer viel zu groß, als daß alle Optionen in die Realität umgesetzt werden könnten. Es muß immer eine Auswahl getroffen werden, aber diese Auswahl ruft ihre Alternativen mit auf, die nur auf der faktischen, nicht aber auf der virtuellen Ebene ausgeschlossen werden. Auf der virtuellen Ebene bleiben sie präsent, und es ist jederzeit eine neue Situation denkbar, in der dann eben sie aktualisiert werden.

Wenden wir uns jetzt wieder den konkreten, durch ihre Funktion definierten sozialen Systemen zu, die wir oben bereits kennengelernt haben. Wie ist hier die Kategorie Sinn zu verstehen? Wir haben bereits bemerkt, daß der Sinnhorizont von sozialen Systemen durch ihre Funktion auch limitiert ist. Das Wirtschaftssystem etwa besitzt einen Sinnhorizont, der im wesentlichen nur das erfaßt, was in einem weiteren Verständnis mit dem Austausch von Gütern zu tun hat. Sinnvolle Kommunikationen sind hier also sämtliche Aussagen, Handlungen und Rollen, ja sogar Normen, Werte und Weltbilder, die mit dieser grundlegenden Aufgabe zu tun haben. Nur Dinge, die auch nicht in der entferntesten Beziehung zum Austausch von Gütern stehen, werden vom Wirtschaftssystem als sinnlos ausgeblendet. Das ständige Sinnprozessieren innerhalb des Systems besteht darin, daß aus dem Potential der wirtschaftlich relevanten Kommunikationen immer wieder eine der jeweiligen Situation angemessene ausgewählt und aktualisiert wird.

Für das Wissenschaftssystem, um noch ein weiteres Beispiel zu geben, gilt strukturell dasselbe. Sein Sinnhorizont wird durch die

Abbildung 8: Der Sinnhorizont sozialer Systeme

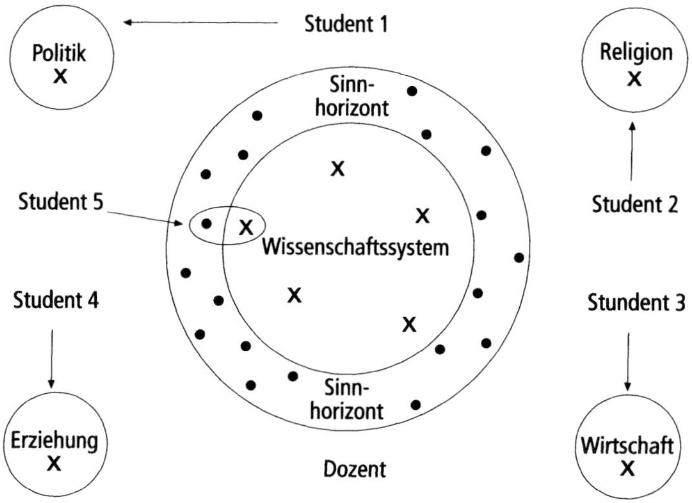

x = Elemente des Systems (Kommunikation)
• = möglicher Sinn

Wir befinden uns in einem Einführungsseminar zur Systemtheorie Niklas Luhmanns. Zum Sinnhorizont gehört alles, was sich mit dem Seminarthema in Verbindung bringen läßt. Von Fragen zum Kommunikationsbegriff Luhmanns über Anmerkungen zu den naturwissenschaftlichen Anleihen seines Theoriemodells bis zu Ausführungen zu seiner wissenschaftlichen Laufbahn. Äußerungen von Student 4 wie: „Mein Computer ist abgestürzt, deswegen kann ich mein Referat heute nicht halten. Alle Aufzeichnungen sind weg." oder „Bis wann müssen wir die Hausarbeiten abgeben?" würden uns nicht verwundern, gehören aber schon nicht mehr eindeutig zum Wissenschafts-, sondern eher zum Erziehungssystem. Eine eindeutige Überschreitung des Sinnhorizonts wäre dann der Versuch von Student 3, dem Dozenten die Textausgabe der „Sozialen Systeme" abzukaufen (Wirtschaftssystem), die Aufforderung von Student 2 an seine Kommilitonen, den sonntäglichen Gottesdienstes zu besuchen (Religionssystem), oder eine Rede von Student 1, mit der er sich als Kandidat für das Studentenparlament anpreist (Politiksystem). Sagt Student 5 dann wirklich: „Ich verstehe die Differenz von Information und Mitteilung nicht. Können Sie das noch einmal genauer erklären?", dann hat er eine Auswahl aus jenen unendlichen Möglichkeiten getroffen, die innerhalb des Sinnhorizonts liegen. Aus einem potentiellen Sinn ist ein aktualisierter Sinn geworden. Seine Frage (Kommunikation) gehört eindeutig dem Wissenschaftssystem an.

gesellschaftliche Funktion begrenzt, Erkenntnisse über die Wirklichkeit bereitstellen zu müssen. Sinnvoll sind also hier sämtliche Kommunikationen, die sich im weitesten Verständnis auf Erkenntnisgewinn beziehen lassen. Das können Äußerungsformen wie Forschungsfragen, Definitionen, Hypothesen etc. genauso sein wie soziale Rollenspiele – Lehrer und Schüler, Forscherteam, Analytiker und Proband – oder auch bestimmte Praxisformen: Experimentieren, Beobachten, Befragen, um nur einige Techniken der Erzeugung von wissenschaftlichen Einsichten zu nennen. Außerhalb des Sinnhorizonts liegt dagegen alles, was in keiner Weise mit der Produktion solcher Einsichten zusammenhängt. Das im Wissenschaftssystem permanent ablaufende Sinnprozessieren selegiert situationsadäquat unter den wissenschaftlichen Kommunikationsformen, wobei auch hier jede Aktualität in ein breites Spektrum von assoziativ mitgegebenen Alternativen eingebettet ist. Schon in der nächsten Situation kann eine dieser anderen Möglichkeiten realisiert werden.

Die Grenze des Systems

Diese Konzeption von Sinn erlaubt es auch, die Frage nach der Grenze des Systems, oder anders formuliert: nach der Grenze zwischen System und Umwelt, noch einmal neu zu stellen. Bisher hatten wir sehr pauschal definiert, daß alles, was nicht zum System gehört, seiner Umwelt zuzurechnen ist. Wodurch sich aber entscheidet, ob etwas zum System gehört oder nicht, hatten wir noch nicht präzise sagen können. Jetzt können wir hier eine genauere Auskunft geben. Die Präsenz von Sinn ist für das System so konstitutiv, daß auch die Differenz von System und Umwelt hierüber definiert wird. Wo ein bestimmter Modus des Sinnprozessierens am Werke ist, befinden wir uns im Zusammenhang des zugehörigen Systems, genau dort, wo er außer Kraft gesetzt wird, ist die Grenze dieses Systems, und damit, als sein ‚Außen‘, die Umwelt erreicht.

Diese Identifikation des Systems mit einem Sinnhorizont weist zudem mit Entschiedenheit jeden Versuch zurück, die sozialen Systeme schlichtweg mit bestimmten Organisationen oder Personengruppen ineinszusetzen. Organisationen und Personengruppen können Bestandteile sozialer Systeme sein, aber sie sind keineswegs mit ihnen identisch. Für die Organisationen etwa gilt, daß sie zwar Orte innerhalb des Systems sind, an denen eine systemspezifische Kommunikation stabilisiert wird – entsprechende Kommunikationen sind hier sehr wahrscheinlich –, daß aber genauso gut auch außerhalb ihrer solche Kommunikationen stattfinden können. In einer Bank ist wirtschaftsbezogene Kommunikation sehr wahrscheinlich, in einer Universität wissenschaftsbezogene – trotzdem können beide Kommunikationsformen auch auf der Straße stattfinden. In den Organisationen, das kommt noch hinzu, sind auch abweichende Kommunikationen möglich. Niemand verhindert, daß in den Büros der Banken über Politik gesprochen wird oder in den Hörsälen der Universitäten ein Austausch über Aktiengeschäfte stattfindet. Im Falle der Personengruppen kann im Prinzip ähnlich argumentiert werden. Politiker betreiben zwar mit höherer Wahrscheinlichkeit politische Kommunikation als andere Bevölkerungsgruppen, aber sie können ebensogut nicht-politisch kommunizieren wie Nicht-Politiker politische Kommunikation zu praktizieren vermögen. Nach welchen Sinnverarbeitungsregeln kommuniziert wird, ist entscheidend, nicht wo oder von wem diese Kommunikation betrieben wird. Die Gesellschaft kann nicht trennscharf in Bereiche eingeteilt werden, die diesem oder jenem sozialen System zuzuschlagen sind. Ein solches Vorgehen setzte sich auch über die Annahme hinweg, daß soziale Systeme nicht aus psychischen Systemen, sondern aus Kommunikationen bestehen. Bestünden sie aus psychischen Systemen, dann könnten bestimmte Personengruppen auch bestimmten Systemen zugeordnet werden. An Kommunikationen jedoch können jederzeit die unterschiedlichsten psychischen Systeme beteiligt sein. Eine einzelne Person kann ständig zwischen verschiedenen Kommunikationen hin- und herwechseln. Je nachdem, in welchen Sinnhorizont sie sich stellt, hat sie an unterschiedlichen sozialen Systemen teil. Kommuniziert sie über Recht und

Abbildung 9: Institution und Kommunikation

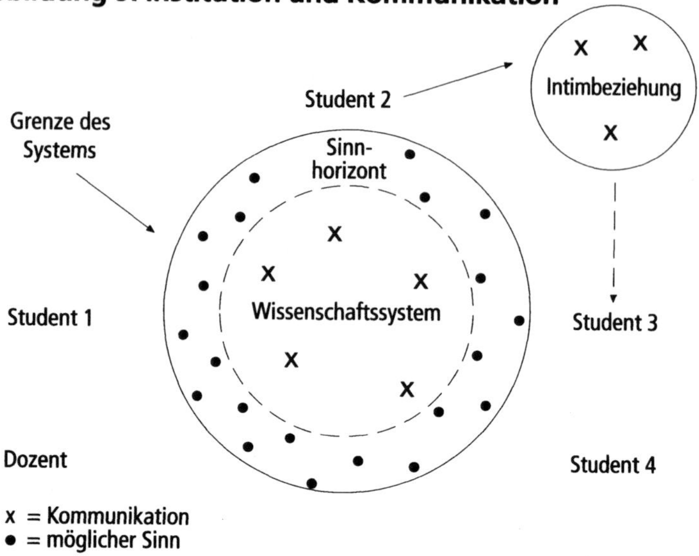

Wir befinden uns erneut in einem Seminar zur Systemtheorie Niklas Luhmanns. Die Seminarsitzung hat begonnen, der Dozent spricht über die Bedeutung des Begriffs Sinn. Folgende Szene bietet sich unseren Augen und Ohren nun dar: Student 2 macht Student 3 eine Liebeserklärung. Befindet er sich mit dieser Kommunikationsleistung noch im Wissenschaftssystem? Die Antwort kann nur eindeutig NEIN lauten, denn er hat den Sinnhorizont des Wissenschaftssystems verlassen; statt dessen befindet er sich im sozialen System Intimbeziehung (auch Liebespaare kommunizieren laut Luhmann in einem spezifischen sozialen System, aber dazu später mehr). Student 2 sitzt immer noch in demselben Seminarraum, aber die Kommunikation befindet sich nicht mehr im Wissenschaftssystem, sondern in einem anderen sozialen System. Dies erklärt sich dadurch, daß die Systeme weitgehend unabhängig von Räumen, Institutionen und Organisationen sind. Zwar machen die Institution Universität und die Örtlichkeit Seminarraum die Aktualisierung möglichen Sinns des Wissenschaftssystems – sprich: Wissenschaftskommunikation – wahrscheinlicher, aber diese Kommunikation ist prinzipiell nicht von solchen Institutionen oder Räumen abhängig. Student 1 und Student 4 könnten sich, um ein Beispiel zu nennen, nach der Seminarsitzung in einem Einkaufszentrum wiederbegegnen. Nach einem kurzen Gespräch über die besten Angebote im Supermarkt des Centers geraten sie dort in einen Disput über den Begriff des Sinnhorizonts bei Luhmann. Über ihrer Diskussion vergessen sie ganz die geplanten Einkäufe. Sie befinden sich körperlich in Räumen, die eine hohe Wahrscheinlichkeit wirtschaftlicher Kommunikation implizieren, aber ihre psychischen Systeme stellen Kommunikationen für das Wissenschaftssystem zur Verfügung.

Unrecht, so gehört sie in diesem Moment dem Rechtssystem an, betreibt sie Machtkommunikation, so koppelt sie sich an das politische System an. Jeder Mensch, und das ist gerade ein Kennzeichen der in verschiedene Funktionssysteme ausdifferenzierten modernen Gesellschaft, wechselt ständig zwischen verschiedenen Systembezügen hin und her. Als Verbraucher partizipiert er am Wirtschaftssystem, als Wähler am politischen System, als Falschparker am Rechtssystem; und das alles an einem Tag, ja in einer Stunde. Die sozialen Systeme sind keine feststehenden Entitäten, sondern kommunikative Sinnwelten, die unaufhörlich aufgebaut werden und wieder zerfallen.

Doppelte Kontingenz

Der Begriff der doppelten Kontingenz gehört sicherlich zu den am häufigsten verwendeten Termini der gesamten Luhmannschen Theorie. Er ist ähnlich wie die ‚Komplexitätsreduktion' schon fast zum geflügelten Wort geworden. Für den Nicht-Eingeweihten sagt der Begriff allerdings zunächst überhaupt nichts aus. Kontingenz bedeutet soviel wie Zufälligkeit oder Beliebigkeit, aber worin kann deren Verdopplung bestehen?

Erinnern wir uns noch einmal an das Verhältnis von Aktualität und Potentialität, das oben schon beschrieben wurde. Jegliches Sinnprozessieren hat immer auch damit zu tun, daß aus einem Spektrum von Möglichkeiten eine Option ausgewählt wird, die dann gleichsam in die Wirklichkeit überführt, das heißt aktualisiert wird. Das Sinnprozessieren in sozialen Systemen beruht dabei auf Kommunikationen, und an Kommunikationen müssen immer mindestens zwei Akteure beteiligt sein. Jeder Akteur steht also vor demselben Problem: Er muß unter zahlreichen verfügbaren Möglichkeiten eine Auswahl treffen. Dabei weiß er, daß sein jeweiliges Gegenüber diese Wahlchance auch besitzt. Die Abstimmung der jeweiligen Wahlen aufeinander ist also ein großes Problem. Um es am Kommunikationsmodell zu verdeutlichen: A trifft bestimmte

Selektionen im Bereich von Information und Mitteilung, auf die B mit einer bestimmten Selektion im Bereich des Verstehens reagiert – wer garantiert, daß diese Selektionen aufeinander abgestimmt sind? Jede Selektion, jede Auswahl ist letztlich beliebig – also kontingent –, sie kann nicht von außen erzwungen oder determiniert werden. Da A und B in derselben Weise beliebig auswählen, haben wir es mit doppelter Kontingenz zu tun.

Noch klarer wird diese Überlegung, wenn wir uns auf die Ebene der Kommunikationsform ‚Handlung' begeben. Stellen wir uns folgendes Szenario vor. Zwei Männer, die sich noch nie zuvor gesehen haben, begegnen sich auf einem einsamen Waldweg. Beide müssen davon ausgehen, daß sich der jeweils andere bei diesem Zusammentreffen in jeder erdenklichen Weise verhalten kann. Ein Mordversuch ist genauso möglich wie ein freundlicher Gruß, ein Raubüberfall wie eine freundliche Frage nach dem Weg. Beiden Spaziergängern teilt sich diese Unsicherheit als eine starke Spannung mit, die sich erst auflöst, als kurz vor dem Aufeinandertreffen der eine Spaziergänger seinen Hut zieht – nun ist eine Auswahl aus dem großen Spektrum des Möglichen getroffen worden, die auch der andere Spaziergänger übernehmen kann, indem er gleichfalls seinen Hut zieht und einen Gruß entbietet.

Selbstverständlich wäre es unerträglich, wenn die doppelte Kontingenz im Alltag der Menschen ständig in dieser radikalen Form erlebt werden müßte. Die Verunsicherung wäre total. Um dies zu verhindern, gibt es bestimmte kommunikative Mechanismen. An erster Stelle ist hier der Aufbau von Erwartungen zu nennen. Sobald die erste Kommunikation stattgefunden hat, haben die beiden Kommunikationspartner ein (wie auch immer rudimentäres) Bild voneinander. Dieses Bild sorgt dann dafür, daß an die nächste Kommunikation bereits eine bestimmte Erwartung herangetragen wird. Um bei unserem Beispiel zu bleiben: Nachdem die beiden Männer im Wald aufeinander getroffen sind und sich gegrüßt haben, kennen sie einander immerhin schon einmal als prinzipiell freundliche, zumindest grußwillige Zeitgenossen. Bei ihrer nächsten Begegnung werden sie dieses Bild als Erwartung an den jeweils anderen herantragen. Ihre Nervosität beim Zusammentreffen wird schon wesentlich geringer sein. Entspricht der andere der Erwartung, grüßt er also erneut, dann stabilisiert sich das entsprechende Bild. Bei jeder noch folgenden Begegnung ist die Anspannung geringer; ein fast schon automatisiertes Verhalten hat sich eingespielt. Die Situation wird nicht mehr als komplex, sondern als gänzlich vorhersehbar erlebt.

Zu dieser Vereinfachung hat aber nicht nur die Stabilisierung des Bildes beigetragen, das sich die beiden Akteure voneinander machten. Zusätzlich hat es beim Aufbau der entsprechenden Erwartungen auch noch so etwas wie eine Rückkopplung gegeben. Machen wir uns diesen Sachverhalt wieder an unserem Beispiel klar. Die beiden Männer, die sich bei ihrer ersten Begegnung freundlich gegrüßt haben, besitzen nun nicht nur vom jeweils anderen das Bild eines höflichen Menschen, sondern wissen auch, daß dieser andere von ihnen selbst in entsprechender Weise denken wird. Man geht nun gewissermaßen davon aus, in den Augen des Gegenübers als höflicher Mensch dazustehen. Man erwartet nicht nur ein bestimmtes Verhalten beim anderen, sondern erwartet auch, daß dieser andere ebenfalls Erwartungen aufbaut, die man zu kennen vermeint. Verkürzt kann man hier, wie Luhmann dies tut, von *Erwartungserwartungen* sprechen. Ich erwarte, daß der andere etwas von mir erwartet – und bin dann auch gerne bereit, diese Erwartung zu erfüllen, um keine Irritationen entstehen zu lassen, um die Kommunikation nicht zu stören. Jede zwischenmenschliche Beziehung funktioniert in dieser Weise. Ich lerne jemanden kennen, verhalte mich in einer bestimmten Weise und setze anschließend voraus, daß der andere ein bestimmtes Bild von mir gewonnen hat. Anschließend versuche ich diesem Bild zu entsprechen. Der andere verhält sich strukturell genauso. Wechselseitige Erwartungserwartungen stabilisieren das Verhalten beider Akteure. Bei Luhmann werden solche Stabilisierungen positiv bewertet, weil sie die Bewältigung von Kontingenz erlauben und dadurch Unsicherheit beseitigen. Andere Autoren haben unter abweichenden theoretischen Prämissen ähnliche Erkenntnisse gewonnen, sie aber völlig anders bewertet. Bekannt ist das Beispiel Jean-Paul Sartres, der in den erwarteten Erwartungen das Ende der Freiheit sah – der andere legt mich fest, heißt es bei Sartre, er raubt mir mein Selbst, ‚er ist meine Hölle'.

Symbolisch generalisierte Kommunikationsmedien

Selbstverständlich ist das Beispiel von den beiden Wanderern, die sich auf einem einsamen Waldweg begegnen, etwas überzeichnet worden. So voraussetzungslos, wie die Männer hier angeblich zusammentreffen, wird eine tatsächliche Begegnung niemals sein. Beide Wanderer haben gewiß schon einmal eine ähnliche Situation erlebt und übertragen nun die dort gewonnenen Erfahrungen auf das neue Erlebnis. Hinsichtlich der unbekannten Person bestehen zwar noch keine Erwartungen, wohl aber hinsichtlich der Situation, in der diese Person in Erscheinung tritt. Beide Wanderer wissen, daß es eigentlich üblich ist zu grüßen, wenn man sich in der Einsamkeit begegnet. Obwohl natürlich auch andere Möglichkeiten bestehen – der Sinnhorizont reicht tatsächlich bis zu Raub und Mord –, ist es doch sehr wahrscheinlich, daß die Option ‚Gruß' aktualisiert wird.

Noch viel weniger voraussetzungslos sind diejenigen Kommunikationen, die in den großen sozialen Funktionssystemen erfolgen. Auch wenn sich die konkreten Kommunikationspartner noch nie begegnet sind, legt doch der Sinnhorizont des Systems schon sehr weitgehend fest, was in der Kommunikation möglich, und was unmöglich ist. Betrete ich zum Beispiel den Seminarraum einer Universität, so erwarte ich von den dort anwesenden Personen, daß sie wissenschaftlich kommunizieren, das heißt Wissen präsentieren, Forschungsfragen entwickeln, Hypothesen diskutieren etc., aber gewiß nicht, daß sie Zeugenaussagen machen oder mit Orangen handeln wollen. Obwohl durch diese Einschränkungen schon sehr viel Komplexität abgebaut wird, gibt es in den Funktionssystemen noch einen zusätzlichen Mechanismus, der das Übermaß an möglichen kommunikativen Optionen noch weiter reduzieren soll.

Dieser Mechanismus besteht in der Etablierung von sogenannten *symbolisch generalisierten Kommunikationsmedien*. Wieder haben wir es mit einem Begriff zu tun, der auf den ersten Blick sehr schwer zugänglich erscheint. Beginnen wir mit dem Nomen, den Kommunikationsmedien. Medien der Kommunikation sind all die verschiedenen Gestalten, die jenes Mitteilungshandeln annehmen kann, welches Informationen überträgt. Durch diese weit gefaßte Definition wird von vornherein klargestellt, daß auch noch andere Kommunikationsmedien außer der natürlichen Sprache in Betracht kommen. Gerade, wenn es darum gehen soll, Möglichkeitsspielräume innerhalb der Kommunikation einzuschränken, ist die natürliche Sprache nur wenig geeignet. Das Potential möglicher Sätze, das von ihr bereitgestellt wird, ist bekanntlich unendlich. Andere Kommunikationsmedien könnten von vornherein so strukturiert sein, daß sie nur wenige Möglichkeiten zuließen. Diese Zielsetzung kann schon einmal festgehalten werden. Was aber bedeutet in diesem Zusammenhang das Partizip ‚symbolisch generalisiert'? Generalisierung, soviel ist klar, heißt Verallgemeinerung. Hier geht es also offenkundig darum, ein Kommunikationsmedium von so hohem Grad der Allgemeinheit zu entwickeln, daß es zu den verschiedensten Kommunikationssituationen ‚paßt'. Diese Verallgemeinerung ist aber etwas anderes als eine mathematische Abstraktion, die etwa alle real existierenden Dreiecke auf die Idealform eines Dreiecks zurückführt, oder ein sprachlicher Oberbegriff, der jenes Bedeutungsfeld, das die Unterbegriffe unter sich aufteilen, vollständig umfaßt – die Kommunikationssituationen, auf die das ‚allgemeine' Kommunikationsmedium angewendet werden können muß, besitzen so unterschiedliche Formen, daß solche oder ähnliche Vorstellungen vom Verhältnis des Allgemeinen zum Konkreten einfach nicht anwendbar sind. Um diesen Schwierigkeiten gerecht zu werden, führt Luhmann den Begriff der *symbolischen* Generalisierung ein – einen Begriff, der weit genug gefaßt ist, um ein im Einzelfall sehr kompliziertes Verhältnis von Über- und Unterordnung zwischen allgemeinem Kommunikationsmedium und konkreter Situation angemessen zu umschreiben.

Auch dieser Begriff muß wieder von der abstrakten Ebene auf das Niveau der konkreten Systemanalyse verlagert werden, um zusätzliche Klarheit zu gewinnen. Wenden wir uns dem sozialen Funktionssystem Wirtschaft zu. Welches Medium steht hier zur Verfügung, um die Kommunikation zu vereinfachen? Für Luhmann steht außer Frage, daß das Medium Geld diese Aufgabe erfüllt. Der Austausch von Gütern, in dem die Funktion des Wirtschaftssystems besteht, wäre um ein Vielfaches komplizierter, wenn es das Medium Geld nicht gäbe. Um den Tauschwert der einzelnen Waren, Dienstleistungen etc. festzulegen, wären endlose Diskussionen nötig. Durch die ‚Übersetzung' dieses Tauschwertes in einen Geldwert können entsprechende Diskussionen sehr schnell beendet werden. Jetzt geht es nur noch darum, ob die festgesetzte Geldmenge aufgebracht wird oder nicht. Stellen wir uns die Kommunikationen vor, die nötig – und möglich! – wären, wenn in einem Supermarkt kein Geld verwendet werden dürfte. Käufer und Verkäufer müßten bei jeder Ware die Modalitäten des Tausches neu festlegen. Der Käufer könnte als Gegenleistung für den Erwerb der Ware bestimmte Dienstleistungen anbieten, der Verkäufer feststellen, daß der Interessent gar nicht würdig ist, die Ware zu besitzen. Durch das Geld werden solche Möglichkeiten gleichsam abgeschnitten – die Komplexität innerhalb des Systems wird ganz beträchtlich reduziert. Alle Kommunikationen werden nunmehr auf das Medium Geld bezogen. Natürlich sind auch jetzt noch viele Möglichkeiten offen. Preise können als zu hoch kritisiert, Zahlungen auf Ratenbasis vereinbart werden. Im Vergleich zu den Optionen, die es gäbe, wenn das symbolisch generalisierte Kommunikationsmedium Geld nicht zur Verfügung stände, sind diese Möglichkeiten jedoch schon sehr stark eingeschränkt.

Mit den symbolisch generalisierten Kommunikationsmedien verbindet sich aber noch ein zusätzlicher Effekt, der die Kommunikation noch weiter vereinfacht. Um es zunächst abstrakt zu formulieren: Diese Medien sind so strukturiert, daß sie das Möglichkeitsspektrum der Kommunikation *im Kern* auf eine einfache Alternative verengen. A oder Nicht-A, formalisiert ausgedrückt, ist die Wahl, die das Medium erzwingt. In der natürlichen Sprache gibt es die Struktur von Position und Negation selbstverständlich auch, aber sie ist hier von vielen anderen Wechselbeziehungen überlagert

– die symbolisch generalisierten Kommunikationsmedien lassen nichts anderes als die Entscheidung über A oder Nicht-A zu. Damit macht Luhmann offensichtlich wieder eine Anleihe bei der Informationstheorie und Informatik, die das Prinzip der Binarität bekanntlich ins Zentrum rückt. Binäre Wahlen, also Wahlen zwischen zwei Alternativen unter Ausschluß einer dritten Option sind es, die das Prozessieren von Computern genauso wie das Sinnprozessieren in sozialen Systemen in Gang halten.

Worin besteht nun aber zum Beispiel im Wirtschaftssystem jene binäre Wahl, zu der das symbolisch generalisierte Kommunikationsmedium Geld die Kommunikation verdichtet? Bei einer im Medium des Geldes erfolgenden Kommunikation, so Luhmann, geht es immer darum, ob Geldflüsse in Gang gesetzt werden, oder ob sie ausbleiben. Auf diese beiden Optionen hat sich letztlich jegliche Kommunikation im Wirtschaftssystem zu beziehen – es geht um die binäre Wahl zwischen Zahlen und Nicht-Zahlen. Wird ein Gütertausch in Gang gesetzt, fließen Zahlungen, unterbleibt er, so findet keine Zahlung statt: Das gesamte Sinnprozessieren im Funktionssystem Wirtschaft beruht letzlich auf dieser binären Wahl, für die Luhmann auch den Begriff *Code* verwendet. Codes bestehen immer aus einem positiven und einem negativen Wert; die Unterscheidung zwischen diesen beiden Werten wird von Luhmann als die *Leitdifferenz* des Systems definiert.

Code und Leitdifferenz

Stellen wir uns noch einmal eine konkrete Kommunikationssituation vor, um die Bedeutung des Codes und der Leitdifferenz noch besser würdigen zu können. Ein Mann betritt einen Saal, in dem gerade eine Konferenz stattfindet. In den Pausen finden sich die Delegierten zu kleinen Gesprächsgrüppchen zusammen. Der Mann geht von Gruppe zu Gruppe und nimmt an den unterschiedlichsten Diskussionen teil. Immer wieder muß er sich auf neue Gesprächskontexte einstellen. Seine Gesprächspartner sind genauso gefordert:

Sie müssen herausbekommen, wer dieser Mann überhaupt ist, wie er sich verhält, welche Meinungen er vertritt. Nach diesem Rundgang wendet sich der Mann seiner eigentlichen Tätigkeit zu. Er eröffnet den Bierstand, für den er eine Konzession besitzt. Nun, hinter der Zapfanlage, wird er aufs neue mit vielen Delegierten konfrontiert. Die Kommunikationssituation hat sich aber radikal verändert. Der Mann will etwas verkaufen, und es ist klar, daß die Kommunikationen an seinem Bierstand zum Wirtschaftssystem gehören. Die anfänglich komplizierte Begegnung mit den Delegierten, die auf beiden Seiten mit großen Unsicherheiten verbunden war, paßt sich einem einfachen Schema an. Der Mann braucht praktisch nichts mehr über die Saalgäste zu wissen, nur noch, ob sie zahlen wollen oder nicht. Wer die Gäste sind, welche Meinungen sie vertreten, warum sie überhaupt im Saal sind – all das spielt keine Rolle mehr. Sie werden auch vor dem Bierstand nicht tanzen oder eine Ansprache halten. Die einzige sinnvolle Kommunikation besteht darin, die Brieftasche zu zücken. Für den Mann hinter dem Tresen reduzieren sich die ihm gegenübertretenden Personen auf genau *eine* bestimmte Kommunikationsleistung; umgekehrt verhält es sich genauso. Der Code des Wirtschaftssystems sorgt für eine maximale Vereinfachung der Situation. Das wechselseitige Verhalten muß nur anhand der Leitdifferenz von Zahlen oder Nicht-Zahlen beobachtet werden, alles andere gehört zur Umwelt des Systems und spielt für dessen Sinnprozessieren keine Rolle.

Programme

Im bisherigen Verlauf der Argumentation ist nun hauptsächlich von Vereinfachung, von Komplexitätsreduktion gesprochen worden. So viele Unsicherheiten durch das symbolisch generalisierte Kommunikationsmedium, durch Code und Leitdifferenz gewiß auch abgebaut werden, so bleibt doch in letzter Konsequenz auch die Alternative zwischen A und Nicht-A durchaus noch schwierig. Das Beispiel vom Bierstand sollte hier nicht mißverstanden werden.

Wenn die Entscheidung zwischen Zahlen und Nicht-Zahlen immer einfach wäre, bedürfte es keiner Marketing-Experten, keiner Finanzberater, keiner Börsenmakler. Sowohl für den Käufer wie auch für den Verkäufer ist das Problem der erfolgenden oder ausbleibenden Zahlungen eine ständige Herausforderung. In den anderen Funktionssystemen, auf deren Medien, Codes und Leitdifferenzen wir später eingehen werden, stellt sich die Situation strukturell genauso dar. Wie können Entscheidungen hinsichtlich von A oder Nicht-A herbeigeführt werden? Jedes System muß hierfür Kriterien bereitstellen, muß Maßstäbe entwickeln, die diese Wahl ermöglichen.

In der Terminologie Luhmanns sind es die sogenannten *Programme*, die dafür sorgen, daß der jeweils eine oder der jeweils andere Codewert aktualisiert wird. Von der ‚Aktualisierung von Codewerten' zu sprechen, ist auch wesentlich genauer, als wie oben, eher metaphorisch, den Begriff der Entscheidung zu verwenden; Entscheidungen, so will es zumindest das gängige Verständnis, sind psychischen Systemen zuzurechnen, die *eben nicht* die konstitutiven Bestandteile der sozialen Systeme sind – soziale Systeme bestehen aus Kommunikationen, und es muß darum gehen, die Wahl zwischen A und Nicht-A konsequent auf der kommunikativen Ebene zu verorten. In diesem Sinne müssen Programme als Elemente des Kommunikationsprozesses begriffen werden, und zwar als diejenigen Elemente, welche die Bedingungen fixieren, unter denen der eine oder der andere Codewert gesetzt wird. Während der Code selbst unwandelbar ist, befindet sich die Programmierung in einem ständigen Veränderungsprozeß.

Um diese theoretischen Setzungen zu verdeutlichen, ist wieder ein Wechsel auf die Ebene der konkreten Systemanalyse geboten. Mit welcher Programmierung arbeitet das Wirtschaftssystem? Wie wird die Aktualisierung der beiden Codewerte Zahlen oder Nicht-Zahlen herbeigeführt? – Für Luhmann steht außer Frage, daß es die *Preise* sind, die im Wirtschaftssystem diese Aufgabe erfüllen. Von den Preisen hängt es ab, ob Zahlungen erfolgen oder ausbleiben; die Preise sind das Kriterium, das den Geldfluß in Gang setzt oder aufhält. Als günstig oder auch nur als angemessen wahrgenommene Preise werden bezahlt, als überhöht bewertete Preise führen zum Kaufverzicht. Das Wirtschaftssystem muß also permanent Preise ansetzen, erhöhen und senken, um die Zahlungsflüsse zu regulieren. Die Rede vom ‚Erhöhen' und ‚Senken' zeigt schon an, daß wir es hier mit einem ständigen Veränderungsprozeß zu tun haben. Einerseits kommen Veränderungen dadurch zustande, daß das Wirtschaftssystem selbst beobachtet, ob sich bestimmte Preise am Markt durchsetzen lassen oder nicht; aufgrund dieser Beobachtungen werden die Preise immer wieder korrigiert. Andererseits gibt es aber auch außerwirtschaftliche Faktoren, die die Preisgestaltung zwar nicht unmittelbar determinieren können – das widerspräche der Autopoiesis des Wirtschaftssystems –, aber doch einen gewissen Selektionsdruck auf die systeminternen Variationen ausüben können. Hier wären zum Beispiel Bedingungen der natürlichen Umwelt, etwa die Verknappung von Rohstoffen, oder politische Ereignisse wie das Abschneiden bestimmter Märkte zu nennen. All dies trägt dazu bei, daß die Programmierung des Wirtschaftssystems im Fluß bleibt; an seiner Codierung, an seiner Leitdifferenz von Zahlen oder Nicht-Zahlen ändert sich dadurch jedoch nichts.

Leistung

Soziale Systeme sind Funktionssysteme. Jedes dieser Systeme ist auf eine bestimmte Aufgabe hin ausgelegt. Das Wirtschaftssystem regelt den Austausch von Gütern, das politische System trifft kollektiv bindende Entscheidungen, das Wissenschaftssystem stellt Erkenntnisse über die Wirklichkeit bereit. Alle Systeme bearbeiten ihre Aufgabengebiete in exklusiver Weise; das politische System produziert keine Erkenntnisse, das Wissenschaftssystem ist nicht für den Gütertausch zuständig. Solche Behauptungen legen es nahe, unter den Bedingungen der in verschiedene Funktionssysteme ausdifferenzierten modernen Gesellschaft von einer weitgehenden Autonomie der einzelnen Systeme auszugehen. Der Begriff der Autopoiesis scheint ebenfalls für diese Auffassung zu sprechen. Wenn die Systeme sich sogar noch im Modus der Selbsterzeugung reproduzieren, wird ihre Unabhängigkeit von den anderen Systemen wohl fast uneingeschränkt sein.

Diese sehr einseitige Interpretation der Grundannahmen des Luhmannschen Denkens hat sich in der Vergangenheit sehr oft mit einer bestimmten Kritik an der Systemtheorie verbunden. Die Systemtheorie übertreibe, so heißt es dann, die Eigenständigkeit der sozialen Systeme; in der vorfindlichen Realität seien sie keineswegs so reinlich voneinander zu scheiden, wie es die Theorie impliziere. Statt dessen gebe es die verschiedensten Überlappungen und Überschneidungen zwischen den Systemen. Jedes System durchdringe genauso alle anderen Systeme, wie es selbst von diesen Systemen durchdrungen werde. Im Wirtschaftssystem etwa spiele auch Macht eine wichtige Rolle, die doch angeblich exklusives Medium des politischen Systems sei, und im Wissenschaftssystem werde auch vieles durch Geld ermöglicht und entschieden, durch jenes Medium also, das vermeintlich nur im Wirtschaftssystem die Kommunikation steuere. Diese Einwände sind auf den ersten Blick plausibel. Ein zweiter Blick belehrt jedoch darüber, daß sie der Systemtheorie nicht gerecht werden. Die Theorie wird zuerst entstellt und vereinfacht, und dann ist es leicht, ihr Unzulänglichkeiten anzulasten. Die Unabhängigkeit der Systeme voneinander wird von Luhmann gar nicht in derjenigen Weise definiert und dargestellt, die von den Kritikern zum Anlaß des Protestes genommen wird. Die Systemtheorie hat tatsächlich ein viel differenzierteres Verständnis der intersystemischen Verhältnisse entwikkelt. Dieses Verständnis wollen wir genauer betrachten.

Zunächst muß daran erinnert werden, daß die Annahme einer radikalen Autonomie der sozialen Systeme in einer funktional differenzierten Gesellschaft geradezu ein Widerspruch in sich selbst wäre. Funktionsdifferenzierung heißt schließlich Aufgabenteilung, bis zu einem gewissen Grade auch Arbeitsteilung, und dieses Verfahren setzt natürlich voraus, daß die Systeme sich wechselseitig zuarbeiten, damit das jeweils eine System vom Output des jeweils anderen profitieren kann. Ein einzelnes System, das sich auf *eine*

Funktion spezialisierte und alle anderen vernachlässigte, wäre ja sonst allein gar nicht existenzfähig.

Für diese ‚Dienste', die die Systeme einander wechselseitig zur Verfügung stellen, führt Luhmann den Begriff *Leistung* ein. Wenn zum Beispiel das Wissenschaftssystem Erkenntnisse produziert, dann sind diese Erkenntnisse in den unterschiedlichsten Systemkontexten verwertbar. Das politische System nutzt die Vorgaben der Wissenschaft, um mit ihrer Hilfe Entscheidungen zu treffen, das Wirtschaftssystem greift sie auf, wenn sie profitabel erscheinen – das Rechtssystem schließlich läßt sich durch Gutachten in Prozessen unterstützen. Umgekehrt stellen die von der Wissenschaft bedienten Systeme ihrerseits auch der Wissenschaft Leistungen zur Verfügung; wir haben es hier mit einer Symmetrie des Gebens und Nehmens zu tun. Das Wirtschaftssystem setzt durch Zahlungen neue Forschungen in Gang, das politische System entscheidet über die Schaffung oder Schließung von Forschungseinrichtungen, das Rechtssystem sichert Urheberrechte und Patente ab. Diese Liste ließe sich fortsetzen. Für alle Systeme gilt, daß sie sich durch die Bereitstellung und durch die Entgegennahme von Leistungen mit den jeweils anderen Systemen in einem ständigen Austauschprozeß befinden. Dabei darf natürlich nicht der Fehler gemacht werden zu unterstellen, daß die Leistungen, die das System A erbringt, einfach unverändert in das System B überführbar sind; sie werden in System B vielmehr sofort nach Maßgabe der dort geltenden Sinnverarbeitungsregeln umgeformt. Alles andere widerspräche dem Prinzip der Autopoiesis. Die Erkenntnisse etwa, die das Wissenschaftssystem dem politischen System zur Verfügung stellt, werden sofort in Argumente verwandelt, die der Machtkommunikation dienen – ein politischer Akteur stärkt seine Position, wenn er sich im Hinblick auf seine Ziele und Meinungen auf die Autorität der Wissenschaft berufen kann.

Strukturelle Kopplung

Die Wechselwirkungen zwischen den verschiedenen Systemen können aber noch weit über das hinausgehen, was wir oben unter dem Begriff der Leistung abgehandelt haben. Leistungen sind immer noch etwas, um ein Bild zu verwenden, das zwischen den Systemen hin- und hertransportiert wird; Systeme können sich aber auch regelrecht überlappen bzw. wechselseitig durchdringen. Um solche Phänomene zu beschreiben, hat Luhmann zunächst den Begriff der Interpenetration verwendet, den er später jedoch durch den Terminus der *strukturellen Kopplung* ersetzt hat. Strukturelle Kopplungen liegen dort vor, wo sich Systeme – sei es wechselseitig, sei es einseitig – Komplexität zur Verfügung stellen, um bestimmte Systemfunktionen überhaupt möglich werden zu lassen. In diesem Sinne sind etwa das Gehirn und das Bewußtsein strukturell aneinander gekoppelt: Das Gehirn als Teilsystem des Systems ‚Organismus' stellt seine Komplexität zur Verfügung, das Bewußtsein nutzt sie, um seine autopoietischen gedanklichen Prozesse in Gang zu halten. Das Bewußtsein könnte diese Prozesse ohne entsprechende Gehirnaktivitäten nicht aufrechterhalten. Finden keine Hirnaktivitäten mehr statt, so erlischt auch das Bewußtsein. Stukturell aneinander gekoppelte Systeme sind also aufeinander angewiesen – und bleiben doch füreinander Umwelt. Das Gehirn ist nicht Bestandteil des Bewußtseins, sondern Bestandteil des Organismus, der vom psychischen System zur Gänze als Umwelt wahrgenommen wird.

Das Beispiel von Gehirn und Bewußtsein bezieht sich auf zwei Systeme, die in einem hierarchischen Verhältnis zueinander stehen; psychische Systeme gehen durch Emergenz aus organischen Systemen hervor. Strukturelle Kopplungen sind aber auch zwischen Systemen möglich, die einander nebengeordnet sind – zwischen den verschiedenen sozialen Systemen also beispielsweise. Wie hier strukturelle Kopplungen aussehen können, soll exemplarisch anhand eines Phänomens aus dem Bereich von Staat und Politik erörtert werden: anhand des Problems der politischen Verfassung.

Abbildung 10: Strukturelle Kopplung des Rechtssystems und des Systems „Intimbeziehung"

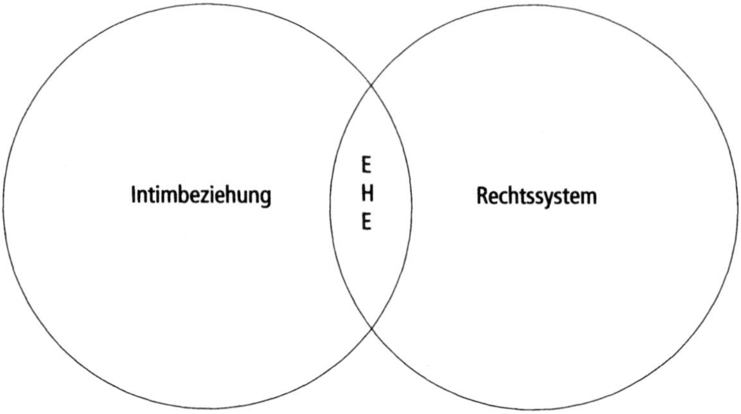

Wir haben schon angedeutet, daß auch Liebespaare nicht im freien, luftleeren, unbegrenzten Raum kommunizieren (auch wenn es den Liebenden oft so erscheint), sondern sich in den Grenzen eines sozialen Systems bewegen, das strukturell ebenso funktioniert wie das Wirtschafts- oder Wissenschaftssystem. Es gibt Regeln, ein symbolisch generalisiertes Kommunikationsmedium, einen binären Code und eine Semantik (siehe S. 136 – 145). Die Systemgrenze macht die Liebenden weitgehend autonom. So spielt bei der Wahl des Partners die Meinung der Eltern oder der besten Freundin letztlich keine Rolle. Trotzdem ist das System Intimbeziehung mit anderen Systemen strukturell gekoppelt, zum Beispiel mit dem Rechtssystem, sobald das Paar standesamtlich heiratet. Das Rechtssystem stellt dem System Intimbeziehung seine Komplexität sprich seine Rechtsnormen zur Verfügung und garantiert damit eine Stabilität, die eigentlich schon in der Liebessemantik angelegt ist. Wer liebt, verspricht dem Geliebten die ewige Liebe (auch wenn die Realität uns oft anderes lehrt), verspricht, immer für den anderen da zu sein, verspricht, daß der Partner der wichtigste Mensch im Leben ist und vieles mehr. Die Liebe als Ehe wird dann im Rechtssystem nach den Maßgaben von Recht und Unrecht kommuniziert. Ein Ehemann, der sein Liebesversprechen nach 15 Jahren bricht und seine Geliebte (Ehefrau) verläßt (Liebessystem), wird vom Rechtssystem zu Unterhaltszahlungen verurteilt. Die Liebe geht eben nicht nur die Liebenden an, sondern als Ehe auch das Rechtssystem.

Schon auf den ersten Blick ist die Stellung einer politischen Verfassung innerhalb des Gefüges der sozialen Systeme recht prekär. Gehört sie dem politischen System oder dem Rechtssystem an? Für beide Auffassungen lassen sich Argumente finden. Die Verfassung geht aus einer politischen Willensbildung hervor, sie ist die Grundlage für den Aufbau politischer Institutionen und die Richtschnur für das politische Handeln. Andererseits besteht eine Verfassung unzweifelhaft aus Gesetzen, deren Einhaltung zudem von eigens geschaffenen Verfassungsgerichten überprüft wird – hier bewegen wir uns offensichtlich im Bereich des Rechtssystems. Beide Einschätzungen müssen sich nicht gegenseitig ausschließen. Der Begriff der strukturellen Kopplung erlaubt es, die Verfassung als – mathematisch gesprochen – ‚Schnittmenge' von politischem System und Rechtssystem zu begreifen. Die Systeme stellen sich hierbei wechselseitig Komplexität zur Verfügung. Das politische System sorgt durch Machtkommunikationen dafür, daß die Gesetze zunächst einmal festgesetzt, dann, je nach Lage, verändert oder aufrechterhalten werden; auf jeden Fall werden sie mit Autorität ausgestattet. Das Rechtssystem bringt die politische Willensbildung in die Form praktikabler Gesetze, deren Einhaltung kontrolliert und deren Durchsetzung durch gleichfalls praktikable Verfahren sichergestellt wird. Obwohl beide Systeme an der Verfassung beteiligt sind, nehmen sie sich doch weiterhin wechselseitig als Umwelten wahr: Politiker fürchten den Einspruch des Verfassungsgerichts, und Juristen ängstigen sich vor politischen Entscheidungen, die immer wieder die Stimmigkeit der Rechtsprechung gefährden.

Beobachtung

Wir wollen unseren Abriß der wichtigsten Begriffe und Kategorien der Systemtheorie nicht beenden, ohne noch auf das Problem der *Beobachtung* eingegangen zu sein. Dieses Problem ist uns schon einmal flüchtig begegnet, als es um die Programmierung des Wirtschaftssystems ging; Preise, überlegten wir in diesem Zusammenhang, werden auch dadurch verändert, daß im Wirtschaftssystem beobachtet wird, ob sie sich am Markt durchsetzen können oder nicht – der letztere Fall löst dann eine Korrektur aus. Soziale Systeme sind also nicht völlig ‚blind' für ihr eigenes Sinnprozessieren, sie können sich reflexiv hierauf beziehen und gegebenenfalls sogar Veränderungen an ihrer Programmierung vornehmen. Diese Vorstellung erinnert an Denkmodelle aus der Kybernetik; auch dort spielt die Fähigkeit zur Selbstregulierung eine entscheidende Rolle. Bekannt ist das Beispiel des Thermostaten, der die Außentemperatur feststellt und dadurch gleichzeitig die Heizleistung so reguliert, daß sie einer bestimmten Temperaturvorgabe immer wieder angepaßt wird. Ein solcher Mechanismus läßt sich, leicht abgewandelt, auch auf die Selbstregulierung sozialer Systeme übertragen.

Die Selbstbeobachtung eines sozialen Systems ist jedoch zunächst noch von seiner Beobachtung der Umwelt zu unterscheiden. Diese Beobachtung der Umwelt wird von Code und Leitdifferenz gesteuert; das System nimmt genau dasjenige wahr, was sich seinem Sinnhorizont zuordnen läßt. Alles andere fällt aus der Wahrnehmung von vornherein heraus. Ein System kann also nicht beobachten, wie Luhmanns bekannte Formulierung lautet, was sich seiner Beobachtung entzieht; es weiß nicht um die Blindstellen seiner Wahrnehmung. Diese Blindstellen werden erst von einer Metaebene aus sichtbar. Wenn die Beobachtung selbst beobachtet wird, wird auch erkennbar, wo ihre Grenzen liegen, was sich innerhalb und was außerhalb ihres Fokus befindet. Eine solche Perspektive wird von Luhmann als *Beobachtung zweiter Ordnung* bezeichnet. In jedem System muß es eine Beobachtung erster und eine Beobachtung zweiter Ordnung geben. Die Beobachtung erster Ordnung ist Grundlage des ständigen Sinnprozessierens, die Beobachtung zweiter Ordnung macht genau dieses Geschehen zu ihrem Thema; dadurch ist sie zur Korrektur und zur Veränderung befähigt. Die Beobachtung zweiter Ordnung stellt gleichsam jene Instanz innerhalb des Systems dar, die für die Selbstregulierung verantwortlich ist.

Worin aber bestehen diese Instanzen in den konkreten sozialen Funktionssystemen? Ziehen wir wieder ein Beispiel heran. Das

Wissenschaftssystem hat die Aufgabe, Erkenntnisse über die Wirklichkeit bereitzustellen. Hierzu werden bestimmte Verfahren eingesetzt – Verfahren, die zu sicheren Erkenntnissen führen und gleichzeitig Irrtümer so unwahrscheinlich wie möglich machen sollen. Auf der Grundlage dieser Verfahren beobachtet das Wissenschaftssystem seine Umwelt. Eine Beobachtung dieser Beobachtung müßte die Wirksamkeit eben jener Verfahren, müßte ihre Stärken und Schwächen in den Blick nehmen. Genau das wird von der Wissenschaftstheorie geleistet. Sie interessiert sich für die Möglichkeit von Erkenntnis, für alle Mittel und Wege, die eingesetzt werden können, um zu wahren Aussagen über die Realität zu kommen. Verschwistert ist sie dabei mit der Methodenlehre, die in jeder wissenschaftlichen Disziplin konkrete Vorgehensweisen entwickelt, um die Analyse der hier jeweils zur Disposition stehenden Sachverhalte zu ermöglichen. Die Instanzen der Beobachtung zweiter Ordnung, also Wissenschaftstheorie und Methodenlehre, sorgen mithin ständig dafür, daß die im Wissenschaftssystem für die Beobachtung erster Ordnung eingesetzten Verfahren kontrolliert und gegebenenfalls verändert werden. Gerade durch die Veränderung dieser Verfahren wird die Weiterentwicklung des Wissenschaftssystems angestoßen. Mit etablierten Verfahren lassen sich irgendwann nur noch Zusatzinformationen zu längst angeeigneten Grundeinsichten gewinnen, erst die Veränderung der Methode öffnet dann wieder den Horizont für ganz neue Erkenntnisse. Wissenschaftstheorie und Methodenlehre stellen die Verfahren der Erkenntnisgewinnung so um, daß das System seine genuine Funktion wieder besser wahrnehmen kann – die Selbstregulierung ist erfolgreich vonstatten gegangen.

Beobachtung zweiter Ordnung ist aber nicht nur als Selbstbeobachtung *innerhalb* eines Systems möglich. Der Begriff gliedert sich gewissermaßen in zwei Beobachtungstypen auf – an die Seite der Selbst- tritt noch die Fremdbeobachtung. Im letzteren Fall wird die Beobachtung zweiter Ordnung aus einer systemexternen Perspektive durchgeführt. Ein anderes Funktionssystem nimmt das Sinnprozessieren des ursprünglichen Systems in den Blick. Diese Beobachtung kann natürlich nur auf der Basis der Codierung des

Abbildung 11: Beobachtung erster und zweiter Ordnung: Wirtschaft und Wissenschaft

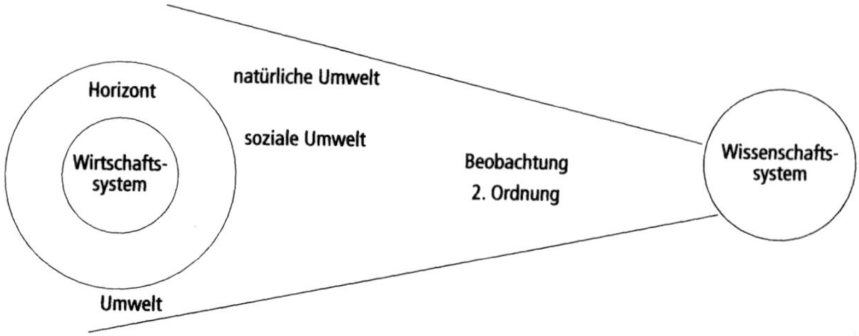

Ein Chemiekonzern möchte einen neuen Standort erschließen. Die Stadt Musterhausen hat dem Vorstand des Konzerns ein günstiges Grundstück an einem kleinen Fluß angeboten. Das Chemieunternehmen stellt nun einen Kosten-/Gewinnplan auf (Beobachtung zweiter Ordnung als Selbstbeobachtung), der positiv ausfällt. Der zu erwartende Profit ist enorm. Trotzdem wollen die Verantwortlichen noch ein unabhängiges Institut zu Rate ziehen, denn die Vergangenheit hat gezeigt, daß solche Expertisen oftmals viele Aspekte zum Vorschein bringen, die das Unternehmen selbst nicht gesehen hatte. Der Chemiekonzern als Subsystem des Wirtschaftssystems – natürlich nur in seiner kommunikativen und nicht in seiner materiellen Gestalt – ist sich der Beschränkungen seiner Beobachterperspektive bewußt. Er tritt aus dieser Beschränkung heraus, indem er das Institut zur Beobachtung (zweiter Ordnung als Fremdbeobachtung) des eigenen Systems und seiner Beobachtungen auffordert. Das unabhängige wissenschaftliche Institut versucht nun, die wirklichen Folgen einer Standorteinrichtung an eben dieser Stelle abzuschätzen. Es operiert gemäß der Codierung wahr/falsch, ist damit Teil des Wissenschaftssystems und beobachtet nicht nur die für das Wirtschaftssystem nicht sichtbare soziale, sondern auch die natürliche Umwelt. Das Gutachten kommt unter anderem zu dem Ergebnis, daß die Folgen für die Natur schwerwiegend sein würden, indem etwa einer der letzten Lebensräume einer vom Aussterben bedrohten Tierart gefährdet sei. Das Gutachten empfiehlt, einen anderen Standort zu suchen. Der Vorstand nimmt diese Empfehlung zur Kenntnis und überlegt, welche wirtschaftliche Relevanz die prognostizierten Folgen haben. Müßte man mit einer Klage und einer empfindlichen Geldstrafe rechnen, wenn die bedrohte Tierart wirklich ausstürbe? Wohl kaum. Gut, ein paar Umweltaktivisten würden vielleicht protestieren, was dem Ansehen des Konzerns schaden könnte, aber der Verkauf der Produkte ist nicht direkt auf die öffentliche Meinung angewiesen. Also ist dieser Punkt wirtschaftlich ebenfalls irrelevant. –Wir sehen, auch die Ergebnisse der Beobachtung zweiter Ordnung als Fremdbeobachtung werden wieder nur nach Maßgabe des Leitmediums Geld kommuniziert. Es gibt keine übergeordnete Vernunft oder Moral, welche die Entscheidungsprozesse beeinflussen könnte. Das Unternehmen blickt über seinen Horizont nicht hinaus!

beobachtenden, nicht des beobachteten Systems erfolgen. Das hat Folgen für die Möglichkeit zur Veränderung der Programmierung. Rückwirkungen von Fremdbeobachtungen kann es geben, aber nur insofern, als diese Beobachtungen Resonanzen auslösen.

Indem das Funktionieren der Beobachtung zweiter Ordnung in dieser Form beschrieben wird, findet natürlich in gewisser Weise erneut eine Beobachtung statt. Es ist nur konsequent, diese Beobachtung dann als Beobachtung dritter Ordnung zu definieren. Luhmann scheut sich nicht, seine eigenen systemtheoretischen Analysen durch diese Denkfigur in das soziale Geschehen letztlich mit einzubeziehen. Als Beobachtung dritter Ordnung ist die Systemtheorie gleichzeitig Subjekt und Gegenstand der Gesellschaftsanalyse. Damit wird der Universalitätsanspruch der Systemtheorie noch einmal nachdrücklich unterstrichen: Bei ihrem Versuch, die gesamte Wirklichkeit, die Totalität der Phänomene auf den Begriff zu bringen, macht sie nicht einmal vor sich selbst halt.

Die Systemtheorie und die Geschichts- und Kulturwissenschaften – ein erstes Fazit

Da sich mit der Selbstthematisierung der Systemtheorie nun gleichsam der Kreis ihrer begrifflichen Entfaltung geschlossen hat, scheint es uns an der Zeit zu sein, noch einmal auf die ‚auf halber Distanz' schon gestellte Frage nach den Anstößen des Luhmannschen Denkens für die Geschichts- und Kulturwissenschaften zurückzukommen. Mittlerweile sind uns all jene Begriffe und Denkfiguren begegnet, die sich um den Terminus der Autopoiesis ranken; und dieses Konzept ist so neu – schließlich fußt es auf naturwissenschaftlichen Erkenntnissen, die sich erst in den letzten Jahren wirklich durchgesetzt haben –, daß es kaum möglich erscheint, daß seine sämtlichen Implikationen nur einen ‚Wiedererkennungswert' im Hinblick auf schon längst bekannte Theoriebausteine haben.

Und tatsächlich sind wir der Überzeugung, daß die von der Idee der Autopoiesis hergeleiteten Teile der Systemtheorie ein Bild von der Gesellschaft entwerfen, das mit allen gängigen Vorstellungen bricht. Da die Gesellschaft in ihren verschiedenen Teilbereichen, von der Wirtschaft bis zum Recht, für die Geschichtswissenschaft von direktem, für die Kulturwissenschaften hingegen oft nur von indirektem Interesse ist, wollen wir nun primär die Historiker ansprechen, ohne allerdings die Kulturwissenschaftler dabei aus den Augen zu verlieren. Daß soziale Systeme sich durch Selbsterzeugung reproduzieren, ist in dieser Radikalität von Historikern noch nicht behauptet worden. Die Geschichtsschreibung neigt vielmehr dazu, jede Veränderung in *einem* Funktionssystem auf Veränderungen in anderen Funktionssystemen zurückzuführen. Oft wird dabei ein bestimmtes Funktionssystem gleichsam zum Zentrum der Gesellschaft erklärt, von dessen Vorgaben dann die Entwicklung in allen anderen Systemen abhängt. Von diesem Denken gibt es mehrere Varianten. Die bekannteste ist sicherlich diejenige des dialektischen oder historischen Materialismus. Hier wird das Funktionssystem Wirtschaft zum Verursacher aller sozialen Veränderungen erklärt. Die Verteilung des Eigentums gibt vor, wie der politische Apparat konstruiert zu sein hat – nämlich so, daß die Eigentümer auch die politische Macht innehaben –, die Besitzverhältnisse bestimmen darüber, welche Gesetze in Kraft treten – diejenigen nämlich, die den Besitz am besten schützen. Andere Funktionssysteme bilden in strukturell ähnlicher Weise die Besitzverhältnisse ab. Für Eigendynamiken in diesen Systemen ist in der Theorie kein Platz – höchstens dort, wo es darum geht, gesellschaftliche Veränderungen vorzubereiten, die letztlich auch wieder in eine neue Eigentumsordnung münden.

Aber nicht nur der Ökonomismus des marxistischen Denkens besteht darauf, die gesellschaftliche Entwicklung im Kern aus einem einzelnen Funktionssystem heraus ursächlich ableiten zu können. Die Rede vom Primat der Politik, in der Geschichtswissenschaft seit jeher ein verbreiteter Standpunkt, stellt in ganz ähnlicher Weise ein bestimmtes System gleichsam ‚über' die anderen Systeme, die sich an seinen Vorgaben orientieren müssen. Von der Politik aus wird die gesamte Gesellschaft, einschließlich der Wirtschaft, gesteuert, jeder gesellschaftliche Teilbereich muß sich letztlich den übermächtigen politischen Interessen unterwerfen. Diese Auffassung ist freilich nicht nur bei Historikern verbreitet, sie prägt auch das Selbstverständnis vieler politischer Akteure – vielleicht gar nicht einmal so sehr in der Gegenwart, in der die Grenzen des Einflusses von Politik schon vielfältig sichtbar und auch bewußt geworden sind, als vielmehr in der Vergangenheit, in der etliche Parteien und ‚Bewegungen' sich auf die Fahnen schrieben, durch die Eroberung der politischen Macht die gesamte Gesellschaft in ihrem Sinne umformen und gestalten zu wollen.

Gegenüber solchen Auffassungen, die sich noch um einige weitere Varianten ergänzen ließen, besteht die Systemtheorie darauf, daß es *nicht* möglich ist, das Geschehen in sozialen Systemen von außen zu determinierem. Es sind weder Systeme denkbar, die unmittelbar steuernd in andere Systeme eingreifen, noch solche, die in dieser Weise mit sich verfahren lassen. Systeme können füreinander nur Umwelten sein, und Umweltreize werden nicht direkt aufgenommen, sondern sofort nach Maßgabe von systeminternen Sinnverarbeitungsregeln umgeformt. Das politische System zum Beispiel kann in das Wirtschaftssystem niemals hineinregieren – nur die politische Umwelt des Wirtschaftssystems kann sich verändern, worauf das Wirtschaftssystem dann in Gestalt von Variationen zu reagieren vermag, die dem Selektionsdruck der neuen Umweltbedingungen besser oder schlechter angepaßt sind. Im Wirtschaftssystem selbst werden die politischen Vorgaben jedenfalls nicht als politische, sondern nur als ökonomische Kommunikationen aufgegriffen: konkret als Kosten, die sie verursachen, oder als Einsparungen, die von ihnen möglich gemacht werden.

In strukturell ähnlicher Weise sind alle intersystemischen Beziehungen zu beschreiben. Systeme werden nicht einfach von außen verändert, es verändern sich nur ihre Umweltbedingungen, worauf sie dann auf der Basis ihrer eigenen Codes und Programme reagieren. Einflußnahmen zwischen den Systemen können also niemals im Modus einfacher Kausalität erfolgen; wir können niemals in System A eine Ursache erkennen, der sich dann in System B eine unmittelbare Wirkung zuordnen ließe. Der Gedanke der Autopoiesis widerspricht jeder Sichtweise der Geschichte, die einfache Ursache-Wirkungs-Verhältnisse zwischen den gesellschaftlichen Teilbereichen unterstellt. Was in dem einen System geschieht, kann in dem anderen System immer nur systemspezifisch beantwortet werden. Luhmann bezeichnet diese Antwort als die *Resonanz* des Systems. Dieser Begriff ist zweifellos sehr gut geeignet, den gemeinten Sachverhalt auszudrücken. Resonanz ist so etwas wie ein Mittönen oder Mitschwingen, auf jeden Fall keine direkte Implementierung des Außenreizes, sondern seine ‚Übersetzung' in einen anderen Schwingkörper. Wenn Systeme wechselseitig beieinander Resonanzen auslösen, dann ist damit automatisch impliziert, daß die Beeinflussung auch hier keine unmittelbare ist, sondern nur mittelbar über den Umweg der ‚Übersetzung' in die Sinnverarbeitungsregeln des jeweils anderen Systems erfolgen kann.

Für die Arbeit des Historikers haben diese Annahmen weitreichende Konsequenzen. Schließlich ist die Geschichtswissenschaft dasjenige Fach, das die verschiedenen gesellschaftlichen Teilbereiche wie Politik, Recht, Wirtschaft und Wissenschaft gleichermaßen thematisieren soll – im Gegensatz zu anderen Disziplinen, die sich auf ein einzelnes soziales System konzentrieren. Darüber hinaus wird den Historikern ausdrücklich noch die Analyse der Wechselwirkungen zwischen den gesellschaftlichen Teilbereichen aufgetragen: Die Geschichtswissenschaft soll insofern universell sein, als sie die Teilbereiche nicht nur nacheinander bearbeitet, sondern auch Interdependenzen erfaßt. Damit leistet sie mehr als jede Disziplin, die sich auf ein einzelnen Funktionssystem beschränken muß; sie ist das einzige Fach, das jene Zusammenhänge deutlich machen kann, die andernorts definitionsgemäß ausgeblendet werden.

Wenn die Systemtheorie die Wechselwirkungen zwischen gesellschaftlichen Teilbereichen in neuem Licht erscheinen läßt, berührt dies die Praxis der Geschichtsschreibung in ganz elementarer Weise. Wo diese Wechselwirkungen ständig thematisiert werden, muß sich auch ihre Neudefinition sehr deutlich bemerkbar machen. Der Einfluß der Politik auf die Wirtschaft, der Wirtschaft auf das Recht, der Wissenschaft auf die Politik etc. kann, folgt man den

Thesen Luhmanns, nicht mehr auf der Basis von einfachen Ursache-Wirkungs-Verhältnissen beschrieben werden. Statt dessen sind die viel komplizierteren Interdependenzen in Rechnung zu stellen, die Luhmann mit dem Begriff der Resonanz einfängt. Jedes System folgt einer Eigenlogik, die genau rekonstruiert werden muß, wenn begriffen werden soll, in welcher Weise Außenreize hier verarbeitet werden können. Historische Großereignisse, denen gerne unterstellt wird, sie hätten die Gesellschaft zur Gänze verändert, haben dies keineswegs im Sinne kausaler Kettenreaktionen getan. Jedes System hat nach seinen eigenen Sinnverarbeitungsregeln auf diese Ereignisse reagiert, das eine früher, das andere später. Damit werden auch auf der Zeitachse zu beobachtende Verschiebungen in der Systementwicklung erklärbar, für die bisher nur der etwas unbeholfene Begriff der ‚Ungleichzeitigkeit' zur Verfügung stand. Politische Großereignisse haben möglicherweise im Rechtssystem früher eine Resonanz ausgelöst, als im Wirtschaftssystem; wirtschaftliche Umbrüche hingegen können im politischen System früher mit Umstellungen beantwortet worden sein, als im Rechtssystem. Alle denkbaren Konstellationen sind möglich.

Für die historische Forschung wäre es sicherlich eine Herausforderung, bestimmte Ereignisse und ihre Folgen einmal in dieser Perspektive unter die Lupe zu nehmen. Wie hat sich ein politisches Ereignis wie die Französische Revolution in der wirtschaftlichen Entwicklung Frankreichs bemerkbar gemacht? Welche Resonanz hat ein juristisches Ereignis wie die Einführung des bürgerlichen Gesetzbuchs in Deutschland im politischen System erzeugt? Welche im Wirtschaftssystem? Und wie ist ein wissenschaftliches Ereignis vom Format der Entdeckung des elektrischen Stroms im Rechtssystem ‚beantwortet' worden? Für all solche – möglichen, sinnvollen – Analysen hat Luhmann selbst in der 1986 veröffentlichten Studie über „Ökologische Kommunikation" ein Modell bereitgestellt. Hier wird danach gefragt, wie die moderne Gesellschaft sich auf ‚ökologische Gefährdungen' einstellen kann. Die Entstehung eines ökologischen Problems gilt dabei als Ereignis in der natürlichen Umwelt, das in allen sozialen Systemen eine ganz unterschiedliche Resonanz auslöst. Luhmann stellt jeweils die systemspezifischen Formen des Sinnprozessierens dar und fragt dann, wie unter diesen Bedingungen der Außenreiz ‚ökologische Gefährdung' verarbeitet wird. Damit weist er die Vorstellung, die Gesellschaft könne ‚als Ganze' mit einer einheitlichen Strategie auf die ökologische Gefährdung reagieren, mit Entschiedenheit zurück. Für jedes der Funktionssysteme, in welche die moderne Gesellschaft zerfällt, stellt sich das Problem in völlig anderer Weise; jedes System reagiert zu einem anderen Zeitpunkt in einer anderen Form. Im Prinzip ließe sich diese Vorgehensweise auf jedes andere Problem von einer gewissen Reichweite übertragen. Historiker könnten in analoger Weise aufzeigen, welche unterschiedlichen Resonanzen bestimmte geschichtliche Ereignisse erzeugt haben – und gingen dabei von einem neuen Verständnis der Wechselwirkungen zwischen gesellschaftlichen Teilbereichen aus, das auch in der konkreten Analyse zu neuen Ergebnissen führen muß.

Drei Probleme aus dem Alltag – und die Antworten der Systemtheorie

Nachdem wir am Anfang dieser Darstellung darauf hingewiesen haben, daß sich die Systemtheorie keineswegs nur im Reich der Abstraktionen bewegt, sondern von ganz konkreten Beobachtungen der gesellschaftlichen Wirklichkeit ausgeht und diese zu erklären versucht, wollen wir nun noch einmal auf die eingangs beschriebenen Situationen zurückkommen, um die Erklärungskraft der Systemtheorie tatsächlich unter Beweis zu stellen.

Die erste Szene hatte drei Schulfreunde gezeigt, die nach einigen Studienjahren große Probleme haben, noch eine gemeinsame Gesprächsplattform zu finden – die Sichtweisen der Wirklichkeit sind einfach zu unterschiedlich geworden. Der angehende Ökonom bezieht alles auf finanziellen Gewinn oder Verlust, der Jurist auf Recht und Gesetz, der Politiker auf die jeweils vorliegenden Machtverhältnisse; jeder ist in seiner Perspektive gefangen und sieht sich außerstande, das Denken der anderen nachzuvollziehen.

Damit ist in etwas plakativer Weise dargestellt, in welcher Weise soziale Systeme je eigene Umweltbezüge entwickeln; jedes System bearbeitet seine Umwelt nach Maßgabe der systemspezifischen Sinnverarbeitungsregeln. Nach einigen Jahren des Studiums sind die drei Freunde so stark in die Kommunikationszusammenhänge ihrer Disziplinen hineingewachsen, daß sie deren Weltbezug vollständig verinnerlicht haben. Sie kommunizieren auch in der geselligen Runde weiterhin nach den Regeln der Funktionssysteme, denen sie sich zugehörig fühlen. Der Ökonom benutzt den Code des Zahlens oder Nicht-Zahlens, der Jurist operiert anhand der Leitdifferenz von Recht oder Unrecht, der Politiker legt seinen Äußerungen das symbolisch generalisierte Kommunikationsmedium Macht zugrunde. Jedes System hat seinen spezifischen Weltbezug, und dies ist eine Beobachtung, die jedermann ständig in seinem Alltag anzustellen vermag.

Im zweiten Beispiel ging es um ein ‚blind date', das beide beteiligten Personen vor große Probleme stellt. Bei allen Entscheidungen, die für die Gestaltung des Rendezvous wichtig sind – von der Wahl der Kleidung über die Art der Begrüßung bis zu den Tischmanieren – sehen sich Mann wie Frau einer verwirrenden Zahl von Möglichkeiten gegenüber. Wie soll man sich entscheiden, wie wird das Gegenüber auf diese Entscheidungen reagieren, wie wird der andere selbst wählen, und wie soll man nun wiederum in eigener Person auf diese Wahl reagieren? Eine schreckliche Unsicherheit! Keine Frage, daß sich diese Situation mit Luhmanns Begriff der doppelten Kontingenz erklären läßt. Doppelte Kontingenz meint schließlich die vollständige Unsicherheit hinsichtlich der Wahlen des Gegenübers angesichts einer fast uneingeschränkten Wahlfreiheit. Jeder kann in der unterschiedlichsten Weise aus zahlreichen Möglichkeiten wählen, und das auf der Ebene des Agierens wie des Reagierens, des Sich-Äußerns wie des Verstehens. Erst im Verlauf der Kommunikation, im Verlauf des Kennenlernens, entstehen Erwartungen und Erwartungserwartungen, die die Kommunikation stabilisieren. Wobei freilich zu berücksichtigen ist, daß auch die Kommunikation der beiden ‚blind dater' nicht völlig voraussetzungslos ist. Daß ihr Rendezvous im weiteren Sinne dem sozialen

System Liebe bzw. Intimkommunikation zuzurechnen ist, engt die Kommunikationsmöglichkeiten schon beträchtlich ein. Alles, was den Aufbau einer Liebesbeziehung erleichtert, etwa die Preisgabe persönlicher ‚Geheimmnisse', wird wahrscheinlicher, alles, was eine solche Beziehung von vornherein verunmöglicht, Ungepflegtheit zum Beispiel, erhält eine geringere Wahrscheinlichkeit. Darüber hinaus haben beide Akteure schon durch die Wahl des Mediums, das ihnen die Verabredung ermöglicht hat, eine gewisse Vorentscheidung getroffen. Bestimmte Zeitungen haben bestimmte Images, und jeder, der dort eine Kontaktanzeige aufgibt, will schon durch diesen Publikationsort über sich selbst etwas mitteilen und auch im Hinblick auf den möglichen Partner eine Vorauswahl treffen. Hinzu kommt der Text der Anzeige, der von jedem Inserenten in möglichst ‚sprechender' Form abgefaßt wird. Ähnlich ist die Situation, wenn Agenturen und Institute zur Anbahnung von Beziehungen eingeschaltet werden, die sich schon durch ihren Stil und ihre Preise auf eine bestimmte Klientel festlegen. Vor jedem ‚blind date' hat es also schon Vorab-Kommunikationen gegeben, die elementare Erwartungen aufbauen und dadurch die Kontingenz des ersten Zusammentreffens verringern.

Die dritte Szene, die zwei Nachbarn daran verzweifeln ließ, einen gerechten Tausch von ererbten Gegenständen durchzuführen, weist direkt in den Problemzusammenhang der symbolisch generalisierten Kommunikationsmedien hinein. Die Tauschaktion gestaltet sich genau deswegen so schwierig, weil in diesem Fall das Medium Geld nicht zur Verfügung steht. Ein enormes Möglichkeitsspektrum von Kommunikationen tut sich auf, weil der Tauschwert der einzelnen Gegenstände nach zahllosen Kriterien festgelegt werden kann. Auch die am Tausch beteiligten Personen stehen plötzlich zur Disposition: Wer ist wann und unter welchen Bedingungen überhaupt berechtigt, einen bestimmten Gegenstand zu besitzen? Dieses breite Möglichkeitsspektrum könnte durch das symbolisch generalisierte Kommunikationsmedium Geld ganz entscheidend verengt werden. Die Nachbarn müßten nur noch auf der Basis der Leitdifferenz von Zahlen oder Nicht-Zahlen miteinander kommunizieren. Ein einfacher Code wäre an die Stelle endloser

Diskussionen getreten. Die moderne Gesellschaft könnte gar nicht existieren, wenn sie nicht in all ihren Teilsystemen über solche Codes verfügte; die Vielzahl der Systemzusammenhänge, an denen das Individuum ständig kommunikativ beteiligt ist, wäre nicht mehr beherrschbar, wenn es keine Komplexitätsreduktion gäbe.

Teil II

1. Der Geschichtsentwurf der Systemtheorie

Schon in Teil I haben wir betont, daß die sozialen Funktionssysteme wie Politik, Wirtschaft oder Recht nicht immer schon in dieser Form bestanden haben; sie sind vielmehr Produkte der modernen Gesellschaft, die erst seit der Frühen Neuzeit in einem langwierigen Prozeß entstanden ist. Diese Annahme macht die Systemtheorie in noch höherem Maße zu einer Theorie der Geschichte, als wir ohnehin schon unterstellt haben. Ein bestimmter Gesellschaftstypus hat sich in einer bestimmten Phase des historischen Prozesses herausgebildet, vor ihm gab es einen anderen Gesellschaftstypus, der seinerseits einem Vorgängertypus folgte. Diesen Wandlungs- und Umstrukturierungsprozeß nachzuzeichnen, heißt eine historiographische Konstruktion vorzunehmen, die fast schon den Rang einer Geschichtsphilosophie beanspruchen kann, auch wenn Luhmann diesen Begriff zurückgewiesen hätte.

Die in verschiedene Funktionssysteme ausdifferenzierte moderne Gesellschaft steht also am Ende einer historischen Entwicklung, die durch ein Nacheinander verschiedener Gesellschaftstypen mit je eigenem Aufbau gekennzeichnet ist. Der erste Typus dieser Art, der von Luhmann in der gleichsam ‚archaischen' Zeit vor der Entstehung der ersten Hochkulturen verortet wird – wiewohl er bei sogenannten ‚primitiven' Völkern bis heute beobachtet werden kann –, weist eine *segmentäre Differenzierung* auf. Was ist hiermit gemeint? Die segmentäre Differenzierung ist eine Gliederung der Gesellschaft in Teile, die einander prinzipiell gleich sind; ‚gleich' bedeutet dabei allerdings nicht ‚identisch', sondern zielt vielmehr auf eine strukturelle Ähnlichkeit ab: Die Gesellschaft zerfällt in Clans, Familien oder Dörfer, also in Teilsysteme, die ihre innergesellschaftliche Umwelt nur als Ansammlung von gleichen oder ähnlichen Systemen wahrnehmen. Diese Systeme finden ihre Grenzen in Lokalitäten und konkreten Handlungssituationen; sie sind im wesentlichen noch als Personengruppen definiert.

Jede dieser Personengruppen muß sich aus eigener Kraft materiell reproduzieren. Ein Güteraustausch in größerem Umfang findet noch nicht statt. Auch Formen der Arbeitsteilung sind noch unbekannt. Sie wären auch wenig sinnvoll, weil es in einer Situation der fast permanenten Bedrohung des Lebens zu gefährlich ist, sich in die Abhängigkeit von anderen Personen oder Personengruppen zu begeben; fallen diese aus, so ist sofort auch die eigene Existenz bedroht. Arbeitsteilung setzt in gewisser Weise bereits die weitgehende Sicherung des Lebens voraus. Diese Sicherung ist in der segmentär differenzierten Gesellschaft noch nicht gegeben; hier muß dafür gesorgt sein, daß die anderen Teilsysteme weiterbestehen können, auch wenn ein einzelnes System zugrunde gegangen ist. Der Preis, den die Teilsysteme für diese Autarkie bezahlen, ist allerdings hoch. Sie können nur eine geringe Komplexität ausbilden. Die Bedürfnisbefriedigung, die ihre primäre Aufgabe ist, gelingt nur deswegen, weil es die Möglichkeit des Zeitausgleichs gibt: Nicht alle Personen müssen ihre Bedürfnisse gleichzeitig befriedigen, es lassen sich Reglementierungen finden, die den einen früher, den anderen später zum Zuge kommen lassen. Dieses Nacheinander kostet allerdings viel Zeit und reduziert die Fähigkeit des Systems, sich flexibel auf neue Problemlagen einzustellen, noch zusätzlich. Schließlich wird der Übergang zu einer neuen Differenzierungsform der Gesellschaft unvermeidlich.

Empirisch ist dieser Übergang kaum nachzuweisen. Wir haben es vielmehr mit einem gedanklichen Modell zu tun, das bestimmte Entwicklungsprozesse für notwendig erklärt, die sich so oder ähnlich in der Sozialevolution abgespielt haben müssen, auch wenn ihr genauer Zeitpunkt nicht feststellbar ist. Auf der theoretischen Ebene können wir vermuten, daß segmentär differenzierte Gesellschaften aufgrund ihrer begrenzten Möglichkeiten zur Bedürfnisbefriedigung solange bestimmte Erwartungen enttäuschen, bis sich neue Formen der sozialen Organisation aufdrängen. Nun bilden sich erste Rollendifferenzierungen, auch erste Ansätze von Arbeitsteilung aus. Zu den frühesten differenzierten Rollenmustern gehören zweifellos die Sakralrollen; aber auch die Unterscheidung zwischen den Geschlechtern sowie zwischen verschiedenen Altersgruppen wird jetzt wichtig. Obwohl solche Rollendifferenzierungen bereits die gesellschaftliche Komplexität erhöhen, sind sie durchaus noch innerhalb des Modells von Kopräsenz und gemeinsamer Lokalität denkbar. Erst wenn es nicht mehr gelingt, die Ungleichheit der Rollen und Tätigkeiten an einem Ort und zu einem Zeitpunkt zu bewältigen, muß das Organisationsmodell der segmentären Differenzierung aufgegeben werden. Nicht mehr *gleiche*, sondern *ungleiche*, aus den verschiedenen Rollenmustern hergeleitete Teilsysteme konstituieren nun die Gesellschaft. Die segmentäre Differenzierung ist, wie Luhmann formuliert, zur *stratifikatorischen Differenzierung* umgestellt worden.

Diese stratifikatorische Differenzierung ist ein historisch äußerst erfolgreiches Modell. Schon die klassischen Hochkulturen orientierten sich an ihm; in Europa bestimmte es bis in die Frühe Neuzeit hinein die gesellschaftliche Gliederung. Das maßgebliche Einteilungsprinzip stratifizierter Gesellschaften ist die Differenzierung in ungleiche Schichten. Die Gesellschaft besteht nun nicht mehr aus ähnlichen oder gleichen, sondern aus verschiedenartigen Teilsystemen, die in ihrer Ungleichheit allerdings aufeinander bezogen sein müssen. Die Ungleichheit ist keine beliebige, sie ordnet sich in eine Hierarchie ein; eine stratifizierte Gesellschaft beobachtet sich selbst mit der Leitdifferenz ‚oben' oder ‚unten'. Jede Kommunikation, die in dieser Gesellschaft erfolgt, wird danach geregelt, welche Folgen sie für die hierarchische Ordnung hat. Weil sich auch die stratifizierte Gesellschaft noch nach Personen differenziert, also verschiedene Menschen verschiedenen Ständen zuordnet, stehen bei ihrer Autopoiesis weniger Sachfragen, als vielmehr Fragen des Sozialstatus im Vordergund – nicht *was* gesagt oder getan wird, ist entscheidend, sondern *wer* es sagt oder tut, ob es ein Sprecher bzw. Akteur aus den oberen oder den unteren sozialen Schichten ist. Bei jeder Eheschließung, bei jedem Rechtsstreit, bei jeder religiösen Auseinandersetzung geht es in erster Linie um Fragen der Rangordnung. Der sozial Höherstehende ist die bevorzugte Heiratspartie, er hat andere Rechte, manchmal sogar Privilegien, und er besitzt zu jeder Zeit den besseren Zugang zur religiösen Offenbarung.

Die hierarchische Ordnung der stratifizierten Gesellschaft wird vor allem dadurch stabilisiert, daß sie durch eine religiöse Symbolik gleichsam noch einmal verdoppelt wird. Dabei erfüllt die Religion im wesentlichen zwei Funktionen: Zum einen verhindert sie, daß die Gesellschaft infolge der Unterschiede und Gegensätze zwischen den sozialen Schichten regelrecht auseinanderbricht, indem sie alle Menschen denselben Normen unterwirft – die Notwendigkeit, ein gottesfürchtiges Leben zu führen, gilt für jeden, und jedermann teilt auch das Weltbild, das die Religion vorgibt. Zum anderen muß die Religion bei aller integrativen Kraft auch dafür sorgen, daß die ‚gesellschaftliche Stufenleiter' aufrechterhalten wird. Hierzu dient ein hierarchisches religiöses Weltbild, das alle göttlichen und irdischen Dinge in eine strikt vertikal aufgebaute Ordnung preßt. In dieser Ordnung erhält jeder Mensch seinen Platz zugewiesen; es ist der Wille Gottes, daß er diese und keine andere Position in der Gesellschaft einnimmt. Das integrative und das hierarchische Prinzip kommen zusammen: Jeder Mensch ist heilsfähig, aber es gibt verschiedene, an die unterschiedlichen sozialen Positionen gebundene Formen, ein heilsfähiges Leben zu führen.

Eine solche gesellschaftliche Ordnung hält sich in Europa unangefochten bis in das 15. oder 16. Jahrhundert hinein. Erst dann machen sich die ersten Veränderungen bemerkbar, die auf eine neuerliche Umstellung des Differenzierungsmodus hinweisen: auf die Umstellung von der stratifizierten zur funktional differenzierten Gesellschaft. Auch diese Umstellung kann keinem exakt zu benennenden Zeitpunkt, ja nicht einmal einem bestimmten Jahrzehnt oder Jahrhundert zugeordnet werden; es handelt sich vielmehr um einen äußerst langwierigen, auch in den verschiedenen gesellschaftlichen Teilbereichen in ganz unterschiedlichen zeitlichen Rhythmen ablaufenden Prozeß, der seinen Ausgang in der Zeit der Religionskriege nimmt, sich dann über die gesamte Frühe Neuzeit

Abbildung 12: Stratifikatorische Gesellschaftsdifferenzierung

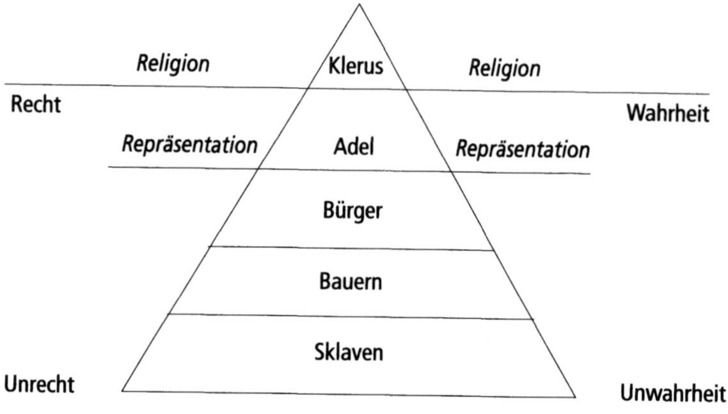

Der systemtheoretische Geschichtsentwurf ergänzt die klassische Ständepyramide um die Vorstellung einer Deutungsherrschaft der christlichen Religion über alle Dinge des Lebens. Die Religion ist letztendlich das Prinzip, an dem sich alle – auch der König – orientieren müssen. Jeder muß gottgefällig leben, nach Regeln, die für den jeweiligen Stand generiert wurden. Der Adel steht der Gesellschaft nicht nur vor, er vermag sie auch in ihrer Gesamtheit zu repräsentieren. Außerdem sind Adel und Klerus im bevorrechtigten Besitz von Recht und Wahrheit. In der Ständegesellschaft sind eben auch die binären Codes hierarchisch strukturiert. Die Wissenschaft etwa kann sich mit ihrem wahr/falsch-Code noch nicht verselbständigen. Was heißt das? Ein klassisches Beispiel ist das Schicksal des italienischen Naturforschers Galileo Galilei (1564-1642). Als er sich zum heliozentristischen Weltbild des Kopernikus bekannte, also die Erde nicht mehr länger als den Mittelpunkt des Universums beschrieb, geriet er in Konflikt mit der römisch-katholischen Kirche. Wegen Ungehorsams und Ketzerei angeklagt, schwor er 1633 in Rom vor einem geistlichen Gericht ab und blieb bis zu seinem Tod Gefangener der Inquisition. Was war geschehen? Galilei kam aufgrund von empirischen Beobachtungen und logischen Schlüssen zu einer wissenschaftlichen Erkenntnis, die zwar aus heutiger Sicht wahr ist, aber zum damaligen Zeitpunkt verworfen wurde, weil noch die Kirche bestimmte, was als wahr gelten durfte. Die Wissenschaft durfte nicht unabhängig von der Religion Erkenntnisse produzieren. Tat sie es doch und widersprach dabei den religiösen Dogmen, mußte sie mit Sanktionen rechnen.

erstreckt, um schließlich in der ‚Sattelzeit' um 1800 einen letzten Schub zu erhalten, welcher der gesellschaftlichen Moderne dann endgültig zum Durchbruch verhilft.

Schon die Umstellung von der segmentären zur stratifizierten Gesellschaft war von Luhmann mit einem bestimmten Problemdruck in Verbindung gebracht worden – die Steigerung der Bedürfnisse erzwingt eine Rollendifferenzierung, die letztendlich aus der Gesellschaft der gleichen eine Gesellschaft der ungleichen Teilsysteme macht. Ähnlich sieht er auch die stratifizierte Gesellschaft in ihrer Endphase mit Herausforderungen konfrontiert, die nicht mehr von ihr selbst, dafür umso besser von der funktional differenzierten Gesellschaft bewältigt werden können. Diese Herausforderungen resultieren vor allem daraus, daß sich die Komplexität in den verschiedenen gesellschaftlichen Teilbereichen erhöht. Dadurch gewinnen diese Teilbereiche – Politik, Wirtschaft, Recht – ein immer größeres Eigengewicht; es wird immer schwieriger, die Kommunikation in diesen Bereichen nach der gesamtgesellschaftlichen Leitdifferenz von ‚oben' und ‚unten' zu organisieren. Die Eigendynamik der teilbereichsimmanenten Logiken steht diesem hierarchischen Grundmuster mehr und mehr entgegen. Auch die religiöse Überformung aller gesellschaftlichen Teilbereiche, die das hierarchische Prinzip abgestützt hatte, läßt sich immer weniger aufrechterhalten. Die Preisgabe des stratifikatorischen Differenzierungsprinzips ist irgendwann die notwendige Konsequenz. Ein neues Differenzierungsprinzip setzt sich durch, das der Eigendynamik der gesellschaftlichen Teilbereiche besser gerecht zu werden vermag. Es ist ein Prinzip, das diese Teilbereiche streng über ihre Funktion definiert und dadurch von der Umklammerung durch die soziale Hierarchie, auch durch die religiösen Deutungsmuster befreit. Dadurch nehmen sich auch die gesellschaftlichen Teilbereiche selbst nicht mehr als einander über- oder untergeordnet wahr, sondern als gleichrangige Umwelten, die nur jeweils andere Funktionen zu erfüllen haben. Die funktional differenzierte Gesellschaft ordnet ihre Teilbereiche nicht auf einer vertikalen, sondern auf einer horizontalen Achse an.

Damit sind wir nun bei dem Gesellschaftstypus ‚angekommen', der schon den Hintergrund für viele unserer Analysen im ersten Teil dieses Buches gebildet hatte. Hier haben wir es mit jenen sozialen Systemen zu tun, die durch ihre Funktion definiert sind, die durch Codes und Leitdifferenzen Komplexität reduzieren, und die füreinander Leistungen erbringen können. Wenigstens mit einigen groben Strichen wollen wir umreißen, wie sich die verschiedenen Funktionssysteme im Verlauf des historischen Prozesses aus der Ordnung der stratifizierten Gesellschaft konkret herausgelöst haben.

Beginnen wir mit dem politischen System. Hier bildet die Ära der Religionskriege den entscheidenden Einschnitt. Die Strittigkeit des Religiösen im Zeichen der konfessionellen Auseinandersetzungen läßt die Religion für die Legitimation der staatlichen Ordnung immer ungeeigneter erscheinen. Der Staat muß sich auf sein Eigengewicht als Zentrum der politischen Sphäre besinnen. Er entwickelt eine eigene Staatsräson, die auch das Religiöse zum *Gegenstand* ihrer Entscheidungen macht. Die Staatstheorie des Absolutismus, fast idealtypisch verkörpert in einem Staatsmann wie Richelieu, löst den Staat von der Gesellschaft ab und begründet damit seine Autonomie. Seither haben in der europäischen Geschichte der Staat und mit ihm das politische System die genuine Funktion, kollektiv bindende Entscheidungen durchzusetzen und dafür Macht bereitstellen oder entziehen zu können.

Für das Wirtschaftssystem hat vor allem die Durchsetzung der Geldwirtschaft seit der Renaissance eine Schubwirkung entfaltet. Waren die vorher dominierenden und noch sehr lange koexistierenden Formen des unmittelbaren Gütertausches oder der direkten Abgabe von Gütern und Dienstleistungen noch mit der sozialen Hierarchie in der stratifizierten Gesellschaft verknüpft, so erlaubte das Geld nun eine schrittweise Loslösung des Güterverkehrs von dieser Ordnung. Das Geld ließ es immer unwichtiger werden, welche sozialen Positionen die an einem Geschäft Beteiligten einnahmen. Schon im frühen 16. Jahrhundert traten die großen europäischen Dynastien wie die Habsburger oder die Valois in vielfältige Geldgeschäfte mit bürgerlichen Handelshäusern ein. Auch die Religion, die lange mit einer bestimmten Moral des ‚richtigen' oder ‚falschen' Wirtschaftens, der ‚guten' oder ‚bösen' Geschäftspraktiken regulierend auf die Wirtschaft eingewirkt hatte, verliert diesen Einfluß nach und nach – die Wirtschaft folgt ihrer eigenen Logik von Besitz oder Besitzlosigkeit, von Zahlen oder Nicht-Zahlen, und sowohl Politik als auch Religion treten ihr nur noch als Umwelten gegenüber.

Auch im Rechtssystem hat sich der Prozeß der Autonomisierung in mehreren Stufen vollzogen. Schon die Rückbesinnung auf das römische Recht und seine abstrakten, rational begründeten Rechtsnormen im Spätmittelalter stellte einen ersten Schritt zur Ablösung des Rechts von der sozialen Hierarchie dar. In späteren Jahrhunderten traten die Fürsten und Gutsherrn dann große Teile ihrer richterlichen Kompetenz an eigenständige Gerichtshöfe ab. Mit der Ablösung der Gerichte von der Verwaltung setzte sich im 18. Jahrhundert in weiten Teilen Europas die endgültige Trennung der juristischen von der politischen Sphäre durch. Die Forderung der politischen Theorie der Aufklärung nach ‚Gewaltenteilung', nach der Etablierung der Judikative als einer unabhängigen dritten Gewalt trieb diesen Prozeß auf die Spitze. Im Ergebnis wurde damit eine Position des Rechtssystems gegenüber Staat und Gesellschaft geschaffen, die bis zum heutigen Tag verbindlich ist: Im Rechtssystem wird auf der Basis der Differenz von Recht und Unrecht kommuniziert, und das Eindringen von anderen sozialen Gegebenheiten in diesen Kommunikationszusammenhang gilt als unstatthaft.

Diese Stichwörter sollen vorerst ausreichen. Hier wollen wir uns nicht so sehr mit der Analyse einzelner Funktionsbereiche, als vielmehr mit dem Geschichtsentwurf in seinem epochenübergreifenden Zusammenhang befassen. Häufig ist gegen diesen Geschichtsentwurf schon der Einwand erhoben worden, er lege den realhistorischen Abläufen ein zu einfaches Schema zugrunde. Die Gliederungsprinzipien, die den verschiedenen Gesellschaftstypen zugeordnet würden, erfaßten nur einen Teil der geschichtlichen Wirklichkeit. In der stratifizierten Gesellschaft etwa seien die Menschen nicht nur über ihren Stand, sondern durch eine Vielzahl von gruppenbezogenen Identitäten definiert worden: Familie und

Abbildung 13: Funktionale Gesellschaftsdifferenzierung

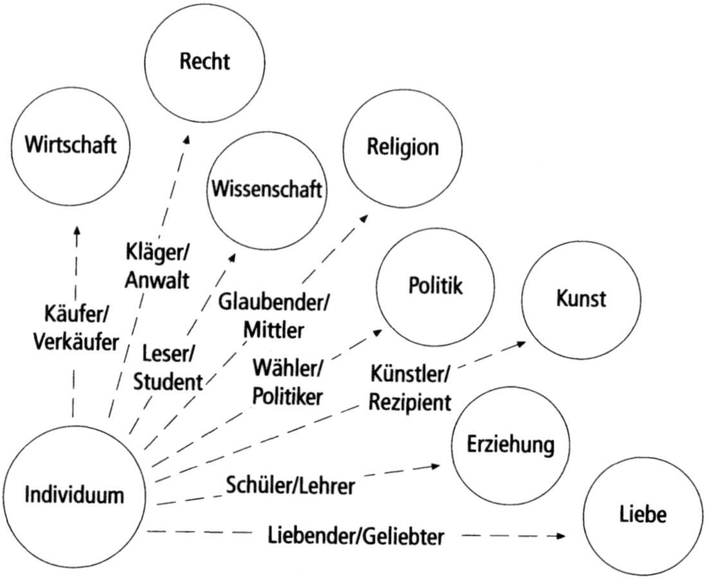

In der funktional differenzierten Gesellschaft kann ein Galileo Galilei jede beliebige wissenschaftliche Aussage treffen, ohne befürchten zu müssen, mit der Religion, dem Recht oder der Politik in Konflikt zu geraten. Als autonomes System ist die Wissenschaft keinem anderen Funktionssystem unterworfen, kein anderes System kann auf ihre Kommunikationen einwirken, die exklusiv nach dem wahr/falsch-Code organisiert sind. Kritik ist nur von seiten der Kollegen möglich – andere Wissenschaftler könnten Galilei vorwerfen, daß er irrt, daß seine Aussagen falsch sind, aber sie könnten dies nur unter Berufung auf die Programmierung des Wissenschaftssystems, auf die Unzulänglichkeit der angewandten Methoden o.ä. tun. Umgekehrt könnte der große Astronom mit dem Hinweis auf seine wissenschaftliche Autorität aber auch den Theologen, Politikern oder Juristen keine Vorschriften machen. Auch die Funktionssysteme Religion, Politik und Recht sind der Wissenschaft nicht über- oder unter-, sondern nebengeordnet, d.h. sie kommunizieren ebenfalls autonom nach Maßgabe eigener Codes. Auch ein Galileo Galilei müßte sich diesen Codes anpassen, wenn er heute lebte und wie jedes Individuum ständig zwischen den Systemen wechselte, je nachdem, welche Kommunikationen er gerade betriebe.

Geschlecht, Gilde und Zunft, Bruderschaft und Kommune seien ebenso wichtig wie der Stand gewesen. Nicht erst in der funktional differenzierten Gesellschaft ordne der einzelne sich also immer wieder anderen sozialen Systemen zu, je nachdem, in welchem Kommunikationszusammenhang er sich gerade bewege. Außerdem deute der Begriff Familie schon darauf hin, daß das Ordnungsmuster der segmentär differenzierten Gesellschaft in der nachfolgenden Sozialformation nicht einfach beseitigt sei, sondern immer noch eine wichtige Rolle spiele. Gleiches gelte für den Übergang zur funktional differenzierten Gesellschaft; auch hier finde kein so radikaler Einschnitt statt, wie Luhmann behaupte, denn sowohl die Familienstruktur wie auch die von der stratifizierten Gesellschaft entlehnte soziale Hierarchie seien nach wie vor wichtige Faktoren des gesellschaftlichen Lebens.

Diese Kritikpunkte werden dem Luhmannschen Geschichtsentwurf allerdings nicht gerecht. Luhmann bestreitet zu keinem Zeitpunkt, daß der Mensch auch unter den Bedingungen einer stratifizierten Gesellschaftsordnung an den unterschiedlichsten Vergemeinschaftungsformen teilhaben kann. Entscheidend ist, daß die dort erfolgenden Kommunikationen immer an der Leitdifferenz von oben versus unten orientiert bleiben. Erst in der funktional differenzierten Gesellschaft ist dies dann nicht mehr der Fall. Jetzt haben die sozialen Systeme eine so starke Eigenständigkeit gewonnen, daß sie nach Maßgabe ihrer eigenen Leitdifferenzen Sinn prozessieren. Mit seinen Kommunikationen ordnet sich der einzelne nun tatsächlich verschiedenen Systemen zu. Das Fortbestehen von Gliederungsprinzipien der jeweils vorangehenden in der jeweils folgenden Gesellschaftsformation wird von Luhmann selbst konstatiert; selbstverständlich kann es nicht darum gehen, daß bei der Umstellung der Gesellschaft von einem Differenzierungsprinzip A zu einem Differenzierungsprinzip B alle Komponenten von A kurzerhand auf der Strecke bleiben. In der stratifizierten Gesellschaft erhalten sich segmentäre Ordnungsmuster – auch im europäischen Mittelalter spielen Familienverbände noch eine wichtige Rolle –, in der funktional differenzierten Gesellschaft sind beide ‚früheren' Muster, segmentäre und stratifizierte, noch vorhanden. Erinnert sei nur an die Besitzhierarchien, die auch in der europäischen Moderne des 19. und 20. Jahrhunderts keineswegs außer Kraft gesetzt sind. Entscheidend aber ist, daß der *dominierende* Differenzierungstyp nun ein anderer geworden ist. Die Gesellschaft ist in ihrer *primären* Kommunikationsweise umgestellt worden. Die alten Ordnungsmuster sind zwar noch vorhanden, prägen die Kommunikationsabläufe aber nicht mehr, sondern werden von den ‚Logiken' des neuen Differenzierungsprinzips überwölbt.

Der Geschichtsentwurf, den die Systemtheorie formuliert, ist nicht mit einfachen Argumenten beiseite zu schieben; die von Luhmann beschriebenen Umstellungsprozesse, insbesondere der in der Frühen Neuzeit anzusiedelnde Umstellungsprozeß von der stratifizierten zur funktional differenzierten Gesellschaft, fordern die Geschichtswissenschaft zur genaueren Analyse heraus. Detailstudien könnten klären, ob und wenn ja wie der Autonomisierungsprozeß der einzelnen Funktionssysteme wie Politik, Wirtschaft oder Recht zwischen dem frühen 16. und dem frühen 19. Jahrhundert tatsächlich vonstatten gegangen ist. Welche Folgen hatte er für andere, direkt oder indirekt mitbetroffene Bereiche von Gesellschaft und Kultur? Allein das Nachvollziehen des Differenzierungsmodells und seiner Konsequenzen hält für die Geschichtswissenschaft schon zahlreiche Aufgaben bereit.

2. Die Funktionssysteme der modernen Gesellschaft

Schon mehrfach ist davon gesprochen worden, daß das Gliederungsprinzip der modernen Gesellschaft die Aufteilung in verschiedene Funktionssysteme ist. Als wir die Begriffe und Kategorien der Systemanalyse vorgestellt haben, sind immer wieder auch Beispiele aus dem konkreten Prozessieren der Funktionssysteme eingeflossen. Diese Beispiele haben schon einen ersten Eindruck vom Aufbau einzelner Systeme vermittelt; andere Systeme, etwa Erziehung oder Kunst, sind noch gar nicht behandelt worden. An dieser Stelle soll das Bild nun komplettiert werden: indem bei denjenigen Systemen, die schon in Teilaspekten thematisiert worden sind, diese Aspekte zu einer vollständigen und systematischen Darstellung abgerundet werden, und indem die anderen, bisher ausgesparten Systeme sogleich in dieser Form eingeführt werden.

Politik

Daß die Funktion des politischen Systems in der Formulierung kollektiv bindender Entscheidungen besteht, ist schon festgestellt worden. Um diese Entscheidungen durchzusetzen, ist Macht vonnöten. Macht ist das *symbolisch generalisierte Kommunikationsmedium*, das die Kommunikationen des politischen Systems steuert. Der Einfluß auf politische Entscheidungen, der ansonsten mit den kompliziertesten Verfahren zu ermitteln wäre, kann mit dem *Code* von Macht und Ohnmacht, also über die *Leitdifferenz* des Besitzes oder Nicht-Besitzes von Macht, sehr leicht bestimmt werden. Beide Codewerte sind mit Notwendigkeit aufeinander bezogen: Der Mächtige ist nur dadurch mächtig, daß ihm Ohnmächtige gegenüberstehen, und der Ohnmächtige wird erst dann seiner Ohnmacht gewahr, wenn er sich mit der Macht eines anderen konfrontiert sieht. Durch den permanenten Gewinn oder Verlust von Macht wird die Selbsterzeugung dieses Systems in Gang gehalten. In der Wettbewerbsdemokratie, die für Luhmann gewissermaßen die ‚Normalform' eines politischen Systems unter den Bedingungen der gesellschaftlichen Moderne darstellt, ist der Besitz oder Nicht-Besitz von Macht an die Besetzung von Ämtern gebunden. Wer stellt die Regierung, wer hat die Mehrheit der Parlamentssitze inne, wer besetzt die wichtigsten Positionen im Staate? Machtverschiebungen drücken sich in der Neubesetzung von Ämtern aus. Die deutlichste Machtverschiebung erfolgt dadurch, daß die Opposition die Regierung übernimmt und die Regierung in die Opposition wechselt; auch hier haben wir es mit einer Zweiwertigkeit zu tun, die sich in die binäre Logik des Luhmannschen Denkens einfügt. Weitere binäre Logiken lassen sich ergänzen, die von Luhmann zu ‚Nebencodes' erklärt werden: etwa der Code von progressiv versus konservativ, der in der aktuellen Politik allerdings in immer stärkerem Maße durch den Code des vermehrten oder verringerten Staatseinflusses auf Wirtschaft und Gesellschaft ersetzt wird.

Welcher der beiden Codewerte in einem System jeweils gewählt wird, das haben wir schon theoretisch geklärt, wird von den sogenannten *Programmen* geregelt. Wer oder was übernimmt im politischen System diese Aufgabe? Auf welcher Grundlage wird darüber entschieden, wer Macht erhält und wer nicht, wer Ämter besetzen darf und wer nicht? In der Wettbewerbsdemokratie sind es offensichtlich die politischen Programme, die diese Grundlage bilden. Regierung und Opposition treten auf der Basis von verschiedenen politischen Programmen in Wettstreit miteinander, und die Option der Wähler für oder gegen diese Programme entscheidet über die Machtverteilung. Wird ein Programm mit Macht ‚ausgestattet', dann sind kollektiv bindende Entscheidungen möglich, die dieses Programm in die Wirklichkeit umsetzen. Wir dürfen uns hier freilich durch die Wortgleichheit des theoretischen Begriffs ‚Programm' mit dem gegenstandsorientierten Terminus ‚politisches Programm' nicht irritieren lassen. Das politische Programm erfüllt nicht deswegen die Aufgabe eines Systemprogramms, weil es zufällig dieselbe Bezeichnung trägt, sondern weil es innerhalb des politischen Systems die entsprechende Rolle zu übernehmen vermag.

In jedem System gibt es eine Instanz, die für *Beobachtungen zweiter Ordnung* zuständig ist, also für Beobachtungen des eigenen Sinnprozessierens und der eigenen Auseinandersetzung mit der Umwelt. Im politischen System hat die politische Öffentlichkeit diese Aufgabe inne. Die Tatsache, daß die Öffentlichkeit kein Teil des Staates oder der politischen Organisationen ist, sondern eigenständig agiert, kann selbstverständlich kein Argument gegen ihre Deklarierung zur Beobachtungsinstanz des politischen Systems sein. Systeme sind schließlich nicht mit irgendwelchen Institutionen identisch, sondern mit der Gesamtheit bestimmter Kommunikationen, und überall dort, wo politische Kommunikationen stattfinden, ganz gewiß also in der politischen Öffentlichkeit, haben wir es mit dem politischen System zu tun. Die Öffentlichkeit beobachtet das Sinnprozessieren innerhalb dieses Systems, die Verteilung der Macht und die Ausgestaltung der politischen Programme, sowie letztlich auch die Wirkung, die die verschiedenen politischen Maßnahmen in der Systemumwelt auslösen. Durch diese Beobachtung kommt es immer wieder zu Umstellungen, zu einem Austausch von Personal und Programmpunkten, damit die Erfüllung der Systemfunktion in möglichst optimaler Form gewährleistet werden kann.

Systemexterne Beobachtungen zweiter Ordnung können im Prinzip von allen anderen Funktionssystemen durchgeführt werden. Die Wissenschaft beobachtet das Politiksystem, indem sie etwa Aussagen zum Wahlverhalten der Bürger macht, das Rechtssystem, indem es die Verfassungskonformität von Gesetzen thematisiert, die Kunst, indem sie eine Korruptionsaffäre zum Sujet für einen Roman macht. All dies kann die Programmierung des politischen Systems nicht unmittelbar beeinflussen, aber es kann Resonanzen auslösen – dann nämlich, wenn die Berücksichtigung der entsprechenden Beobachtungsergebnisse auch im Hinblick auf Machtkommunikation geboten erscheint.

Das politische System kann keineswegs die gesamte Gesellschaft in dem Sinne steuern, wie es traditionelle Auffassungen des Politischen unterstellen. Die politische Macht ist nicht der universelle Schlüssel zur Gestaltung aller Lebensverhältnisse. Politische Entscheidungen können zwar auf die Umwelt, mithin auf andere Systeme einwirken, doch diese Einwirkung erfolgt immer nur im Modus der Resonanz – die jeweils betroffenen Systeme verarbeiten die politischen Entscheidungen, die Außenreize gewissermaßen, nach Maßgabe systeminterner Regeln. Wenn die Politik die Wirtschaft mit Steuern belastet, dann sind diese Steuern aus der Warte der Wirtschaft zusätzliche Kosten, die es nötig machen, durch bestimmte ökonomische Operationen die Zahlungsfähigkeit wieder herzustellen. Das Verhältnis des politischen Systems zu den anderen Systemen ist in der Tat nur so zu bestimmen, daß das politische System bestimmte *Leistungen* erbringt. Bei diesen handelt es sich um durch Macht abgestützte Regelungen, die den verschiedenen Funktionssystemen gleichsam zur Verfügung gestellt werden, damit sie dort zu – allerdings autopoietisch umgesetzten – Neustrukturierungen führen. Diese komplizierte Wechselwirkung erklärt auch, warum es völlig vermessen ist, von der Politik Patentlösungen zur Bewältigung gesellschaftlicher Probleme zu erwarten. Die Politik kann immer nur ihre systemspezifische Leistung erbringen, aber niemals ein anderes Funktionssystem in ihrem Sinne umstellen. Die Bekämpfung der Arbeitslosigkeit zum Beispiel ist ein Problem, das das politische System zur Auseinandersetzung mit dem Wirtschaftssystem zwingt; auch hier kann die Politik nur Regelungen treffen, die anschließend im Wirtschaftssystem nach dessen systemspezifischen Verfahren umgesetzt werden. Ob am Ende dieses Prozesses nicht sogar eine noch weiter steigende Arbeitslosigkeit stehen wird, ist nur schwer vorhersehbar.

Für diese Position, die der Politik keine zentrale, sondern nur eine nebengeordnete Rolle in der Gesellschaft zuweist, lassen sich leicht noch weitere Illustrationen finden. Im Verhältnis von Politik und Wirtschaft ist etwa das Phänomen zu beobachten, daß sich politisch befreundete Staaten erbitterte Wirtschaftskriege liefern. Während die Politiker Allianzen beschwören, sind die Vertreter der Wirtschaft nur an der wechselseitigen Schädigung interessiert. Deutschland und die USA arbeiten in der NATO zusammen, aber der militärische Abschirmdienst der Nordamerikaner wird eingesetzt, um die deutsche Wirtschaft auszuspionieren. Japan und die USA gelten seit 1945 als befreundete Mächte, aber zwischen den Automobilindustrien beider Länder tobt seit vielen Jahren ein heftiger Kampf um Importquoten und Marktanteile.

Wir wollen aber noch einen genaueren Blick auf jenes Medium werfen, das die Kommunikation im politischen System steuert: auf das Medium Macht. Luhmann hat seinem Machtbegriff ein ganzes Buch gewidmet. Im Kern geht es ihm darum zu zeigen, daß sich auch das Phänomen Macht als eine technische, ja in letzter Konsequenz sogar exakt quantifizierbare Größe bestimmen läßt. Durch Macht, das ist die grundlegende Definition, wird die Wahrscheinlichkeit von Folgekommunikationen erhöht. Je unwahrscheinlicher eine Folgekommunikation an und für sich ist, desto mehr Macht ist nötig, um sie herbeizuführen. Ist die Wahrscheinlichkeit für eine solche Kommunikation hingegen ohnehin groß, dann ist nicht viel Macht nötig, um sie tatsächlich geschehen zu lassen. Der nötige Aufwand an Macht ist gewissermaßen umgekehrt proportional zur Wahrscheinlichkeit des in Rede stehenden Geschehens. Ist die Wahrscheinlichkeit des einen kommunikativen Ereignisses mit eins zu zehn, die des anderen mit eins zu hundert zu beziffern, dann ist im letzteren Fall das zehnfache Quantum an Macht einzusetzen, um das Ereignis auszulösen. Machen wir uns diesen Mechanismus an einem Beispiel klar: Zwischen zwei Staaten findet eine Machtkommunikation statt. Staat A will durchsetzen, daß sich Staat B in einer bestimmten Weise verhält. Handelt es sich hierbei um ein Verhalten, das ohnehin zu den normalen und relativ erwartbaren Aktivitäten von Staat B gehört, dann muß A relativ wenig Macht aufwenden, um es tatsächlich herbeizuführen. Weicht das in Rede stehende Verhalten jedoch radikal von allen Gepflogenheiten des Staates B ab, ist es also normalerweise höchst unwahrscheinlich, dann hat A sehr viel Macht einzusetzen, um dieses Verhalten fortan zu einem ,wahrscheinlichen' zu machen.

Das Konzept der Machtkommunikation wird von Luhmann aber noch um einen weiteren Aspekt ergänzt. Dieser Aspekt betrifft Machtmittel, die unter dem Oberbegriff der ,physischen Gewalt' zusammenzufassen sind; schon in klassischen Machttheorien gilt der Einsatz von körperlicher Gewalt häufig als das letzte Mittel des Machthabers, um seinen Willen durchzusetzen. Für Luhmann ist die körperliche Gewalt ein Phänomen, das er in den Bereich der *symbiotischen Mechanismen* verweist. Dieser Begriff muß grundsätzlich geklärt werden. In allen Funktionssystemen der Gesellschaft, so Luhmann, gibt es einen materiellen Bezugspunkt der Kommunikation. Schließlich sind an allen Kommunikationen psychische Systeme beteiligt, die strukturell an Organismen gekoppelt sind. Deren Bedürfnisse gehen in ganz elementarer Weise in die Funktionsbestimmung und in die Kommunikationen des Systems ein. Bei aller Emergenz, die ansonsten das Prozessieren der sozialen Systeme von den psychischen und organischen Systemen ablöst, dringen hier doch noch körperlich-materielle Bedürfnisse und Erfahrungen zu höheren Ebenen der Systembildung durch. Im Falle der Machtkommunikation ist die physische Gewalt als eine solche Form der Einbeziehung von körperlich-materiellen Erfahrungen zu werten – Gewaltanwendung ist ein symbiotischer Mechanismus, weil die Ausübung von Macht hier an ein physisches Geschehen zurückgebunden ist.

Wie stellt sich diese Theorie der politischen Moderne in der Perspektive der Geschichtswissenschaft dar? Ein Gegenstand wie die Politik spricht natürlich, wie auch schon Luhmanns Geschichtsmodell, eher den Historiker als den Kulturwissenschaftler an. Zunächst scheint es sehr problematisch zu sein, die Wettbewerbsdemokratie zu „der" Erscheinungsform des Politischen in der Moderne zu erklären. Andere Staatsformen haben die Geschichte der letzten Jahrhunderte nicht minder geprägt. In der Moderne, so die Auffassung vieler Historiker, ist das Potential zur Entwicklung demokratischer Systeme prinzipiell nicht höher zu veranschlagen als das Potential zum Aufbau von Diktaturen. Luhmann widerspricht diesem Befund auf der *empirischen* Ebene nicht, relativiert ihn aber durch theoretische Überlegungen. Indem eine Diktatur den Code von Macht und Ohnmacht, von Regierung und Opposition außer Kraft setzt, macht sie den Zugang zum politischen Apparat letztlich wieder zum Privileg einer bestimmten Personengruppe – damit fällt sie in die ‚Logik' der stratifizierten Gesellschaft zurück. In der Moderne gibt es zwar Diktaturen, aber Diktaturen sind paradoxerweise nicht modern; sie führen eine Re-Stratifizierung der Gesellschaft herbei. Handelt es sich aber tatsächlich um eine funktional differenzierte Gesellschaft, dann muß das politische System auch in der von Luhmann beschriebenen Weise angelegt sein. Mag diese Argumentation auch ein wenig zirkulär erscheinen, so hat sie doch in der Historiographie schon einige interessante Diskussionen angestoßen. Diskutiert worden etwa ist die Frage, ob Diktaturen nicht grundsätzlich dadurch gekennzeichnet seien, daß sie die funktionale Differenzierung einer Gesellschaft wieder zurücknähmen, also gleichsam ‚entdifferenzierend' wirkten. Im politischen Bereich werde die Gesellschaft re-stratifiziert, alle anderen Bereiche würden ihre Autonomie verlieren, indem der Staat die volle Regulierungskompetenz wieder für sich allein beanspruche; schließlich seien Diktaturen gerade dadurch gekennzeichnet, daß sie die totale ‚Gleichschaltung' der Gesellschaft im Sinne bestimmter politischer Ideologien und Zielvorstellungen anstrebten.

Gegen diese Auffassung haben andere Historiker eingewendet, daß es dem politischen System auch unter den Bedingungen einer Diktatur gar nicht möglich sei, die Eigendynamik der Funktionssysteme effektiv zu stören. Bei allen noch so forciert betriebenen Versuchen zur politischen Steuerung sei deren Autopoiesis nicht wirklich in Frage zu stellen. Beide Positionen können auch der empirischen Diktaturforschung wichtige Anstöße geben. Das Verhältnis der Politik zu den einzelnen Funktionssystemen erweist sich als einer der Kernpunkte bei der Analyse von diktatorisch verfaßten Staaten. Ist es dem NS-Staat gelungen, die deutsche Wirtschaft, zumal unter den Bedingungen des Krieges, tatsächlich einer durchgreifenden Fremdsteuerung zu unterwerfen? Inwieweit hat das SED-Regime in der DDR auch wissenschaftliche Entwicklungen beeinflussen können? Welche Möglichkeiten hatte die sowjetische Führung, neue Formen von Ehe und Partnerschaft zu etablieren? Jede dieser Fragen, deren Katalog sich fortsetzen ließe, könnte selbstverständlich auch ohne Kenntnis der Systemtheorie gestellt werden, aber die Systemtheorie legt diese Fragen erst nahe, wertet ihre Wichtigkeit auf und stellt gleichzeitig noch ein Analyseinstrumentarium für ihre Beantwortung zur Verfügung.

Nicht nur für die Geschichte von Staat und politischer Verfassung, auch für die Geschichte der politischen Ideologien kann die Systemtheorie möglicherweise interessante Anregungen liefern. Wir wollen das Kapitel über das Funktionssystem Politik nicht beenden, ohne wenigstens kurz auch noch auf diesen Aspekt anhand eines Beispiels einzugehen. Der Nationalismus, eine der wichtigsten politischen Ideologien der Moderne, hat sich im ausgehenden 18. Jahrhundert formiert: In dem Zeitraum also, in dem sich laut Luhmann die funktionale Gesellschaftsdifferenzierung nach einer langen Inkubationsphase in der Frühen Neuzeit in letzten Entwicklungsschüben endgültig durchgesetzt hat. Diese zeitliche Koinzidenz legt die Vermutung nahe, daß zwischen den beiden Phänomenen, dem Aufkommen des Nationalismus und der funktionalen Gesellschaftsdifferenzierung, ein Zusammenhang besteht. Damit könnte der umfänglichen theoretischen Debatte um Ursachen und Gestalt des Nationalismus ein neuer Aspekt hinzugefügt werden. Die Funktionsdifferenzierung zerreißt die Gesellschaft in verschiedene Teilbereiche, zwischen denen ein Abhängigkeitsverhältnis besteht. Die Menschen, die sich über ihre Berufstätigkeit diesen Teilbereichen zuordnen müssen, erfahren sich immer stärker als ‚Spezialisten', die anderen ‚Spezialisten' mit zunehmenden Verständigungsschwierigkeiten gegenüberstehen. Diese Probleme werden vom Nationalismus gleichsam kompensiert. Er fordert eine radikale Solidarisierung der gesamten Gesellschaft, die die wechselseitige Abhängigkeit der Funktionssysteme erträglicher macht, und er bietet gleichzeitig den Individuen einen gemeinsamen politischen und kulturellen Bezugspunkt, der die von der Arbeitsteilung aufgeworfenen Gräben wieder schließt. Alle gesellschaftlichen Teilbereiche wirken für die Nation und sind durch die Nationalidee zur gegenseitigen Unterstützung verpflichtet – alle Individuen sind vor allem anderen Mitglieder der nationalen Gemeinschaft. Der Nationalismus ist der ‚Kitt', der die moderne Gesellschaft zusammenhalten kann.

Wirtschaft

Das Wirtschaftssystem ist sicherlich derjenige gesellschaftliche Funktionsbereich, der uns im bisherigen Verlauf der Darstellung schon die meisten Beispiele geliefert hat. Zahlreiche Aspekte seines Prozessierens sind schon zur Sprache gekommen. Diese Thematisierungen erfolgten jedoch nur sporadisch und isoliert; es ist sinnvoll, das Wirtschaftssystem noch einmal im Zusammenhang zu analysieren.

Das Wirtschaftssystem hat die Funktion, den Austausch von Gütern zu regeln. Dafür steht das *symbolisch generalisierte Kommunikationsmedium* Geld zur Verfügung. *Code* und *Leitdifferenz* sind durch die Entscheidung zwischen ‚Zahlen' oder ‚Nicht-Zahlen' bestimmt. Kriterien für diese Entscheidung, und damit *Programme*, sind die Preise; anhand von Preisen wird darüber befunden, ob Zahlungen erfolgen oder nicht. Da Zahlungen für das Wirtschaftssystem konstitutiv sind, spielt die Festsetzung von Preisen eine bedeutende Rolle. Die *Beobachtung zweiter Ordnung*, die, wie bei jedem System, auch im Bereich der Wirtschaft als Selbst- und als Fremdbeobachtung möglich ist, richtet sich zu hohen Anteilen auf dieses Problem. Ob bestimmte Preise sich am Markt durchsetzen lassen, oder verändert werden müssen, ist die Leitfrage einer Beobachtung, die von verschiedenen Instanzen innerhalb des Wirtschaftssystems durchgeführt wird. Hier sind die Marketing-Abteilungen der großen Firmen und die Gemüsehändler, die einen ganzen Tag lang darauf achten, ob ihre Kohlköpfe auch zu einem höheren Preis noch gekauft werden, ebenso zu nennen wie die Einrichtungen des Wissenschaftssystems, etwa die Marktforschungsinstitute, die als Fremdbeobachter auftreten.

Im wesentlichen kann man die Faktoren, die bei normalem Sinnprozessieren innerhalb des Systems auf die Preise Einfluß nehmen, unter dem Begriff der Knappheit zusammenfassen. Diese Knappheit gibt es auf drei Ebenen: erstens auf der Ebene der produzierten und angebotenen Güter, zweitens bei der verfügbaren Geldmenge und drittens bei der Nachfrage, die diese Güter tatsächlich erzeugen können. Nur diese dreifache Knappheit macht es möglich, Preise festzusetzen. Wäre die Knappheit nur auf einer Ebene aufgehoben, gäbe es schon keine Chance zur Preisbildung mehr. Unendliche Gütermengen ließen die Preise auf Null sinken, unendliche Geldmengen trieben sie ebenso wie eine unendliche Nachfrage sogleich auch in unendliche Höhen. Null-Preise und unendliche Preise aber sind keine Preise mehr. Alle drei Faktoren, die an der Preisbildung beteiligt sind, müssen limitiert, nur begrenzt verfügbar, also knapp sein, wenn die Festsetzung eines Preises tatsächlich gelingen soll.

Wenden wir uns nun den *Leistungen* zu, die das Wirtschaftssystem für andere Systeme erbringt. Auf den ersten Blick scheint es hier keine Probleme zu geben. Das Wirtschaftssystem wird seiner

Umgebung Geld, das heißt Zahlungsfähigkeit zur Verfügung stellen. Auf den zweiten Blick stellen sich die Dinge jedoch etwas komplizierter dar. Nur unter bestimmten Bedingungen ist der Transfer von Zahlungsfähigkeit statthaft, unter anderen Bedingungen verletzt er das Prinzip der Systemautonomie. Machen wir uns diesen Sachverhalt an einem Beispiel klar. Der ‚Normalfall' der Abgabe von Geld durch die Wirtschaft an den Staat besteht darin, daß Steuern gezahlt werden. Damit stellt die Wirtschaft dem politischen System Geld zur Verfügung, das zu dessen ‚Manövriermasse' wird; politische Entscheidungen, also Entscheidungen, die der Logik von Amtsbesitz, Macht und politischem Programm folgen, sorgen anschließend dafür, daß dieses Geld in einer bestimmten Weise ausgegeben, für bestimmte Zwecke eingesetzt wird. Die Autopoiesis des politischen Systems ist in keiner Weise beeinträchtigt worden; das einströmende Geld ist nach politischen Sinnverarbeitungsregeln behandelt worden. Anders läge der Fall, wenn Geld von der Wirtschaft gezielt dazu eingesetzt würde, politische Entscheidungen zu beeinflussen. Hier handelte es sich dann um einen Eingriff in die Autonomie des Systems; die genuin politischen Verfahren zur Herbeiführung von Entscheidungen würden durch Zahlungen, also durch eine wirtschaftliche Operation ersetzt. Zugespitzt könnte man formulieren, daß der Versuch gemacht wird, Macht durch Geld zu ersetzen. Die beiden Medien geraten durcheinander, und in der Folge entsteht genau jene Regelverletzung, die der gängige Sprachgebrauch mit dem Begriff Korruption bezeichnet.

Bei der Analyse des politischen Systems sind wir auf die *symbiotischen Mechanismen* gestoßen – grundlegende organisch-körperliche Bedürfnisse und Erfahrungen, die die Systemkommunikation genauso anstoßen wie stabilisieren können. Über welche symbiotischen Mechanismen verfügt das Wirtschaftssystem? Wo spielen körperlich-organische Erfahrungen in den Austausch von Gütern hinein? Offenkundig dort, wo ganz elementare physische Bedürfnisse befriedigt werden sollen. Das ist beim Gütertausch keineswegs immer der Fall. Es gibt sehr wohl auch noch andere Faktoren, die zum Erwerb motivieren: Statusdenken, Lust an der Veränderung, der Wunsch nach Marktbeherrschung etc. Die Bedürfnisbefriedigung macht sich aber immer wieder geltend und könnte allein schon dafür sorgen, daß überhaupt ein Güteraustausch stattfindet und Regeln hierfür geschaffen werden.

Aus der Sicht der Geschichtswissenschaft, hier konkret der Sozial- und Wirtschaftsgeschichte, ist es sicherlich besonders interessant, die konkreten Umstände und Folgen der Ausdifferenzierung des Wirtschaftssystems nachzuzeichnen. Eine solche Untersuchung wäre etwa dort sinnvoll, wo es um die Zuordnung von Personen zu wirtschaftlichen Operationen geht. In der stratifizierten Gesellschaft wurde bei jeder Interaktion die soziale Hierarchie wirksam. Auch der Austausch von Gütern erfolgte immer im Horizont der Frage, welche gesellschaftlichen Positionen die Akteure einnahmen. Erst die mit der Funktionsdifferenzierung einhergehende Durchsetzung des symbolisch generalisierten Kommunikationsmediums Geld sorgte dafür, daß ökonomische Handlungen immer unabhängiger von der sozialen Stellung derer wurden, die sie vollzogen. Ob Zahlungen erfolgten oder nicht, ob Zahlungsfähigkeit bestand oder nicht, wurde zum entscheidenden Kriterium, nicht mehr, wer überhaupt mit wem zu welchen Bedingungen in ein Tauschverhältnis eintreten durfte. Das Geld führte, vereinfacht gesprochen, genau jene Anonymisierung von wirtschaftlichen Transaktionen herbei, die das Wirtschaftssystem zu einem Funktionszusammenhang sui generis machen konnte. Dieser Übergangsprozeß müßte sich auch empirisch fassen lassen: Wann lösen sich Zugangsbeschränkungen zu bestimmten Gütern auf? Wann wird der Wert anderer Güter als Geldwert definiert? Wie ist es wiederum zu erklären, dass auch heute noch, unter den Bedingungen einer entwickelten funktional differenzierten Gesellschaft, einige Gegenstände aus dem sakralen Bereich oder aus der Sphäre der staatlichen Hoheitszeichen nicht bzw. nur an einen ausgewählten Personenkreis verkäuflich sind?

Solche ‚Grenzen' des Wirtschaftssystem verweisen auf einen anderen Aspekt, der ebenfalls mit der Funktionsdifferenzierung einhergeht. Einerseits entzieht sich das Wirtschaftssystem dem Einfluß von außerökonomischen Faktoren, andererseits verliert es aber auch den eigenen Einfluß auf viele Bereiche, die vorher noch sehr stark von ökonomischer Logik geprägt waren. Der Ablaßhandel des Reformationszeitalters ist das bekannteste Beispiel für die Käuflichkeit des Seelenheils; politische Ämter, die als Pfründen eingeschätzt wurden, waren ebenso für Geld erhältlich wie Rechtstitel, an die sich bestimmte Einnahmen knüpften. Hier hat die Funktionsdifferenzierung für eine radikale Trennung gesorgt: Religion und Politik sind auf eigene Formen des Sinnprozessierens umgestellt worden, und eine Fortführung der oben geschilderten Praxis hätte als Skandal zu gelten. Wann genau sich dieser Wandel vollzogen hat und an welchen konkreten Verhaltensmustern er ablesbar ist, könnte für historische Studien eine aufschlußreiche Fragestellung sein.

Zum Abschluß wollen wir noch einen Aspekt ansprechen, der mit den Programmen des Wirtschaftssystems zu tun hat. Preise werden unter den Bedingungen einer funktional differenzierten Gesellschaft ausschließlich nach ökonomischen, das heißt systeminternen Kriterien festgelegt. Das ist nicht immer so gewesen. Eine Lehre vom ‚gerechten Preis' hat in früheren Jahrhunderten auf die Preisgestaltung Einfluß genommen. Um Wucher und haltloses Gewinnstreben zu verhindern, wurde eine regelrechte Moralisierung der Preise angestrebt. Ein Kaufmann, der ein guter Christ sein wollte, hatte neben der wirtschaftlichen Notwendigkeit auch noch zahlreiche humanitäre Überlegungen in seine Preisstrategie einzubeziehen. Letztlich sorgte also wieder die Religion dafür, daß die Wirtschaft sich gegenüber der Gesellschaft nicht verselbständigte, sondern in den sozialen Gesamt-Kosmos eines ‚richtigen Lebens' integriert blieb. Diese Zusammenhänge haben sich im Modernisierungsprozeß nach und nach aufgelöst; die Lehre vom ‚gerechten Preis' ist vergessen worden, das Wirtschaftssystem hat sich von der Moral abgekoppelt. Nur das politische System versucht in bestimmten Situationen noch, auf die Preisgestaltung Einfluß zu nehmen. Ein Mittel, das allerdings kaum je zur Überwindung einer ökonomischen Krise beigetragen hat. Für Historiker ist es von

Interesse, jene Entwicklungen genauer zu analysieren, die vom gerechten zum am Markt durchsetzbaren Preis geführt haben.

Recht

Um sich über die *Funktion* des Rechtssystems klar zu werden, reicht es schon aus, sich einen Zustand ohne Recht vorzustellen. In der politischen Philosophie wird dieser Zustand traditionell vor allem dort beschworen, wo es darum geht, die Notwendigkeit eines Gesellschaftsvertrages zu demonstrieren. Gäbe es kein Recht, herrschte die uneingeschränkte Willkür, und niemand könnte seines Lebens sicher sein. Das Recht hat also die Funktion, an die Stelle der Willkür feste Regeln zu setzen. Diese festen Regeln sorgen dafür, daß die Sicherheit von Leben und Eigentum gewährleistet ist, und daß es in allen Lebenszusammenhängen verläßliche Verhaltensvorschriften gibt.

Wie aber wird konkret festgestellt, welches Verhalten regelkonform ist, und welches eine Regelverletzung darstellt? Welche Kommunikationen sind hier möglich? – So viele, lautet die Antwort, daß unbedingt eine Verringerung von Komplexität stattfinden muß. Erinnern wir uns an die entsprechende Problemlage im Wirtschaftssystem: Der Gütertausch wäre unendlich kompliziert, wenn bei jeder Ware über deren Wert oder Unwert diskutiert werden müßte. Strukturell ähnlich verhält es sich im Rechtssystem. Eine gewaltige Fülle von möglichen Kommunikationen entstünde, wenn bei jeder einzelnen Handlung darüber verhandelt werden müßte, wie sie angesichts dessen, der sie ‚begangen' hat, angesichts dessen, der sie ‚erlitten' hat, und angesichts ihrer jeweiligen Umstände zu bewerten ist. Ein *symbolisch generalisiertes Kommunikationsmedium* muß diese Situation vereinfachen. Wie im Wirtschaftssystem das Geld die endlose Diskussion über den Wert der Waren abschneidet, sorgt im Rechtssystem das Medium Recht, also der *Code* mit der *Leitdifferenz* von Recht oder Unrecht dafür, daß ein binäres Schema die Kommunikation vereinfacht. Das Recht ist die Bezugsgröße, die jede Bewertung menschlichen Verhaltens im

Hinblick auf normentsprechende oder normwidrige Handlungen steuert. Es geht nicht mehr länger darum, ob Handlungen mehr oder weniger verständlich, ihre Motive mehr oder weniger edel, ihre Folgen unmittelbar schlecht oder auf lange Sicht doch vielleicht gut sind, sondern um die Kernfrage, ob sie als rechtmäßig oder als unrechtmäßig gelten müssen. Eine dritte Möglichkeit ist hierbei ausgeschlossen. Handlungen können nicht halbwegs rechtmäßig oder bis zu einem gewissen Grade unrechtmäßig sein. Das Rechtssystem kennt nur das Entweder - Oder, den zweiwertigen Code. Daß es mildernde Umstände geben kann, ändert nichts an der Tatsache, daß zunächst einmal eine eindeutige Entscheidung darüber getroffen werden muß, ob eine bestimmte Handlung das Recht überhaupt verletzt hat oder nicht.

Für die Entscheidung über Recht oder Unrecht stehen *Programme* bereit. Grundlegend ist hierbei selbstverständlich die Orientierung an den Gesetzen; die Einhaltung der Gesetze oder der Verstoß gegen dieselben ist die Basis jeder Entscheidung über Recht oder Unrecht. Der gesamte Corpus an Gesetzen und Verordnungen, der in einer Gesellschaft bereitsteht, ist im Sinne Luhmanns als die Programmierung des Rechtssystems aufzufassen. Wieder gilt die Regel, daß der Code unwandelbar ist, die Programme jedoch einem Veränderungsprozeß unterliegen – die Modifikation oder Neueinführung von Gesetzen ist fast tägliche Praxis. Wichtig ist aber auch das konkrete Procedere, das auf der Grundlage der Gesetze die Entscheidung über das Recht oder Unrecht einer Handlung herbeiführt; schließlich ist es nicht unmittelbar evident, welchem Codewert das Geschehene jeweils zuzuordnen ist. Um diese Zuordnung praktisch durchzuführen, steht die spezifische Kommunikationsform des Gerichtsverfahrens bereit. Hier werden die Handlungen so auf Gesetze bezogen, daß eine Entscheidung über ihre Rechtmäßigkeit oder Unrechtmäßigkeit möglich wird.

Das Thematisieren des Wandels der Programmierung ruft auch die Frage auf, welche Rolle bei diesem Veränderungsprozeß die *Beobachtung zweiter Ordnung* spielt. Wo finden innerhalb und außerhalb des Rechtssystems Kommunikationen statt, die das

Sinnprozessieren des Systems selbst, seine Art und Weise, die Umwelt nach Maßgabe des Codes von Recht und Unrecht zu bearbeiten, zum Thema machen? Selbstbeobachtung gewährleistet z.B. eine berufsständische Versammlung wie der Juristentag, der regelmäßig auch Vorstöße zu Gesetzesänderungen unternimmt. Für Fremdbeobachtung kommt als erstes die Jurisprudenz in Frage, jene dem Rechtssystem direkt zugeordnete Wissenschaft, deren Aufgabe es ist, die Kommunikationen des Rechtssystems in den Blick zu nehmen. Nicht weniger wichtig ist die Justizpolitik, institutionalisiert im Justizministerium, die ständig nicht nur das Rechtssystem im allgemeinen, sondern insbesondere seine Programmierung beobachtet, auf deren Gestalt es über komplizierte politische Entscheidungswege auch Einfluß zu nehmen vermag.

Selbstverständlich ist die Beobachtung zweiter Ordnung in Bezug auf das Rechtssystem mit den genannten Instanzen nicht einfach identisch. Auch hier gilt, daß entsprechende Kommunikationen an den genannten Orten nur eine besonders hohe Wahrscheinlichkeit besitzen. Der große Behördenapparat des Justizwesens legt nahe, das Rechtssystem mit bestimmten Organisationen und Institutionen gleichzusetzen. Um diesen Irrtum zu vermeiden, sollten wir uns noch einmal vor Augen führen, daß jede Alltagskommunikation Bestandteil des Rechtssystems ist, wenn sie nur durch den Code von Recht und Unrecht strukturiert ist – also etwa auch eine Diskussion darüber, ob ein bestimmter Parkplatz genutzt werden darf, oder ob es statthaft ist, an einem Badestrand ein Schlauchboot zu Wasser zu lassen.

Das Verweisen auf das Justizministerium als einen Ort mit hoher Wahrscheinlichkeit für Kommunikationen des Typs ‚Beobachtung zweiter Ordnung' leitet zu dem Problem über, wie das Verhältnis des Rechtssystems zum politischen System zu bestimmen ist. Offensichtlich gibt es sehr enge Beziehungen zwischen diesen beiden gesellschaftlichen Teilbereichen. Oft wird das Recht als ein regelrechtes Vollzugsorgan der Politik angesehen: Die Politik gestaltet die zwischenmenschlichen Verhältnisse, indem sie bestimmte Gesetze verabschiedet. In diesem Sinne wäre das Recht nicht mehr als eine Zweitcodierung politischer Macht. Das ist eine

Sichtweise, die allerdings die Autopoiesis des Rechtssystems verleugnet. Die direkten Wechselwirkungen zwischen Politik und Recht, die sich etwa in der oben schon besprochenen *strukturellen Kopplung* im Bereich der Verfassung äußern, dürfen nicht darüber hinwegtäuschen, daß das Rechtssystem eine Kommunikation sui generis betreibt. Schließlich könnte man das Verhältnis zur Politik auch umgekehrt beschreiben: Das Recht gibt den Rahmen vor, in dem jegliches politisches Handeln möglich ist, und macht damit die Politik zu seinem Erfüllungsgehilfen. Beide Auffassungen widersprechen gleichermaßen den Grundlagen systemtheoretischen Denkens. Das Rechtssystem ist dem Politiksystem weder unter- noch übergeordnet, sondern dessen Umwelt, wie auch das politische System Umwelt des Rechtssystems ist. Politische Entscheidungen werden im Rechtssystem als Außenreize wahrgenommen, die nach den systemspezifischen Regeln des Sinnprozessierens verarbeitet werden müssen. Das heißt, daß sie in Normen verwandelt werden müssen, die mit den anderen Normen des Systems in einer Wechselwirkung stehen: Nur aus Normen können neue Normen hervorgehen. Genauso fußen Entscheidungen über Recht und Unrecht immer auf anderen Entscheidungen über Recht und Unrecht, die bereits zu einem früheren Zeitpunkt gefällt wurden. Das ist besonders gut ablesbar an den Gerichtsurteilen, vornehmlich denen höherer Instanzen, die für viele andere, folgende Gerichtsurteile maßgeblich sind.

Die Wechselwirkungen zwischen dem Rechtssystem und allen anderen Systemen, auch der Politik, sind letztlich immer nur als *Leistungen* zu beschreiben. Die Leistung, die das Rechtssystem erbringt, ist die Bereitstellung von Normen, die in anderen gesellschaftlichen Teilbereichen ein gewisses Maß an Verhaltenssicherheit schaffen, indem sie immerhin für die Einhaltung bestimmter Grundregeln sorgen. In das Wissenschaftssystem z.B. führt das Rechtssystem die Norm ein, daß bestimmte Experimente verboten sind. Dieses Verbot ist dann aber keineswegs ein Indiz dafür, daß sich Rechts- und Wissenschaftssystem an dieser Stelle ‚überlappen' und infolgedessen überhaupt keine Trennung der Systeme mehr möglich ist. Wird das Verbot von einem Wissenschaftler übertreten, sind die sich hieran anschließenden Kommunikationen – die Anzeige, das Verfahren etc. – eben keine Elemente des Wissenschaftssystems mehr, sondern Bestandteile des Rechtssystems. Es ist immer die Codierung der Kommunikation, die über die Zuordnung zu einem System entscheidet. Das entsprechende Verbot ist nicht der Ausfluß einer Systemverschmelzung, sondern bleibt als die Leistung eines anderen Systems erkennbar, das noch nach seinen eigenen Regeln kommuniziert und für dasjenige System, dem es die Leistung zugeführt hat, den Status einer Umwelt behält.

Um die Aufschlüsselung des Rechtssystems nach systemtheoretischen Kategorien zu komplettieren, muß zuletzt noch auf den Begriff der *symbiotischen Mechanismen* eingegangen werden. Hier stehen wir wieder vor dem Problem, daß den Luhmannschen Arbeiten keine präzisen Angaben zu entnehmen sind. Wir können also nur versuchen, einen eigenen Vorschlag zu entwickeln. Dieser Versuch führt uns zu den Ausgangsüberlegungen dieses Abschnitts zurück. Körperliche Bedürfnisse und Erfahrungen sind insofern an der Rechtskommunikation beteiligt, als es ein elementares Bedürfnis nach physischer Unversehrtheit gibt. Dieses Bedürfnis macht sich auf zwei Ebenen bemerkbar. Erstens dort, wo es um den ständigen Antrieb zur Formulierung von Normen geht, die dafür sorgen, daß die Existenz gesichert ist. An die Seite der Existenzsicherung tritt noch die Garantie der Einhaltung bestimmter Verhaltensstandards, deren Fehlen ein permanenter Quell der Angst und Beunruhigung wäre. Zweitens wirken symbiotische Mechanismen auch dort, wo es um die Sanktion von Normverletzungen geht: Alle Strafen, auch die vergleichsweise ‚gewaltlosen' Strafen in der modernen Gesellschaft, stellen im Kern, sei es durch Geldentzug oder durch Freiheitsentzug, eine Bedrohung des körperlichen Wohlergehens dar.

Für einen Historiker stellt die Art und Weise, in der Luhmann das Verhältnis von Politik und Recht definiert, eine große Herausforderung dar. Die Wechselwirkungen zwischen der Politik- und Rechtsgeschichte verlangen nach komplizierteren Analyseverfahren, als sie in traditionellen, oft in sehr eindimensionaler Weise die

Prägung des Rechts durch die Politik betonenden Darstellungen angewendet worden sind. Der Ansatz solcher Darstellungen wird etwa im Bereich der Verfassungsgeschichte schon durch Luhmanns Konzept der strukturellen Kopplung zurückgewiesen. Ein weiteres Feld geschichtswissenschaftlicher Betätigung kann die Entwicklung sein, die den juristischen Normen ihren Sonderstatus gegenüber anderen gesellschaftlichen Normen verschaffte. Das soziale Leben wird schließlich nicht nur von Gesetzen, sondern auch noch von zahlreichen anderen Regeln geordnet: religiösen Geboten, moralisch-sittlichen Imperativen, Regeln der Etikette und des Anstands. All diese Regeln sind in vormodernen Gesellschaften in den unterschiedlichsten Formen miteinander vermengt. Die politischen Machthaber sind gleichzeitig Richter, die Priester wachen darüber, daß jedes Gesetz mit den religiösen Geboten in Einklang steht. Ein Gesetzesverstoß ist gleichzeitig ein Angriff auf den Herrscher und auf Gott. Kirche und Obrigkeit sind gleichermaßen zur rächenden Strafe aufgefordert. Politik, Religion, Moral und Recht bilden eine gemeinsame Formation, die wie ‚aus einem Guß' das Leben des einzelnen reguliert.

Erst im Prozeß der Funktionsdifferenzierung hat sich diese Einheit langsam aufgelöst. Daß das Recht sich gegenüber der Religion verselbständigen konnte, ist durch die Konfessionskonflikte der frühen Neuzeit begünstigt worden. In der Religion war kein Konsens mehr möglich, auf der Ebene der Gesetze mußte es ihn geben, um ein friedliches Zusammenleben zu ermöglichen. Das Recht hatte sich von der Religion unabhängig zu machen, um sich auch von den religiösen Konflikten lösen und damit seine Funktion der Sicherung des inneren Friedens wahrnehmen zu können. Die Verselbständigung des Rechts gegenüber der Politik ist auf der institutionellen Ebene als der Verzicht der politischen Herrscher auf das Richteramt, später auch als die Trennung von Rechtsprechung und Verwaltung zu beschreiben; auf der – wichtigeren – kommunikativen Ebene gibt es allerdings bis heute, trotz aller Selbststeuerung der Systeme, jene enge Beziehung, die oben geschildert worden ist. Teilweise ist kaum zu entscheiden, ob eine konkrete Kommunikation eigentlich als eine politische oder als eine juristische zu definieren ist – Maßnahmen gegen Hausbesetzungen oder Diskussionen um den § 218 mögen hier als Beispiele dienen.

Ähnlich schwierig gestaltet sich bis in die Gegenwart hinein das Problem von Recht und Moral. Obwohl mit der Funktionsdifferenzierung eine klare Trennung zwischen der moralischen und der juristischen Bewertung von menschlichem Verhalten erreicht worden sein müßte, gibt es doch auch in der Moderne immer noch viele Versuche, moralische Kategorien auf die Rechtsprechung anzuwenden. Gerade wenn die Öffentlichkeit sich großer Prozesse bemächtigt, besteht die Gefahr, daß juristische Sachargumente durch einfache moralische Schablonen ersetzt werden. Aber auch in Diskussionen auf höherem Niveau wird gerne die Frage aufgeworfen, ob das Recht auch gerecht ist. Ungerecht scheint es vor allem dann zu sein, wenn die Ideologiekritik hinter seinen Setzungen die Interessen von bestimmten Bevölkerungsgruppen ausmachen kann. Gewiß bezieht auch die Politik einen großen Teil ihres Elans bei der Veränderung von Gesetzen eben daraus, vermeintlich ‚gerechtere' Zustände schaffen zu wollen. Bei genauerer Betrachtung führt die moralische Bewertung des Rechts jedoch zu einer Paradoxie. Die Rechtskommunikation basiert auf dem Code von Recht und Unrecht. Die Moral fragt im Prinzip nach dem Recht, überhaupt in einer bestimmten Weise nach Recht und Unrecht zu unterscheiden. Dieses Recht wäre aber letztlich selbst wieder ebenso zu befragen. Die Argumentation scheitert in einer Endlosschleife.

Wissenschaft

Die *Funktion* des Wissenschaftssystems besteht darin, Erkenntnisse über die Wirklichkeit zu produzieren. Um von ‚Erkenntnissen' sprechen zu können, ist eine Deckungsgleichheit mit der Realität vorauszusetzen; Aussagen, die sich nicht mit der Wirklichkeit dekken, können nicht als ‚Erkenntnisse' gelten. Um dieses Problem angemessen kommunizieren zu können, ist ein *symbolisch generalisiertes Kommunikationsmedium* nötig, das einen ausreichenden Grad an Allgemeinheit besitzt, um in den verschiedensten Wissensfeldern eingesetzt werden zu können. Dieses Medium ist die Wahrheit; der *Code* des Wissenschaftssystems arbeitet mit der *Leitdifferenz* von wahr versus unwahr. Aussagen über biochemische Prozesse oder alte Urnengräber, über Differentialgleichungen oder Renaissancegemälde, über Eulers Diagramme oder Bachs Fugen können, so unterschiedlich ihre Gegenstände auch immer sein mögen, doch allesamt als wahr oder unwahr qualifiziert werden. Jede Wissenschaft, egal mit welchen Methoden sie arbeitet, welche Erkenntnisziele sie sich setzt, tritt mit der Absicht an, die Wahrheit zu suchen und die Unwahrheit zu meiden.

Der Wahrheitscode reduziert also die Komplexität möglicher Kommunikationen. Aussagen werden nicht mehr daraufhin befragt, ob sie gut oder böse, schön oder häßlich sind, sondern einzig und allein ihr Codewert im Hinblick auf das Medium ‚Wahrheit' ist noch von Belang. Dieser sorgt für eine spezifische Form der Selbsterzeugung des Systems. Wahre Aussagen führen zu neuen wahren Aussagen, aus denen sich dann wieder andere wahre Aussagen ergeben. Die *Autopoiesis* des Wissenschaftssystems besteht aus der ständigen Herleitung von Erkenntnissen aus anderen Erkenntnissen. Anschaulich wird dieses Operieren in den Zitationen, mit denen neue wissenschaftliche Veröffentlichungen auf ältere Publikationen verweisen. Aus älteren Publikationen gehen gleichsam immer wieder neue Publikationen hervor. Forscher A stützt sich im allgemeinen auf die Ergebnisse der Forscher B, C und D, um auf einem eingegrenzten Feld zu neuen Ergebnissen zu kommen. Kein Mathematiker wird den Satz des Pythagoras noch einmal beweisen, wenn er sich mit Trigonometrie befaßt, kein Historiker den militärischen Verlauf des Zweiten Weltkriegs aufs neue rekonstruieren, wenn er die Wirkung der deutschen Propaganda untersucht: Die bereits vorliegenden, als wahr anerkannten Aussagen sind das Ausgangsmaterial für weiterführende Erkenntnisse.

Die Aktualisierung des einen oder des anderen Codewertes, hier: die Entscheidung über wahr oder falsch, hängt von den *Programmen* ab. Welche Gestalt haben diese Programme im Wissenschaftssystem? Offenkundig hängt das Urteil darüber, ob eine Aussage wahr oder falsch ist, ganz maßgeblich davon ab, auf welcher methodischen Grundlage sie fußt. Um zu der entsprechenden Aussage zu kommen, muß eine Methode verwendet worden sein, die als geeignet anerkannt ist, um Erkenntnisse zu erzeugen, und diese Methode muß korrekt umgesetzt worden sein. Sind beide Voraussetzungen erfüllt, wird ein Forschungsergebnis als ‚wahr' eingestuft. Dies gilt strukturell für alle wissenschaftlichen Disziplinen, so unterschiedlich ihre konkreten Methoden auch sein mögen: ob es sich um die Demonstration qua Experiment, gepaart mit mathematischer Stimmigkeit handelt, wie in den Naturwissenschaften, oder um den Beleg mit Quellen, wie in den Geisteswissenschaften, in jedem Fall sind die Methoden die Programme, die verbindlich über wahr oder falsch entscheiden.

Die *Beobachtung zweiter Ordnung*, die die funktionsadäquate Auseinandersetzung des Systems mit seiner Umwelt im Blick hat und zu diesem Zweck die Programmierung kontrolliert, setzt sich also primär mit Methodenfragen auseinander. Instanzen innerhalb des Wissenschaftssystems, die solch eine Beobachtung leisten, sind vor allem die Methodenlehre sowie die Erkenntnis- und Wissenschaftstheorie. Hier wird der Frage nachgegangen, unter welchen Bedingungen und mit welchen Verfahren der menschliche Geist in der Lage ist, die Wirklichkeit zu erfassen. Was ist Wahrheit, und wie läßt sie sich erkennen? In letzter Konsequenz sind es solche Fragen, die der Methodenlehre ihre Anstöße geben und schließlich in konkrete methodische Konzepte umgesetzt werden. Die Programmierung der Naturwissenschaften wird in dieser Weise immer wieder von Fragen der Logik und des Widerstreits von Deduktion und Induktion berührt, während das erkenntnistheoretische Problem von Subjekt und Objekt, das Problem der Historizität des menschlichen Bewußtseins also, die Programmierung der Geisteswissenschaften tangiert. Die beiden Extrempositionen, die hierzu etwa in der Geschichtswissenschaft eingenommen werden, sind diejenige des Historismus und diejenige des Konstruktivismus. Der Historismus fordert die totale Zurücknahme des erkennenden Subjekts zugunsten der Eigengesetzlichkeit des historischen Geschehens, während der Konstruktivismus umgekehrt davon ausgeht, daß jeglicher Zugriff auf die geschichtliche Objektwelt vollständig von den Fragestellungen, Interessen und Denkmustern des jeweils forschenden Historikers abhängt. Die Grundentscheidung zwischen diesen beiden Optionen hat selbstverständlich sehr weitgehende methodologische Konsequenzen.

Beobachtung zweiter Ordnung als Fremdbeobachtung ist in der Wissenschaft eine prekäre Kategorie. Das moderne Selbstverständnis von Wissenschaft beruht gerade darauf, daß niemand sich in ihre unabhängige Wahrheitssuche einzumischen hat. Beobachtungen durch die Politik lösen sofort die Angst vor jener ideologischen Vereinnahmung aus, für die es viele historische Beispiele gibt, Beobachtungen durch die Religion werden schnell als erster Schritt zu dogmatischer Bevormundung beargwöhnt. In der kommunikativen Praxis der modernen Gesellschaft dürfen nur die Instanzen der Selbstbeobachtung die Programmierung des Wissenschaftssystems steuern (vgl. Teil III/A).

Die *Leistung*, die das Wissenschaftssystem für andere Systeme erbringt, besteht in der Bereitstellung von Erkenntnissen über die Wirklichkeit, die für die jeweils ‚importierenden' Systeme verwertbar sind – nutzbar nach den dort vorherrschenden Sinnverarbeitungsregeln, da ansonsten dem Prinzip der Autopoiesis widersprochen würde. Wenn die Politik sich wissenschaftliche Expertisen zur Verfügung stellen läßt, geschieht dies zu dem Zweck, eine Entscheidungsfindung zu erleichtern oder eine Machtposition auszubauen. Die Wirtschaft ‚vermarktet' wissenschaftliche Erkenntnisse oder nutzt sie zumindest, um ihre Programmierung zu verbessern. Im Rechtssystem, das die Wissenschaft vor allem für Gutachten bemüht, geht es letztlich immer darum, Informationen zu gewinnen, um Fragen von Recht oder Unrecht besser klären zu können.

Bei den *symbiotischen Mechanismen* befinden wir uns wieder in der Situation, von Luhmann keine präzisen Auskünfte zu erhalten. Trotzdem wollen wir nicht sogleich kapitulieren. Es sind durchaus Formen vorstellbar, in denen sich körperliche Bedürfnisse und Erfahrungen auch im Wissenschaftssystem bemerkbar machen. Hier ist etwa das grundlegende Verlangen zu nennen, sich in der Welt orientieren zu können, um durch das Begreifen der Wirklichkeit letztendlich auch die Basis für jegliche Bedürfnisbefriedigung zu schaffen. Neben diesem elementaren Antrieb zum Erkenntnisgewinn und Wissenserwerb gibt es auch Modalitäten, unter denen körperliche Erfahrungen am Operieren des Systems anhand der Leitdifferenz von wahr und falsch unmittelbar beteiligt sein können. Im Falle der Naturwissenschaften spielt sicherlich die sinnliche Evidenz eine große Rolle. Erinnert sei nur an die berühmte Legende, die Newtons Erkenntnis des Gravitationsgesetzes auf einen Apfel zurückführt, der ihm während einer Ruhepause auf einer Gartenbank auf den Kopf gefallen sein soll. Bei aller anekdotischen Übertreibung hat diese Legende doch den wahren Kern, daß an naturwissenschaftlicher Forschung immer auch die Sinnesorgane beteiligt sind, besser gesagt: daß die Ergebnisse dieser Forschung, so abstrakt sie auch sein mögen, in jedem Fall der sinnlichen Evidenz nicht widersprechen dürfen. Das Befremden, das Einsteins Relativitätstheorie auslöste, weil sie in der unmittelbaren Wahrnehmung nicht nachzuvollziehen und insofern auch nicht mehr ‚vorstellbar' war, ist ein guter Beleg für diesen Sachverhalt. Auch die Sozialwissenschaften kommen nicht ohne symbiotische Mechanismen aus. Aussagen über die Gesellschaft werden immer mit den eigenen Erfahrungen, mit dem eigenen unmittelbaren Erleben abgeglichen. Eine falsche Theorie der sozialen Wirklichkeit würde darüber hinaus zu falschen Lebensentscheidungen führen, deren negative Konsequenzen in der Tat ‚am eigenen Leibe' festzustellen wären.

Luhmanns Theorie des Wissenschaftssystems ist gleichzeitig eine Theorie der Verengung und eine Theorie der Ausweitung. Eine Theorie der Verengung ist sie insofern, als sie die Wahrheit, eine Größe, die im traditionellen Verständnis in vielen Bereichen, von der Religion bis zur Kunst, eine wichtige Rolle spielt, nun zum exklusiven Medium eines bestimmten Funktionssystems macht. Im Gegensatz hierzu wird eine Ausweitung vorgenommen, wo es um die Beteiligung an Kommunikationen geht, die am Wahrheitscode orientiert sind. War der Zugang zur Wahrheit lange Zeit das Privileg einer abgegrenzten sozialen Gruppe, so ist die Partizipation an der wissenschaftlichen Kommunikation in der Moderne auf die Gruppe all derer ausgeweitet worden, die bereit sind, die systemspezifischen Programme einzuhalten. Beide Phänomene, die Eingrenzung wie die Ausweitung, sind für den Historiker und ebenso für den Kulturwissenschaftler, der sich für die Produktion und Verbreitung von Wissen interessiert, insofern bedeutsam, als sie viele Ereignisse und Prozesse der Ideen- und Wissenschaftsgeschichte in ein neues Licht rücken.

Im europäischen Mittelalter, unter den Bedingungen einer stratifizierten Gesellschaft, war es der Religion vorbehalten, die Wahrheit zu definieren, verbindliche weltanschauliche Vorgaben zu machen. Diese Wahrheit war eine Offenbarungswahrheit, die in einem Wechselspiel auf die kirchliche, aber auch auf die allgemeine soziale Hierarchie bezogen war: Je höher ein Sprecher postiert war, desto mehr Zugang hatte er zur Offenbarung. Jede wissenschaftliche Tätigkeit mußte sich der Religion unterordnen – ihre Ergebnisse durften den religiösen Grundannahmen nicht widersprechen. Erst seit der Renaissance, als der langanhaltende Prozeß des Umbaus von der stratifikatorischen zur funktionalen Gesellschaftsdifferenzierung begann, löste sich dieses Verhältnis der Unterordnung langsam auf. Personen wie Galilei oder Bruno, die ihre – wissenschaftliche – Wahrheit gegen das Wahrheitsmonopol der Kirche durchzusetzen versuchten, waren die Pioniere einer Entwicklung, die die Wissenschaft in einen jahrhundertelangen Kampf mit der Religion verstrickte. An dessen Ende stand ein ausdifferenziertes Wissenschaftssystem mit einem Code und Programmen, die sich von außersystemischen, also außerwissenschaftlichen Faktoren nicht mehr berühren lassen.

Die Lösung des wahrheitsfähigen Sprechens von privilegierten sozialen Gruppen lenkt die Aufmerksamkeit des Forschers vor allem auf die europäische Aufklärung, die diesen Prozeß ganz entscheidend vorantrieb, in gewisser Weise sogar institutionalisierte. Alle Anstrengungen der Aufklärung, eine universelle, kritisch räsonnierende Öffentlichkeit herzustellen – und in diesen Kontext gehören die Zeitschriften- und Lexikonprojekte ebenso wie die Preisfragen der Akademien und das Korrespondenzwesen –, erhalten vor diesem Hintergrund eine neue Bedeutung. Nicht *wer* etwas sagt, sollte interessieren, sondern einzig und allein *was* gesagt wird, ob es aufgrund von gesicherten, konsensfähigen Methoden als wahr oder falsch zu beurteilen war. Hier bereitete sich offenkundig der Gestaltwandel der Wissenschaft zu einem modernen Funktionssystem mit einer genuinen Operationslogik vor.

Religion

Die Religion als ein gesellschaftliches Funktionssystem neben anderen beschrieben zu sehen, wird vielen religiösen Menschen als eine Provokation erscheinen. Der Anspruch der Religion ist so universell, ihr Problemhorizont gleichzeitig so existentiell, daß hier jene Nebenordnung zu anderen sozialen Systemen, wie sie dem Strukturprinzip der modernen Gesellschaft entspricht, fast den Charakter einer unangemessenen Herabwürdigung annimmt. Bei genauerer Betrachtung muß man jedoch feststellen, daß jedes andere System mit ähnlichem Recht für sich beanspruchen könnte, den jeweils flankierenden Systemen übergeordnet zu sein. Im Falle der Religion fällt der Abschied von dieser Vorstellung vielleicht nur deshalb besonders schwer, weil sie in der stratifizierten Gesellschaft in der Tat noch eine herausragende Rolle spielte.

In der Moderne definieren sich die sozialen Systeme durch die Wahrnehmung bestimmter, im Prinzip gleich ‚wichtiger‘ oder ‚unwichtiger‘ *Funktionen*; auch die Religion hat eine solche Funktion zu erfüllen. Die Definition, die Luhmann für diese Funktion abgibt, ist auf den ersten Blick nur sehr schwer zugänglich; die Funktion der Religion beziehe sich auf die Bestimmbarkeit der Welt, lautet eine seiner Formulierungen; eine andere, daß Religion die Unbestimmbarkeit der Welt in Bestimmbarkeit verwandle. Was ist hierunter zu verstehen? Der Sinn dieser Definition wird sofort deutlich, wenn der Begriff ‚Unbestimmbarkeit‘ durch ‚Unerklärlichkeit‘ oder ‚Beliebigkeit‘ ersetzt wird. Was zunächst als Produkt des Zufalls, als chaotische Abfolge kontingenter Ereignisse erscheint, erhält durch die Religion eine stimmige Erklärung. Das gesamte

Weltgeschehen wird mit einer zweiten Bedeutungsebene unterlegt, die jedem Ereignis seinen besonderen Stellenwert zuweist. Jede Religion in Vergangenheit und Gegenwart hat diese Funktion erfüllt: allen Phänomenen der Realität Bedeutungen zuzuschreiben, die über ihre reine Faktizität hinausgehen. Wenn einige Zeit kein Regen fällt und eine Dürre droht, ist irgendeine Gottheit am Werk, die die Menschen bestrafen oder doch zumindest einer Prüfung unterziehen will. Wenn mir ein Unfall widerfährt, ist das ein Zeichen dafür, daß ich mein Leben ändern soll. Alle Ereignisse erhalten einen ‚Zweitsinn', wie Luhmann zugespitzt formuliert, der die Kontingenz des Wirklichen ‚entschärft'.

Das *symbolisch generalisierte Kommunikationsmedium*, auf das sich alle Kommunikationen beziehen, die in dieser Form einen ‚Zweitsinn' unterstellen, ist der Glaube. So wie kollektiv bindende Entscheidungen an das Medium Macht, Gütertausch in der modernen Gesellschaft hingegen an das Medium Geld gebunden ist, so knüpfen alle Kommunikationen hinsichtlich der Bestimmbarkeit der Welt an den Glauben an. Der Bezug auf das Medium Glaube markiert die Grenzen des Funktionssystems Religion. Wo nicht geglaubt wird, befinden wir uns sogleich außerhalb des Systemzusammenhangs. Insofern ist es auch ausgeschlossen, den *Code* des Religionssystems von der Negation des Glaubens abzuleiten; gläubig oder ungläubig kann nicht die *Leitdifferenz* eines Systems sein, dessen Operieren gerade stillgestellt wird, wenn keine Gläubigkeit vorliegt. Negative Codewerte dürfen nicht außerhalb des Systems angesiedelt sein, sondern müssen innerhalb seiner für eine permanente Fortsetzung des Sinnprozessierens durch Position und Negation sorgen. Eine solche Differenz stellt das System nicht in Frage, sie hält vielmehr umgekehrt die Systemkommunikation in Gang. So sprengt etwa die ‚Ohnmacht' keineswegs das Politiksystem, sondern ist als negativer Codewert das notwendige Pendant zur Macht, die nur im Wechselspiel mit der Ohnmacht bestehen und die Funktion des Systems, die Durchsetzung kollektiv bindender Entscheidungen, erfüllen kann.

Für den Code des Religionssystems macht Luhmann also einen anderen Vorschlag. Er soll aus der Einheit der Differenz von Immanenz und Transzendenz bestehen. Diese Begriffe müssen geklärt werden. Zumindest der Terminus Transzendenz ist in religiösen Kontexten durchaus geläufig. Er bezeichnet eine jenseits der Erfahrungswelt angesiedelte Sphäre, in der, je nach religiöser Ausrichtung, ein Gott oder mehrere Götter, die Seelen der Verstorbenen, sowie Geister, Dämonen und Engel vermutet werden. Der Gegenbegriff Immanenz zielt folglich auf die nicht-transzendente, wahrnehmbare Wirklichkeit ab. Mit der Kommunikation anhand der Codewerte Immanenz und Transzendenz erfüllt das Religionssystem also seine Funktion, die empirische Realität mit einem Zweitsinn zu unterlegen; wird der Codewert Transzendenz aktualisiert, ist ein solcher Zweitsinn gefunden, gibt es umgekehrt eine Aktualisierung von Immanenz, dann bleibt das empirische Geschehen in seiner reiner Faktizität bestehen. Ebenso wie die anderen negativen Codewerte, wie die Ohnmacht im Politik-, das Nicht-Zahlen im Wirtschafts-, das Unrecht im Rechts- und die Unwahrheit im Wissenschaftssystem, ist die Immanenz jedoch nur die Negation, auf welche die Position angewiesen ist, um nicht zur Null-Information zu gerinnen – die Alternative sozusagen, die nötig ist, um das Sinnprozessieren auf der Basis binärer Wahlen insgesamt in Gang zu halten.

Diese binären Wahlen erfolgen keineswegs beliebig; wie in jedem System, so sorgt auch im Religionssystem eine *Programmierung* dafür, daß Kriterien für die Entscheidung zwischen A und Nicht-A bereitstehen. In gewisser Weise bilden alle religiösen Glaubenssätze, Lehren und Erzählungen in ihrer Gesamtheit diese Programmierung aus. Luhmann faßt sie unter dem Begriff der ‚Heiligen Schrift' zusammen. In ihren Heiligen Schriften, die natürlich von Glaubensrichtung zu Glaubensrichtung unterschiedliche Formen annehmen können, erfahren die Religionsgemeinschaften von dem Zweitsinn, der die empirische Wirklichkeit durchdringt. Außerdem werden sie hier mit jenem Wissen und intellektuellem Handwerkszeug ausgestattet, das es ihnen erlaubt, die irdischen von den göttlichen Dingen zu unterscheiden beziehungsweise das göttliche Wirken in den irdischen Dingen zu erkennen und zutreffend zu beschreiben. Die christliche Bibel zum Beispiel überblendet den gesamten historischen Prozeß mit einem heilsgeschichtlichen Geschehen, das um die Eckpunkte von Schöpfung, Sündenfall, Erlösung und Jüngstem Gericht gruppiert ist. Daß das Jüngste Gericht in die Zukunft verlegt wurde, ließ die Heilige Schrift zu einer Fundgrube für verschlüsselte Prognosen zum Zeitpunkt des Weltuntergangs werden. Die Bibelexegese spürte jede Anspielung auf, die sich zu realen Ereignissen in der Gegenwart in Bezug setzen ließ. Diese Ereignisse wurden dann unter Berufung auf die biblische ‚Programmierung' mit dem Zweitsinn versehen, Vorboten des Jüngsten Tages zu sein. Eine solche Vorgehensweise hat sich in der europäischen Geschichte in zahllosen Varianten wiederholt. Jahreszahlen und Hungersnöte, Mondfinsternisse und Seuchen, Sturmfluten und feindliche Invasionen ließen sich in dieser Weise in der Transzendenz verankern.

In allen sozialen Systemen sind *Beobachtungen zweiter Ordnung* dafür zuständig, daß die Programmierung einer Kontrolle unterzogen und gegebenenfalls umgestellt wird. Welche Instanzen führen diese Beobachtungen, aufgefächert in Selbst- und Fremdbeobachtungen, für das Religionssystem durch? Die Antwort, die Luhmann auf diese Frage gibt: daß es die Theologie sei, scheint zunächst unvollständig zu sein. Schließlich ist die Theologie im landläufigen Verständnis eine Wissenschaft und kann insofern gegenüber dem Religionssystem nur Fremdbeobachtung leisten; der zweite Teil der Frage, der auf die Instanzen der Selbstbeobachtung zielt, bleibt unbeantwortet. Luhmann löst dieses Problem, indem er einen bestimmten Teilbereich der Theologie nicht dem Wissenschafts-, sondern dem Religionssystem zuschlägt. Dieser Teilbereich ist die sogenannte Dogmatik, die Lehre von den Glaubenssätzen – eine Disziplin, der Luhmann den Chararakter einer Wissenschaft abspricht, weil es nicht möglich sei, ihre Aussagen aufgrund gesicherter Methoden als wahr oder falsch zu beurteilen. Die Dogmatik kommuniziert selbst im Medium des Glaubens, und dadurch bleibt sie Bestandteil des Religionssystems; ein Bestandteil allerdings, der aufgrund seines Einflusses auf die gesamte Programmierung eine herausgehobene Rolle innehat.

Die *Leistung* des Religionssystems hat sich unter den Bedingungen der Moderne, in der ihre Sinnangebote immer weniger nachgefragt werden, in sehr starkem Maße auf die Ebene der sozialen Dienste verlagert. Diese Dienste werden nicht unmittelbar den anderen Funktionssystemen angetragen, sondern gelten eher den Individuen, die im Kontext dieser Systeme geschädigt worden sind. Ansatzpunkt der Leistung des Religionssystems sind die psychischen Systeme, die sich mit ihren Problemen an Kirche und kirchennahe Organisationen wenden. Dort wird ihnen das geboten, was nicht-religiöse Einrichtungen immer noch nicht in ausreichendem Maße bereitstellen können: Fürsorge und Betreuung, Trost und Geselligkeit. Bei den *symbiotischen Mechanismen* stellt uns das Religionssystem, anders als die zuletzt besprochenen Systeme, vor keinerlei Probleme: Die körperliche Beteiligung an der Systemkommunikation manifestiert sich offenkundig in vielen rituellen Handlungen. Gebete und Gesänge, kultische Speisungen und Züchtigungen, Prozessionen und Pilgerfahrten lassen den Glauben auch zu einer physischen Erfahrung werden. Keine Religion kann darauf verzichten, sich mit einem ganzen Set von speziellen Praxisformen zu umgeben, die die abstrakten Glaubensinhalte auch konkret ‚erlebbar' machen und damit gleichzeitig innerhalb der Glaubensgemeinschaft das Gefühl der Zusammengehörigkeit stärken.

Nicht nur Historiker, sondern auch Kulturwissenschaftler haben in ihrer Forschungspraxis mit dem Religionssystem zu tun, auch solche Kulturwissenschaftler, die noch mit einem sehr traditionellen Kulturbegriff arbeiten. Bei der Frage nach den Anwendungschancen in der Geschichtswissenschaft sind wir beim Religionssystem zudem in der günstigen Lage, auf bereits existierende Forschungen hinweisen zu können. Der Konstanzer Historiker Rudolf Schlögl hat in einer Studie über „Glaube und Religion in der Säkularisierung. Die katholische Stadt – Köln, Aachen, Münster – 1700-1840" ein religionsgeschichtliches Thema mit systemtheoretischen Kategorien bearbeitet. Schlögl geht es hierbei vor allem um Luhmanns Begriff der Systemdifferenzierung; er analysiert, unter welchen Umständen und mit welchen Begleiterscheinungen die Religion im

18. und frühen 19. Jahrhundert ihren Anspruch aufgeben muß, alle gesellschaftlichen Bereiche und sämtliche Lebenssphären, wie es noch der Logik der stratifizierten Gesellschaft entsprochen hatte, vollständig zu überwölben. So benutzt Schlögl etwa serielle Quellen wie die Testamente von Stadtbürgern mehrerer Generationen, um nachzuweisen, wie stark die ursprüngliche Einbettung aller Lebensvorgänge in religiöse Deutungsmuster sich im zeitlichen Verlauf, bei den Bildungsschichten schneller als im kleinen Bürgertum, auflöste und einer strikten Trennung verschiedener Funktionsbereiche wich. Das Testament wurde nur noch als ein Rechtsakt interpretiert, als eine juristisch wirksame Bestimmung über den Nachlaß, in der religiöse Beteuerungen keinen Platz hatten. Dieses Verschwinden der religiösen Formeln aus den Testamenten ist kein Indiz für eine grundsätzliche Irreligiosität, aber ein deutlicher Hinweis darauf, daß die Religion sich als ein Teilsystem neben anderen auf ihre genuine Funktion zu besinnen und dabei jene anderen Systeme zugleich ihren spezifischen Eigenlogiken zu überlassen hatte. Eine Regelung des Erbganges war eine juristische Kommunikation, war ein Element des Rechtssystems, und konnte insofern nicht gleichzeitig Bestandteil des Religionssystems sein: Daß diese Trennung der Funktionsbereiche ein grundsätzlicher Entwicklungstrend in seinem Untersuchungszeitraum war, wird von Schlögl nicht nur an den Testamenten, sondern auch an verschiedenen anderen Quellencorpora demonstriert.

In ähnlicher Weise, angeregt von Schlögls Studie und noch darüber hinausgehend, ließe sich auch anhand anderer Entwicklungen nachzeichnen, wie die Religion ihre überragende Stellung als universelles Sinnschema verliert und sich nach und nach auf ein spezielles Aufgabengebiet zurückzieht. Die Lösung der Wissenschaft von der religiösen Bevormundung, die Entstehung eines staatlichen Schul- und Erziehungswesens, die Einführung der Zivilehe und – nicht zuletzt – die Preisgabe der weltlichen Herrschaft durch die katholische Kirche in der Säkularisation können ohne Frage als Phänomene der Systemdifferenzierung beschrieben werden. Ob der neue theoretische Ansatz hier allerdings auch neue historische Erkenntnisse erschließt, die auf der Basis traditioneller Säkularisierungstheorien noch nicht zugänglich waren, wird erst an den konkreten Forschungsergebnissen abzulesen sein.

In kulturwissenschaftlicher Perspektive sind sicherlich die Auswirkungen der Autonomisierung des Religiösen auf die konkrete Glaubenspraxis von besonderem Interesse. Worin unterschied sich derjenige Glaube, der in der stratifizierten Gesellschaft noch alle Lebensbereiche durchdringen sollte, von *dem* Glauben, der in der modernen Gesellschaft nur noch den Status einer Privatangelegenheit besitzt, die in einem notwendigen Spannungsverhältnis zu vielen anderen gesellschaftlichen Anforderungen steht? Wie wirkt sich dieser Wandel auf die konkreten religiösen Ausdrucksformen, bis hin zu den symbiotischen Mechanismen, aus? Welche Probleme resultieren für die Selbstdarstellung von Religion etwa daraus, daß die religiöse Kommunikation immer noch mit dem positiven Codewert ‚Transzendenz' arbeitet, während die Leistungen, die sie für die Gesellschaft erbringt und die auch ihre Außenwahrnehmung mehr und mehr bestimmen, einen zunehmend profanen Charakter besitzen? Der letztere Aspekt läßt sich auch für andere Wechselwirkungen der verschiedenen Systemelemente wie Medium, Programm etc. untersuchen – und immer auch im Hinblick auf die Ausdrucksformen, auf die Zeichen und Rituale, die von der jeweiligen Religion eingesetzt werden, um eine gleichzeitig argumentative wie ästhetische Stimmigkeit zu erzeugen.

Erziehung

Die Analyse des Erziehungssystems hat Luhmann vor große Probleme gestellt. Über mehrere Jahre hinweg hat er verschiedene Versuche unternommen, geeignete Kategorien für dieses System zu entwickeln. Die Schwierigkeit bestand hierbei vor allem darin, den Widerspruch zwischen dem Gedanken der Autopoiesis und dem für jegliche Erziehung charakteristischen Versuch des steuernden Eingriffs in ein fremdes Bewußtsein zu überwinden. Im Kern stehen sich bei Erziehungsvorgängen zwei psychische Systeme gegenüber:

ein beeinflussendes und ein beeinflußtes System. Diese beiden Systeme können sich doch eigentlich nur im Modus der Selbsterzeugung reproduzieren. Außerdem ist die Erziehung grundsätzlich auf der Ebene sozialer Kommunikation anzusiedeln, und dennoch soll sie in psychische Systeme eingreifen, die auf einem ganz anderen Emergenzniveau zu verorten sind. Immerhin, und dieser Gedanke führt Luhmann zu einer Lösung, sind psychische und soziale Systeme durch strukturelle Kopplungen miteinander verbunden. Obwohl die Systeme sich also wechselseitig immer nur als Umwelten wahrnehmen können, gibt es doch einen so verstetigten und reglementierten Leistungsaustausch zwischen ihnen, daß auch von einer besonders hohen Resonanzfähigkeit ausgegangen werden muß. Begünstigt wird diese Resonanzfähigkeit noch durch das Medium der Sprache, dem Luhmann die Fähigkeit zur Vermittlung von sozialen und psychischen Prozessen unterstellt. Das geschieht, indem die Sprache gleichzeitig in der gesellschaftlichen Kommunikation wie auch bei der Reproduktion von Bewußtsein eine herausragende Rolle spielt. Wenn die Sprache nicht in dieser Weise einen Brükkenschlag zwischen den beiden Emergenzebenen ermöglichte, wäre es auch kaum zu erklären, daß die Entwicklung der psychischen Systeme in aller Regel so verläuft, daß sie sich wechselseitig aufeinander und auf die Kommunkationsbedingungen in den jeweiligen sozialen Systemen erfolgreich einstellen können. Luhmann spricht hier von einer ‚Coevolution' der psychischen und sozialen Systeme, deren Bedingung und Resultat die Sprache ist.

Wenn also auch keine unmittelbare Außensteuerung der Entwicklung eines psychischen Systems möglich ist, so gibt es doch eine so starke Resonanzfähigkeit, daß die *Funktion* des Erziehungssystems, die Änderung von Menschen, nicht von vornherein in Frage gestellt werden muß. Geändert werden sollen Menschen selbstverständlich immer im Horizont bestimmter Zielvorstellungen, für die Luhmann den Begriff der ‚Karriere' verwendet. Karriere meint hier allerdings weniger den konkreten sozialen und beruflichen Aufstieg als ein allgemeines Entwicklungsmuster, das für den Zögling vorgesehen ist und dessen einzelne Schritte und Stationen dadurch erreicht werden sollen, daß der Erzieher einen bestimmten Änderungsdruck auf die Disposition und das Verhalten seines Probanden ausübt. Das *symbolisch generalisierte Kommunikationsmedium* des Erziehungssystems ist dabei, so hat Luhmann prägnant formuliert, das Kind; etwas genauer sollte man definieren, daß es die vermuteten, letztlich von außen konstruierten Bewußtseinszustände des Kindes sind, denn nur auf diese können sich pädagogische Kommunikationen beziehen, weil das Kind selbst aufgrund der Geschlossenheit seines Bewußtseins für den Erzieher eine ,black box' bleiben muß. Auch die Verwendung des Begriffs ,Kind' ist an dieser Stelle nicht unproblematisch: Im Zeitalter der Sozialpädagogik sind es wahrlich nicht mehr nur Kinder, denen erzieherisches Engagement gilt. Der Terminus ,Zögling' scheint hier angemessener zu sein, weil er die Klientel von pädagogischen Maßnahmen nicht von vornherein auf Kinder und Jugendliche verengt.

Eine weitere Schwierigkeit besteht darin, daß sich aus dem Medium des Erziehungssystem keine binäre *Codierung* herleiten läßt. Im politischen System verband sich das Medium Macht mit der Codierung ,Macht versus Ohnmacht', im Rechtssystem das Medium Recht mit der Codierung ,Recht versus Unrecht', im Wissenschaftssystem das Medium Wahrheit mit der Codierung ,wahr versus unwahr' – die ,unterstellten Bewußtseinszustände des Kindes' lassen sich nicht in analoger Weise in einen positiven und einen negativen Codewert zerlegen. Das hat weitreichende Konsequenzen. Schließlich bewirkt die binäre Codierung, daß das Sinnprozessieren in den sozialen Systemen niemals stillstehen kann, daß die Systemkommunikation also höchstens von außen, aber niemals von innen beendet werden kann; der positive und negative Codewert befinden sich in einem unabschließbaren Wechselspiel. Im Erziehungssystem hingegen sorgt die Spezifik des Mediums dafür, daß ein intern motivierter, vollständiger Abbruch der Systemkommunikation möglich ist. Erzieherisches Handeln kann zu irgendeinem Zeitpunkt einfach abgebrochen werden. Die Fortexistenz des Erziehungssystems *in seiner Gesamtheit* verdankt sich nur der Tatsache, daß immer wieder neue Kinder geboren werden, daß also immer wieder gänzlich neue Erziehungsprozesse in Gang kommen können.

Eine Codierung, die vom Medium getrennt ist – und eine solche Codierung liegt im Erziehungssystem vor –, kann hier nicht als Ersatz fungieren, kann nicht in ähnlicher Weise strukturell ausschließen, daß das System mit seinen eigenen Operationen auch sein eigenes Ende herbeiführt. Zumal die Codierung, die im Erziehungssystem Verwendung findet, eher zum Zweck der Selektion, als in einem engeren Sinne zum Zweck der Erziehung gebraucht wird; der Code des Erreichens oder Nicht-Erreichens von Karrierezielen ist primär eine Prüfungslogik und erfüllt insofern viele Pädagogen von vornherein mit Skepsis, weil sie hier den Zögling auf den Status einer Trivialmaschine reduziert sehen, deren Outputs einfach nur mechanisch registriert werden sollen. Lob oder Tadel, bessere oder schlechtere Zensuren, Versetzung oder Nicht-Versetzung, zugelassen werden oder nicht zugelassen werden, Zeugnisse erhalten oder nicht erhalten – über all diese *Leitdifferenzen* ist das Erziehungssystem codiert, und all diese Varianten stehen mit seinem Medium, den vermuteten Bewußtseinszuständen des Zöglings, nur in einem ausgesprochen indirekten, in vielerlei Hinsicht fragwürdigen Verhältnis.

So problematisch das Verhältnis von Medium und Code auch sein mag, so stehen doch auch im Erziehungssystem zahlreiche *Programme* bereit, die über die Aktualisierung der beiden Codewerte entscheiden. Alle Lehrpläne und Ausbildungsordnungen, die den Weg beschreiben, der zu bestimmten Karrierezielen führt, gehören zur Programmierung des Systems. Außerdem alle Lern- und Ausbildungsinhalte, deren Beherrschung oder Nicht-Beherrschung dafür ausschlaggebend ist, ob diese Ziele erreicht oder verfehlt werden. Die pädagogische Fachliteratur gehört so lange zur Programmierung, wie sie sich zu erwarteten Erziehungsergebnissen äußert oder erst einmal festlegt, welche Karriereziele welchen Zöglingen sinnvollerweise gesetzt werden sollen. Sie erhält aber sofort den Status der *Beobachtung zweiter Ordnung*, wenn sie Lehrpläne und Lerninhalte daraufhin befragt, ob sie geeignet sind, zu bestimmten Karrierezielen hinzuführen und gleichzeitig als Grundlage der Entscheidung über das Erreichen oder Nicht-Erreichen dieser Ziele zu dienen. Alle Behörden, in denen diese Frage gleichsam institutionalisiert ist, von der Kindergartenaufsicht bis zur Elternpflegschaft, vom Schulamt bis zum Kultusministerium, sind Orte, an denen mit hoher Wahrscheinlichkeit jene Kommunikationen stattfinden, die die Programmierung des Systems reflexiv werden lassen. Findet eine solche Reflexion außerhalb des Erziehungssystems statt, indem etwa ein Wirtschaftsverband den Ausbildungsstand der Schulabgänger kritisiert, dann haben wir es mit jenem Typus einer Beobachtung zweiter Ordnung zu tun, der von Luhmann als Fremdbeobachtung definiert wird.

Die *Leistung*, die das Erziehungssystem für die anderen sozialen Systeme erbringt, besteht darin, daß es die Fähigkeiten aufbaut, die in eben jenen Funktionssystemen benötigt werden. Jedes Individuum sollte imstande sein, sich an den Kommunikationen aller sozialen Systeme zu beteiligen, und gleichzeitig die Kommunikationsregeln eines einzelnen Systems so gut beherrschen, daß es dort eine Berufsrolle übernehmen kann. Gerade auf diese Berufsrollen bereitet das Erziehungssystem mit langwierigen Karrieren vor, die sich aus vielen erworbenen Zulassungen, bestandenen Prüfungen und erhaltenen Zeugnissen zusammensetzen. Die Kompetenzen für die anderen, nicht dem Beruf zugeordneten Funktionssysteme werden teils in den allgemeinbildenden Partien der Berufsausbildung, teils in der häuslichen Erziehung vermittelt. Beachtung verdient aber auch der umgekehrte Fall, nämlich daß das Erziehungssystem selbst die Leistungen anderer Systeme in Anspruch nimmt. Gerade das Wissenschaftssystem ist ein wichtiger ‚Lieferant' für das Erziehungssystem, weil es die Wissenbestände bereitstellt, die in die Lehr- und Ausbildungspläne eingearbeitet werden. An diesem Beispiel kann man wieder sehr schön studieren, daß intersystemische Leistungen etwas völlig anderes sind als jene diffusen Überlappungen, die den Systembegriff, wie es die Kritik an der Luhmannschen Theorie will, völlig unbrauchbar erscheinen lassen. Die vom Wissenschaftssystem eingebrachten Kenntnisse werden im Erziehungssystem sofort nach dem systemspezifischen Code bearbeitet; wichtig ist nur noch, ob ein Zögling über diese Kenntnisse verfügt oder nicht verfügt, egal, ob sich möglicherweise herausstellen könnte, daß es sich um Irrtümer handelt – was auf dem Lehrplan steht, ist Grundlage von erzieherischen Selektionen, und eine Diskussion zwischen Erzieher und Zögling über den Wahrheitsgehalt des Lehrstoffs gehörte nicht mehr dem Erziehungssystem an, sondern wäre als wissenschaftliche Kommunikation zu definieren. Das Erziehungssystem selbst ist im Prinzip ‚gleichgültig' gegenüber den Wissensbeständen, die es verwertet, es bezieht Karl den Großen genauso ein wie die Photosynthese, das Alte Testament genauso wie die Quantenphysik – ‚gewußt' oder ‚nicht-gewußt' ist die Leitdifferenz, entlang derer es operiert, egal, um welches Wissen oder Scheinwissen es sich handelt. Zahllose Schimären und Irrtümer in Geschichte und Gegenwart haben das Funktionieren des Erziehungssystems in keiner Weise zu stören vermocht.

Bei den *symbiotischen Mechanismen* stehen wir wieder vor dem Problem, daß Luhmann hier keine konkreten Angaben liefert. Immerhin hat er aber mehrmals betont, daß im Erziehungssystem die Interaktion unter Anwesenden – Voraussetzung für die Wirksamkeit symbiotischer Mechanismen – eine besonders große Bedeutung hat, weil in dieser Weise das prekäre Verhältnis von Medium und Code bis zu einem gewissen Grade überspielt werden kann. Das Medium sind die vermuteten Bewußtseinszustände des Kindes, der Code das Erreichen oder Nicht-Erreichen von bestimmten Entwicklungszielen – ständig muß die vom Code erzwungene Selektion letztlich auf der Basis von reinen Unterstellungen vorgenommen werden. Der Erzieher versucht dieses Mißverhältnis, diesen strukturell zum Scheitern verurteilten Versuch, den Zögling von seinem Erleben her zu verstehen, dadurch zu kompensieren, daß er permanent jene Signale aussendet, die landläufig mit ‚Einfühlung' verbunden werden: Er schaut dem Zögling in die Augen, er beobachtet dessen Körpersprache, und er benutzt selbst Gesten, die Interesse und Anteilnahme ausdrücken – all dies sind Kommunikationsformen, die körperliche Präsenz voraussetzen.

Die Beschäftigung mit der Erziehung in all ihren Facetten ist kein Monopol der Pädagogik mehr; die Historiographie widmet sich schon seit langem der Geschichte der Institutionen und Organisationen des Erziehungsbereichs – mit Vorliebe den Universitäten und Schulen – und hat in jüngerer Zeit auch ein starkes Interesse an der Historischen Bildungsforschung entwickelt. Ideengeschichtliche Fragen nach den anthropologischen Grundlagen von Erziehungstheorien und -konzepten kommen hinzu. Damit hat sich längst ein gemeinsames Feld für die Geschichts- und Kulturwissenschaften aufgetan. Wenn dieses Feld mit systemtheoretischen Kategorien bearbeitet werden sollte, müßte allerdings zuvor einsichtig werden, daß diese Kategorien tatsächlich zu neuen Erkenntnissen führen. Hier tun sich Schwierigkeiten auf. Die Geschichte des Bildungsgutes, der sich verändernden Lehrpläne und Lernstoffe als eine Geschichte der wechselnden Programmierung des Erziehungssystems zu schreiben, tauschte nur die alte Terminologie gegen eine neue aus; und der Zentralgedanke des Luhmannschen Modells der Funktionsdifferenzierung: daß das Erziehungssystem just in dem Moment zu einem autonomen System mit eigenem Medium und Code wird, in dem sich die Einsicht durchsetzt, daß der Mensch kein Wesen mit feststehenden Eigenschaften ist, sondern verändert, umgestaltet, „gemacht" werden kann, deckt sich im wesentlichen mit den klassischen Auffassungen zur Anthropologie und Pädagogik der europäischen Aufklärung. Im Bereich des Erziehungssystems wird man also noch auf Anstöße warten müssen, die deutlich machen, inwiefern die Systemtheorie tatsächlich eine substantiell veränderte Perspektive vermitteln kann.

Kunst

Auf den ersten Blick ist die Kunst ein heterogenes Feld. Sie umfaßt Malerei, Bildhauerei, Video- und Computerkunst, Musik, Film und Literatur, um nur die wichtigsten Medien zu nennen. Trotzdem beschreibt Luhmann sie als *ein* autopoietisches System, das sich unabhängig von seiner Umwelt ständig selbst reproduziert. Ein solches System kann aber nur eines sein, was eine exklusive *Funktion* für die Gesellschaft erfüllt. Gerade die Kunst, die oft mit der Attitüde der Funktionslosigkeit kokettiert, scheint sich dem zu verweigern. Der zweite Blick zeigt jedoch, daß die Kunst sehr wohl eine Funktion hat, auch wenn manche Künstler es aufgrund ihrer Selbststilisierung gerne anders sähen. Die Funktion von Kunst liegt in der Erzeugung von Weltkontingenz. Was ist damit gemeint? Die Kunst produziert eine fiktionale, imaginäre Realität, die grundsätzlich anders ist als die *wirkliche* Realität. Sie ist eine mögliche oder eine unmögliche, eine schönere oder eine häßlichere, eine tendenziell historische, gegenwärtige oder zukünftige Realität. Erst diese Scheinrealität ermöglicht in ihrer Differenz zur *wirklichen* Realität, diese zu beobachten. So wie wir den Computerbildschirm, vor dem wir sitzen, nur in Differenz zu dem ihn umgebenden Raum (Computertisch, Tastatur, Wände, Tapeten, Vorhänge, etc.) wahrnehmen können, können wir auch die Realität nur beobachten in Differenz zu einer anderen Realität. Diese andere Realität zeigt mir, daß die ‚wirkliche Realität' auch anders möglich ist: schöner, gerechter oder dramatischer. Und genau darin liegt die Kontingenz. Außerdem zeigt mir die fiktionale Realität, daß auch das Mögliche Ordnung aufweist – eine Abkehr von vorgegebenen Strukturen führt nicht notwendig ins Chaos, sondern zu etwas Anderem. Ein utopischer Roman kann eine neue Gesellschaftsform imaginieren und im politischen System Resonanzen erzeugen, indem etwa neue sozialpolitische Ideen aus dem Roman aufgenommen und diskutiert werden. Ein Liebesroman kann dem Leser eine Alternative zu seinem jetzigen Verhalten in einer Partnerschaft offerieren. Vielleicht erzeugt der Roman Resonanz und der Leser wird seine Partnerin häufiger mit Liebesbeweisen wie Blumen, Liebesbeteuerungen oder seiner ungeteilten Aufmerksamkeit beschenken. Eine Bewegung der bildenden Kunst wie das Bauhaus kann neue Impulse für Architektur, Möbeldesign und Lebensstil geben. Das Wirtschaftssystem könnte es in Zukunft als profitabel ansehen, im Bauhaus-Stil Möbel zu produzieren oder Postkarten mit solchen Motiven zu drucken. Auch hier muß wieder betont werden, daß das Kunstsystem nicht andere Systeme codieren kann, sondern nur Resonanzen erzeugt. Das Wirtschaftssystem nimmt die Innovationen der Kunst als Anregungen auf, die es z.B. in Form von Marktanalysen den eigenen Systemlogiken unterwirft. Es ist hier nicht wichtig, ob es sich bei dem möglichen Produkt ursprünglich um ein Kunstwerk handelte, ob es schön oder häßlich ist, sondern es geht nur darum, ob es sich verkaufen läßt, ob die Kunden zu Zahlungen motiviert werden können.

Die genannten Beispiele verweisen auf die primäre Funktion der Kunst. Aber das Kunstsystem bietet – neben der Erzeugung von Weltkontingenz – auch *Leistungen* für andere Systeme an. Es liefert dem psychischen System Unterhaltung, es wird zu einem knappen Gut im Wirtschaftssystem, das Zahlungen provoziert, und dient im Erziehungssystem als Mittel zur Änderung von Menschen.

Mittlerweile drängt sich die Frage nach der genauen Gestalt des Kunstsystems förmlich auf: Was ist eigentlich Kunst? Warum ist es Kunst? Welches Leitmedium reduziert die Unwahrscheinlichkeit von Kunstkommunikation? Versuchen wir zunächst, die letzte Frage zu beantworten. Luhmann nennt als *symbolisch generalisiertes Kommunikationsmedium* der Kunst die Kunstwerke. Sie motivieren zur Kommunikation über Kunst und stellen eine gewisse Einheitlichkeit dieser Kommunikation her. Außerdem fordern sie zur Produktion neuer Kunstwerke auf, seitdem es für Kunstwerke die Vorschrift der Neuheit, der Innovation gibt. Ihr Vorhandensein und ständiges Entstehen garantiert die Autopoiesis der Kunst.

Die Frage nach dem, was Kunst ist, wird von Luhmann sinngemäß wie folgt beantwortet: Kunst ist etwas, das entweder schön oder häßlich ist. Der *Code* des Systems lautet folglich schön versus häßlich. Kunst muß also nicht im landläufigen Sinne wahr sein. Ein Porträt muß eine Person nicht mit anatomischer Genauigkeit darstellen (auch wenn dies nicht verboten ist), ein Roman kann auch Behörden darstellen, die es gar nicht gibt. Damit beschreibt er zwar nicht wahrheitsgemäß die Wirklichkeit, aber der Roman ist trotzdem Kunst, denn er ist schön oder häßlich. Das Wissenschaftssystem mit seiner Codierung von wahr oder falsch kann also das Kunstsystem nicht codieren. Kunst hat ihren eigenen Code. Und hier fängt das Problem an, denn in der Luhmann-Forschung wird häufig bezweifelt, daß die Codierung von schön versus häßlich die Realität des Kunstsystems adäquat beschreibt. Auffällig ist zunächst, daß die Codierung nicht so eng an die Funktion des Systems gebunden ist wie in anderen Systemen: Nur der Mächtige kann kollektiv bindende Entscheidungen treffen, die der Ohnmächtige akzeptiert (Politik); nur das Wechselspiel zwischen Zahlungsfähigkeit und Nicht-Zahlungsfähigkeit sorgt für die Verteilung knapper Güter (Wirtschaft), und nur das Wahre liefert Erkenntnisse über die Welt, indem es sich vom Unwahren unterscheidet (Wissenschaft). Was haben aber nun das Schöne und das Häßliche mit der Erzeugung von Kontingenz zu tun? Hier würde eher ein Code wie neu versus alt, anders versus bekannt, innovativ versus konventionell passen. Gegen den Einwand, daß auch kanonische Werke der Vergangenheit als Kunst gelten, ließe sich das Argument verwenden, daß sie gerade deswegen als Kunst bezeichnet werden, weil sie in ihrer Zeit innovativ waren. Und sind es nicht umgekehrt die rein affirmativen, konventionellen, heute würde man sagen die trivialen Werke, die von der Kunstgeschichte *nicht* erinnert werden?

Ein anderer Einwand gegen die Codierung schön-häßlich ist, daß viele Künstler es sogar erstrebenswert finden, etwas Häßliches zu schaffen. Damit fallen ihre Kunstwerke zwar nicht aus dem System heraus, da der negative Codewert ja nicht die Grenze des Systems markiert, aber diese Vorliebe für den Codewert ‚häßlich' irritiert zumindest. Zu denken wäre in der bildenden Kunst etwa an Beuys' Fettfleck oder in der Literatur an die Schriften des Marquis de Sade. Diese Goutierung des negativen Codewertes ist ungewöhnlich, denn er erhält damit eine unübliche Vorrangstellung. Das Wissenschaftssystem ist darauf angelegt, wahre Erkenntnisse über die Welt zu produzieren und das Rechtssystem bestraft das Unrecht sogar, und im Kunstsystem soll das Häßliche ebenso erstrebenswert sein wie das Schöne? Raffinierte Verteidiger der Schön-Häßlich-Disjunktion würden nun auf die Ästhetik des Häßlichen hinweisen, die das Häßliche schön macht. Das Häßliche würde dann in der Kunst zum Kunstschönen. Aber was würde aus der Zweiwertigkeit des Systems, wenn alles Häßliche auch als schön gelten könnte? Letztlich gäbe es nichts Häßliches mehr.

Luhmann läßt hier viele Fragen offen. Auch wenn er in seinem Werk „Die Kunst der Gesellschaft" (1995) einen zweiten Codierungsvorschlag macht, der direkt an schön versus häßlich anschließt, nämlich stimmig versus nicht-stimmig, löst er die grundlegenden Probleme damit nicht, sondern reproduziert sie. Für die Forschung ist dies eine Herausforderung, alternative Lösungen zu entwickeln. So bezweifeln die Literaturwissenschaftler Gerhard Plumpe und Niels Werber – um zwei Forscher stellvertretend herauszugreifen – nicht nur den von Luhmann vorgeschlagenen Code des Kunstsystems, sondern auch die zugehörige Funktionsbestimmung. Für das Literatursystem als Subsystem des Kunstsystems benennen sie die Unterhaltung als exklusive Funktion. Codiert wird dieses System durch die binäre Opposition interessant versus langweilig. Damit wird allerdings in Kauf genommen, daß auch Spielfilme, triviale Fernsehserien o.ä. zum Literatursystem gehören, denn auch diese Produkte werden primär zum Zweck der Unterhaltung hergestellt.

Zwei der oben gestellten Fragen haben wir nun beantwortet, es bleibt die dritte Frage: Warum ein Kunstwerk Kunst ist, warum also – um nun wieder mit Luhmann zu sprechen – etwas schön oder häßlich ist und damit zur Kunstkommunikation gehört. Die Entscheidung darüber fällen Kunstkritik, Ästhetik und die Kunstwerke selbst. All diese Formen gehören infolgedessen zu den *Programmen* des Kunstsystems. Als Programme haben sie die Möglichkeit zur Veränderung und dienen der Weiterentwicklung des Systems. Plötzlich kann etwas als schön (stimmig) gelten, das traditionell häßlich (nicht-stimmig) genannt wurde. Sowohl der Ästhetik als auch der Kunstkritik spricht man diese Möglichkeit zur Programmierung wie selbstverständlich zu, aber warum können auch Kunstwerke Kunst programmieren? Ist das nicht paradox? Ganz und gar nicht: In der Literatur gilt zum Beispiel seit der Romantik die dem literarischen Text immanente Poetik als die eigentliche. Das literarische Kunstwerk verhält sich selbstreflexiv, indem es seine eigenen ästhetischen Mittel auswählt. Es ist nicht mehr an Poetiken gebunden, die etwa zwingend einen bestimmten Aufbau vorschreiben, Themen und die Art ihrer Darstellung limitieren oder als Funktion der Kunst nur die moralische Besserung des einzelnen zulassen. Jeder literarische Text schafft sich seine eigene Poetik.

Diese prinzipielle Unabhängigkeit des literarischen Werkes ist eng an die Ausdifferenzierung von Kunst als Funktionssystem gebunden. In der stratifikatorisch differenzierten Gesellschaft war das noch anders. Dort bestimmten sogenannte *Regelpoetiken* über die Funktion und das Erscheinungsbild literarischer Texte. So wurde Literatur seit Aristoteles mit dem Begriff der Mimesis (Nachahmung) in Verbindung gebracht. Literatur war das nach den Regeln der Wahrscheinlichkeit und Notwendigkeit Mögliche. Damit verpflichtete die Literatur sich der Wirklichkeit, die sie zwar nicht direkt abbildete, über deren Gestaltungsmöglichkeiten sie aber nicht hinausgehen wollte. Utopische Kunst war damit ausgeschlossen. Bis ins 18. Jahrhundert hinein fand das Verhältnis von Literatur und Welt seinen Ausdruck in dem Bild von Kopie und Original. Die Kunst ahmte eine nach ewigen göttlichen Regeln feudal organisierte (oder auch: stratifikatorisch differenzierte) Gesellschaft nach. Die Literatur war Repräsentationsmedium einer adeligen und klerikalen Oberschicht. Der göttliche Wille durchwob jeden Text. Das Verhältnis von schön und häßlich war genau bestimmt: Die guten Handlungen wurden als schön und rühmlich dargestellt, sie wurden guten Menschen, nämlich Adeligen zugeordnet, während die bösen Handlungen als häßliche und verabscheuungswürdige Taten von den Menschen niedrigen Standes begangen wurden. Die Kunst war also insgesamt umso schöner, je höher der Stand der dargestellten Personen war. Die Regelpoetiken waren eng an die Interessen und die Moral der Mächtigen gebunden. Dadurch fehlte der Literatur die Freiheit, Themen auf eine spezifisch literarische Weise zu behandeln. Erst in der zweiten Hälfte des 18. Jahrhunderts trat ein spürbarer Wandel ein, der zur Ausdifferenzierung von Literatur als einem autonomen Funktionssystem führte. Mit der fortschreitenden Auflösung der stratifizierten Gesellschaft wurden nun auch die Poetiken von alten Beschränkungen befreit. Zu nennen sind beispielhaft die *Genieästhetik*, die das schaffende Individuum in jedes gestalterische Recht setzt, sowie die Loslösung der Kunst von moralischen Zwecken. Friedrich Schiller ging so weit, der moralischen und didaktischen Kunst jegliche Schönheit abzusprechen. Das Schöne kann nur noch durch Imagination hergestellt werden, Kopien der Welt sind nicht mehr erwünscht. Das Literatursystem beginnt, Weltkontingenz zu erzeugen und die Poetiken, die sich fast zwei Jahrtausende lang in ihren grundlegenden Strukturen nicht geändert haben, werden zu Programmen, welche durch ständigen Wandel die Entwicklungsfähigkeit des Systems sichern. Wann ein Werk schön oder häßlich ist, wann es unterhält oder nicht unterhält, wann es gelungen oder mißlungen ist, wann innovativ oder konventionell, wird fortan von textexternen und -internen Poetiken, von der Ästhetik und von der Literaturkritik geklärt. Poetiken, Ästhetiken und die Kunstkritik, um wieder über das gesamte Kunstsystem zu sprechen, programmieren das System jedoch nicht nur: Sie sind auch die Instanzen von dessen *Beobachtung zweiter Ordnung* als Selbstbeobachtung, denn sie beobachten das System und seinen Sinnhorizont aus einer innersystemischen Perspektive (sie sind selbst Elemente des Systems), um Kunstkommunikation zu prüfen und eventuell zu verändern. So kann ein Künstler mit Hilfe dieser Beobachtungen zweiter Ordnung seine Werke betrachten, sie verändern, fortentwickeln, indem er sich z.B. einer bestimmten Stilrichtung anschließt, die gerade als besonders schön oder innovativ gilt, oder, überzeugt von seinem eigenen künstlerischen Genie, eine eigene, werkimmanente neue Poetik zu schaffen versuchen. Die Kunstkritik gibt ihm die Möglichkeit, etwas über die Akzeptanz seiner Werke zu erfahren – gelten sie als schön oder häßlich, gelungen oder mißlungen, werden sie überhaupt wahrgenommen? Das Fehlen von Kritik ist auch eine wichtige Information. Wollte der Künstler etwas über den möglichen Verkaufserfolg eines projektierten Romans erfahren, so würden ihn die für ihn zugänglichen innersystemischen, durch den Sinnhorizont des Systems begrenzten Beobachtungen zweiter Ordnung nicht weiterführen. Er müßte die Buchmarktforschung bemühen, die weder zum Literatursystem noch zum Wirtschaftssystem gehört, sondern ihre Beobachtungen im Rahmen des Wissenschaftssystems durchführt. Sie kann weit über den Sinnhorizont des Literatursystems hinausschauen, sieht den Leser in seinem Kaufverhalten, die Verlage und ihre Absatzzahlen (beides gehört zum Wirtschaftssystem) und versucht den Leser als psychisches System mit seinen Vorlieben für bestimmte literarische Themen, Stile oder Gattungen zu erfassen. Dies sind Beobachtungen, die aufgrund der Leitdifferenz schön – häßlich (stimmig – nicht-stimmig) nicht gemacht werden können. Sie gehören zu jenen Beobachtungen zweiter Ordnung, die wir als Fremdbeobachtungen definiert haben. Benutzt nun der Autor diese Fremdbeobachtung, um ein Buch zu schreiben, das sich gut verkaufen läßt, z.B. einen Trivialroman, so stellt sich allerdings die Frage, ob dieses Werk dann noch Kunst ist oder *nur* ein wirtschaftliches Produkt. Nimmt er die Erkenntnisse der Fremdbeobachtung jedoch nur als ergänzende Informationen über das, was als schön oder häßlich gilt, und versucht einen schönen oder häßlichen, dem Zeitgeschmack entsprechenden oder nicht entsprechenden Roman zu schreiben, dann bleibt sein Roman – im Sinne der Systemtheorie – sehr wohl ein Kunstwerk.

Noch nicht erwähnt wurde der *symbiotische Mechanismus* des Kunstsystems, also der physische Aspekt der Kunstkommunikation. Das Ritual und die sinnliche Wahrnehmung sind hier zu nennen. Das Ritual, weil der Kunstgenuß oft mit rituellen Handlungen einhergeht: Der moderne Leser zieht sich oft mit seinem Buch zurück, vielleicht an einen ganz bestimmten Ort, den er mit Ruhe und Konzentration assoziiert. Wer ein Theaterstück, eine Oper oder ein Konzert rezipieren möchte, geht meist in einen dunklen Raum, der nur im Bühnenbereich erhellt ist und in dem die Zuschauer während der Aufführung auf ihren Plätzen sitzen. Der Besucher einer Ausstellung mit Heiligenbildern steht vor den Bildern und betrachtet sie. Anders als der Ausstellungsbesucher Ende des 18. Jahrhunderts, der solche Bilder bisher nur aus der sakralen Sphäre kannte, weiß er, daß er sich vor den Bildern nicht niederknien darf, um vor ihnen zu beten. Diese starke rituelle Einbindung der Wahrnehmung von Kunst verliert im Zuge der technischen Entwicklung natürlich mehr und mehr an Bedeutung. Gemälde können auch in Kunstbüchern betrachtet werden, Museen öffnen dem virtuellen Besucher über das Internet ihre Pforten, und Konzerte können aus den Boxen der Stereoanlage erklingen.

Die sinnliche Beteiligung an der Kunstkommunikation reicht vom Hören über das Sehen bis zum Fühlen. Als Leser sehe ich das

Buch, die Buchstaben, ich fühle den Umschlag und die Seiten und ich höre das Rascheln, das die einzelnen Blätter beim Umschlagen erzeugen. Als Ausstellungsbesucher kann ich ein Bild betrachten, vielleicht darf ich eine Plastik berühren oder sogar hören, riechen oder schmecken. Die Musik ist häufig mehr als nur ein Hörerlebnis, ihre Schwingungen können den ganzen Körper durchdringen.

Welche neuen Forschungsansätze stellen Luhmanns Reflexionen zum Kunstsystem nun für den Geschichts- bzw. Kulturwissenschaftler bereit? Die These von der fortschreitenden Autonomisierung der Kunst seit dem 18. Jahrhundert ist längst bekannt. Sie kann systemtheoretisch nur reformuliert werden.

Viel interessanter ist die Frage nach der Funktion von Kunst und nach ihren Leistungen für einzelne gesellschaftliche wie psychische Systeme. Der Kunstbetrieb spart diese Frage zumeist aus, indem er sie entweder erst gar nicht stellt, oder sie in Form einer Negation beantwortet: Kunst bezieht sich auf Kunst, Kunst wird als Kunst um der Kunst willen geschaffen, sie denkt nicht an mögliche Funktionen, die sie für die Gesellschaft übernimmt. Der Systemtheoretiker als Beobachter dritter Ordnung läßt sich von solchen Beobachtungen zweiter Ordnung als Selbstbeobachtungen des Kunstsystems nicht beeindrucken. Auch wenn die Kunst sich gern funktionslos sieht, ermöglicht der Blick durch die Brille der Systemtheorie doch eine ganz andere Diagnose. Luhmann nennt als Funktion der Kunst die Herstellung von Weltkontingenz. Andere Forscher – hier aus den Reihen der Literaturwissenschaft – kommen zu anderen Ergebnissen. So werden als Funktionen von Literatur Unterhaltung, Heilung des Individuums von Ausdifferenzierungsschäden oder Einübung in den sicheren Umgang mit der Kontingenz der Welt genannt. Eine letztendlich überzeugende Analyse steht noch aus, was auch dem Verzicht auf die von Luhmann eingeführte Differenzierung zwischen Funktion und Leistung geschuldet ist. Gewiß könnten viele Widersprüche durch Einbeziehung dieses Fokus‘ aufgelöst werden.

Eine zweite Herausforderung für Kulturwissenschaftler ist die Bestimmung eines Codes für das Kunstsystem. Dieses Problem ist bisher noch ungelöst. Seine Lösung würde auch die klassischen Fragen beantworten: Was ist Kunst? Und wie grenzt sich Kunst von Nicht-Kunst ab?

Liebe

Liebe ist ein symbolisch generalisiertes Kommunikationsmedium – diese Aussage Luhmanns verstört jeden, der mit dem systemtheoretischen Denken nicht vertraut ist, und löst völliges Unverständnis aus. Auch viele Systemtheoretiker fühlen sich provoziert. Wird doch hier der intimste Bereich des Lebens, etwas Einzigartiges, Unerklärliches, Mystisches mit trockenen sozialwissenschaftlichen Begriffen erklärt. Auch die Liebe soll nicht mehr sein als ein Funktionssystem neben anderen und kann mit Kategorien analysiert werden wie das Wirtschafts-, Politik- oder Rechtssystem. Eines der wenigen verbliebenen Rätsel der heutigen Zeit wird entschlüsselt, nicht biologisch oder psychologisch, sondern soziologisch und historisch. Nicht jeder Wissenschaftler oder Student, und sei er noch so aufgeschlossen, will diesen Bereich seines Lebens durch die theoretischen Reflexionen Luhmanns entzaubern lassen. Trotzdem wollen wir uns nicht davon abhalten lassen, auch das Funktionssystem *Liebe* vorzustellen, denn es ist das System, das für den einzelnen sogar die größte Bedeutung hat.

Warum ist das so? In den bisher vorgestellten Funktionssystemen kommuniziert der einzelne nur als Teil seines Ichs. Im Wirtschaftssystem ist er Käufer oder Verkäufer. Welchen Beruf er ausübt, ob er Familienvater oder ein gesuchter Schwerverbrecher ist, spielt beim Einkauf im Supermarkt keine Rolle. Auch die Probleme der Kassiererin mit ihrer halbwüchsigen Tochter oder ihre Bandscheibenoperation vor einem halben Jahr interessieren nicht. Es geht nur um Zahlen oder Nicht-Zahlen. Im Wissenschaftssystem ist es unerheblich, ob ein wissenschaftlicher Mitarbeiter gläubiger Christ oder Hobbytaucher ist. Wichtig ist nur, ob er bei seinen Forschungen wahre oder falsche Aussagen formuliert. Diese Beispiele sollen deutlich machen, daß der Mensch in der funktional differenzierten Gesellschaft zwar potentiell an allen Funktionssystemen via Kommunikation partizipieren kann, aber immer nur bezogen auf die jeweilige Funktion der gerade stattfindenden Systemkommunikation. Die Funktionssysteme ermöglichen es, unwahrscheinliche Kommunikation wahrscheinlicher zu machen und die Kommunikation auf Kommunikation mit Unbekannten einzustellen. Das heißt, der einzelne tritt in den verschiedenen sozialen Systemen nur ausschnitthaft in Erscheinung. Es wird nur das sichtbar, was hinsichtlich der Funktion des Systems transparent werden muß. So *sehen* das Erziehungs- und Rechtssystem tendenziell zwar mehr als das Wirtschaftssystem, aber der einzelne in seiner Ganzheit bleibt verborgen; für ihn besteht hier keine Möglichkeit zur höchstpersönlichen Kommunikation. Diese Lücke schließt das Liebessystem, indem es dem einzelnen nicht nur den Ort für höchstpersönliche Kommunikation bietet, den Ort, an dem alle Anteile seines Ichs relevant werden – den Liebespartner hat grundsätzlich alles am Geliebten zu interessieren –, sondern auch den Ort, an dem sein eigener Bezug zur Welt, seine eigene Weltsicht verhandelt wird. Damit erschließt ihm das Liebessystem die Möglichkeit, überhaupt zum Individuum zu werden. Das Liebessystem ist das Funktionssystem, durch das Individuen konstruiert werden. Aber ist Individualität nicht etwas, das immer schon da ist? Der alte Individualitätsbegriff spricht vom Individuum als einer abgetrennten und unteilbaren Einheit: Durch den Körper entsteht eine physisch/psychische Ganzheit. In diesem Sinne ist der einzelne auch heute noch fraglos unteilbar. Aber im psychosozialen Sinne ist er alles andere als eine Einheit. Wie wir weiter oben gezeigt haben, zerfällt der Mensch in fast allen gesellschaftlichen Kommunikationsbereichen in Funktionen, es werden jeweils nur Teile seines Ichs aktualisiert, er kommuniziert nur als Bruchstück seiner Selbst. Seine Kommunikationswelt erscheint ihm als Spiegel in tausend Scherben, in dem er sein vollständiges Ich niemals reflektiert findet. Sein vergangenes Leben besteht aus vielen kontingenten Entscheidungen, Brüchen, Krisen, Phasen des Glücks und der Stagnation, seine Biographie ist viel zu komplex, um darin ohne weiteres Identität oder einen roten Faden zu finden. Diese Aufgabe übernimmt nun die Liebe. Nur in der Liebeskommunikation präsentiert sich der einzelne als Einheit. Sein gesamtes vergangenes, gegenwärtiges und zukünftiges Leben wird relevant. Indem der Geliebte sein Leben erzählt und die Liebende ihm zuhört (oder umgekehrt), findet eine Auswahl, eine Selbstfestlegung statt. Aus der Biographie werden diejenigen Elemente herausgenommen und in eine logische Reihe gestellt, die zu dieser Liebe führten. Die Biographie wird damit zu einer strukturierten Einheit. Sie wird zur Geschichte eines einzigartigen Individuums. Durch die Wahrnehmung und die Erwartungen des jeweils anderen wird dieses Individualität bestätigt. Der Liebende soll die Geliebte in ihrem gesamten Weltbezug verstehen. Alles ist wichtig und verlangt Mitvollzug: Erlebnisse bei Einkäufen, im Beruf, mit den Kindern, bei Behörden usw. Aber der Mitvollzug wird von den Kommunikanten im Liebessystem nicht nur im Nachhinein, sondern auch in Abwesenheit der geliebten Person gefordert. In jedem Gespräch, egal über welches Thema und mit welchem Partner, das der Liebende führt, muß er die Perspektive der Geliebten mitbedenken. Luhmann bezeichnet diesen Mechanismus als Perspektivwechsel, der ständig gefordert wird.

Da das Liebessystem ein exklusives System ist, das aus nur zwei Interaktionspartnern besteht – es gibt hier kein abstraktes Gesamtsystem, sondern nur Millionen von Einzelsystemen –, stellt sich die Frage, ob es auch *Leistungen* für andere Systeme erbringt. Luhmann äußert sich hierzu nicht. Eine indirekte Leistung könnte die menschliche Reproduktion sein, wenn sich das Liebessystem zum Familiensystem wandelt. Aber ist es dann kein neues System, und ist diese Leistung nicht vielmehr *die* Funktion der Familie als System für die Gesamtgesellschaft, indem neue Käufer, Gläubige, Studenten, Wissenschaftler, Wähler etc. produziert werden? Die Überlegungen zu diesem Problem stehen noch am Anfang.

Ein weiterer Unterschied zu den bisher kennengelernten Systemen liegt in der fehlenden Berücksichtigung des Begriffs der Autopoiesis. Dies verwundert nicht, da Luhmanns Studie zur Liebe, das Buch „Liebe als Passion. Zur Codierung von Intimität", 1982 geschrieben wurde, also zwei Jahre vor der autopoietischen Wende. Daß Luhmann sich nach 1984 nicht mehr – außer in Interviews –

mit dem Liebessystem auseinandergesetzt hat, ist allerdings auf sachliche Gründe zurückzuführen. Es *gibt* keine autopoietische Selbsterzeugung der Liebe. Wäre es anders, könnten diese Systeme nicht so ausgesprochen fragil sein.

Bisher war von bereits existierenden Liebes- bzw. Intimsystemen die Rede. Zunächst muß Intimkommunikation aber überhaupt zustande kommen, was höchst unwahrscheinlich ist. Es gibt kaum einen Pfad von unpersönlicher Kommunikation, die den Großteil unseres kommunikativen Alltags außerhalb der Familie und des Freundeskreises bildet, zu höchstpersönlicher Kommunikation. Außerdem ist immer auch das Verstehen der Differenz von Information und Mitteilung unwahrscheinlich. Es gibt also eine grundsätzliche *und* eine strukturelle Unwahrscheinlichkeit von gelingender Intimkommunikation. Hier stellt sich dem symbolisch generalisierten Kommunikationsmedium *Liebe* eine schwierige Aufgabe, wenn man bedenkt, daß anders als z.B. im Wirtschaftssystem die funktionale Ausdifferenzierung von Intimkommunikation nicht zu einem Verbund von symbolisch generalisierter Kommunikation und Organisation führte. Lernte man früher den Ehepartner, wenn auch nicht im modernen Sinne den Intimpartner, im Kreis seines eigenen Standes, seiner Zunft, seiner Familie kennen, so fehlen heute Organisationen, welche die Unwahrscheinlichkeit von Intimkommunikation auf ähnliche Weise reduzieren, fast vollständig. Zum Startmechanismus wird der Zufall, ein höchst unzuverlässiger Geselle. Seinen Ausdruck findet dies in dem boomenden Markt von Kontaktanzeigen, Singleshows und -partys oder professioneller Partnervermittlung. Diese Phänomene können als Versuch einer Ausdifferenzierung von Organisation für das Liebessystem aufgefaßt werden. Trotzdem ist im Wirtschaftssystem gelingende Kommunikation viel einfacher. Es gibt eine lange Reihe von Organisationen wie Lebensmittelgeschäfte, Boutiquen, Feinkostläden, Versandhandel per Katalog oder – neuerdings – per e-commerce usw., in denen Wirtschaftskommunikation per se hochgradig wahrscheinlich ist.

Das symbolisch generalisierte Kommunikationsmedium Liebe sieht sich also höchsten Anforderungen ausgesetzt – und auch der zugehörige *Code* scheint zunächst problematisch. Seine Bestimmung ist jedoch eher ein theorieinterner Stolperstein als eine Schwierigkeit, welche die gesellschaftliche Struktur bzw. das Liebessystem an sich bereithält. Luhmann hat offensichtlich Probleme, einen eindeutigen Code für das Liebessystem anzugeben. In einem Aufsatz von 1975 nennt er paradoxerweise das Codepaar „Du und kein anderer". Dies ist kein Gegensatzpaar, sondern eine Tautologie. Der Code beschreibt damit nur die Grenze des Systems. Der positive Wert wird nicht durch die Orientierung am negativen Wert dupliziert. Es gibt keine andere Möglichkeit. Wer einmal *Du* gesagt hat, kann nicht mehr *ein anderer* sagen, und wenn er *kein anderer* sagt, dann sagt er im Grunde wieder nur *Du*. Hier würde ein negativer Codewert die Geschlossenheit des Systems gefährden. Das Wirtschaftssystem hingegen, um wieder diesen Vergleich heranzuziehen, wird durch den Wert *Nicht-Zahlen* in keiner Weise gefährdet, sondern in Gang gehalten, in seiner Existenz gesichert. Wenn nur noch gezahlt würde, gäbe es keine Güter mehr, die verteilt werden könnten. Das Wirtschaftssystem würde in seiner heutigen Form aufhören zu existieren. Diesem Dilemma will Luhmann auf der logischen Ebene durch die Codierung *Du und kein anderer* entgehen. Dabei bleibt allerdings die Frage offen, ob er hiermit sowohl im Sinne der Systemtheorie als auch im Sinne der Empirie eine adäquate Lösung gefunden hat. Er scheint selbst daran zu zweifeln, denn in *Liebe als Passion* gibt er an einer Stelle als möglichen alternativen Code *persönlich/unpersönlich* an. Aber auch dieser Code eröffnet Probleme. Er ist nicht exklusiv, denn er macht es unmöglich, Freundschaftskommunikation von Liebeskommunikation zu unterscheiden. Hier wird zwar eine Orientierung am Negativwert angeboten und bestimmte Probleme der Codierung *Du und kein anderer* werden nicht virulent, aber trotzdem ist auch dieser Code weit von der Erfüllung der Systemfunktion entfernt. Führt die Option zu zahlen oder nicht zu zahlen, um wieder einmal den Vergleich mit dem Wirtschaftssystem zu bemühen, zwangsläufig zur Verteilung eines knappen Gutes, indem der einzelne es sich aneignet oder der potentiellen Aneignung durch einen anderen überläßt, so führt die Entscheidung für den Systemwert *persönlich* keineswegs zur Konstruktion von Individualität. Ganz anders die von uns vorgeschlagene Codierung *Verstehen/Nicht-Verstehen.* Zentrales Moment auf dem Weg zur Konstitution von Individualität ist das Verständnis durch den exklusiven Weltentwurfsbestätiger. Indem ein Gegenüber, nämlich der Liebespartner, meinen eigenen Blick auf die Welt, meine eigenen biographischen und aktuellen Fragen versteht und nachvollzieht, werde ich zu einem *ganzen* Menschen in einer Umwelt, von der ich mich ansonsten nur als entfremdet erfahre. Ein weiterer positiver Nebeneffekt dieser Codierung ist, daß auch der Negativwert nicht sogleich das Ende des Liebessystems impliziert, sondern für die ständige Reproduktion von Kommunikation sorgt. Verstehen ist das bevorzugte Ziel der Liebeskommunikation. Um dieses Ziel zu erreichen, müssen die Liebenden ständig kommunizieren. Jede neue Erfahrung muß mitgeteilt, jeder neue Blick auf die Welt muß dem Partner zugänglich gemacht werden. Und der Partner muß deutlich machen, daß er diesen Zugang findet. Der Code wirft das Problem auf, daß sich die Liebenden ständig im Spannungsfeld von Verstehen und Nicht-Verstehen bewegen. Kommuniziert der Geliebte Nicht-Verstehen, indem er z.B. während eines Gespräches seinen eigenen Gedanken nachhängt und durch verbale und nonverbale Zeichen seine Abwesenheit transparent macht, fühlt sich der Liebende aufgefordert, Aufmerksamkeit zu erbitten, um endlich verstanden zu werden. Er klagt den Perspektivwechsel sozusagen ein. Verzichtet er darauf, so wird er sich in dieser Szene garantiert unverstanden fühlen und seine Hoffnung auf die nächste Kommunikation mit dem Liebespartner setzen. Dies erklärt, warum Beziehungen, die einmal in Gang gesetzt worden sind, zumeist über einen bestimmten Zeitraum Bestand haben – in der Regel bis zu dem Punkt, an dem sich einer der Partner endgültig nicht mehr verstanden fühlt. Die Codierung *Verstehen/Nicht-Verstehen* produziert also eine Autopoiesis auf Zeit, indem sie eine Problemorientierung anbietet, die nicht nur zur Geschlossenheit des Systems beiträgt, sondern dasselbe auch in Gang hält. Daß diese Autopoiesis nicht dauerhaft sein kann, hat mit der Programmierung oder, besser gesagt, mit der fehlenden Programmierung des Liebessystems zu tun.

Eine Beschreibung von *Programmen*, also von Regeln, die den Liebenden das richtige Zuordnen zu einem der beiden Codewerte ermöglichten, spart Luhmann aus. Er spricht vielmehr abstrakt von der Liebessemantik, die als *Sinnprozessor* einen Horizont für Erlebens- und Handlungsmöglichkeiten öffnet. Der Begriff *Semantik* ist viel weniger eindeutig als der Begriff *Programm.* Reicht es im Wirtschaftssystem aus, Preise zu beobachten, um sicher handeln zu können, so muß die Beobachtungsgabe im Liebessystem viel komplexer ausgeprägt sein. Einem Programm kommt es – wie oben beschrieben – am nächsten, wenn der Liebende die Selektion (die Erfahrungen, die Weltsicht etc.) des Geliebten bestätigt, denn diese Bestätigung kann als ein Zeichen von Liebe (Verstehen) interpretiert werden. Dieser ständig geforderte und notwendige Perspektivwechsel ist ein zentrales Element der Liebessemantik. Der eine muß sich in den anderen hineinversetzen, um ihn zu verstehen. Aber es gibt auch andere Dinge, Verhaltensweisen oder sprachliche Einheiten, die als Zeichen von Liebe und *Verstehen* oder auch *Nicht-Verstehen* gewertet werden können. Die Beteuerung, ständig an den Geliebten zu denken, ihn zu lieben wie niemanden zuvor, nur ihn im Sinn zu haben, Komplimente, kleine Geschenke, Lachen, Anlächeln, zärtliche Berührungen und Sexualität sind Beispiele für die Kommunikation von Verstehen, deren Fehlen umgekehrt *Nicht-Verstehen* anzeigt. Natürlich ist jedes System auch in der Lage, die Semantik – wie ein Programm – zu verändern. Es können Geheimzeichen entwickelt werden, die nur von den Liebespartnern verstanden werden. Ebenso ist es möglich, bestimmte Zeichen von Liebe abzuwerten und andere aufzuwerten. Das Fehlen einer eindeutigen Programmierung, das es nötig macht, auf die systemtheoretische Kategorie der Semantik auszuweichen, hat zwei Ursachen:

1. Liebe ist paradox, das heißt die Liebenden sind abhängig von freien Entscheidungen. Somit dürfen Regeln nicht sichtbar erfaßt werden. Nur die eigene Kommunikationsgeschichte des Liebessystems darf gültige, unausgesprochene Regeln generieren, die allerdings – weitgehend unbewußt – von der vorherrschenden Liebessemantik beeinflußt werden.

2. Die Werte des binären Codes unterscheiden sich grundlegend von den übrigen Systemen. Zahlen oder Nicht-Zahlen, Recht oder Unrecht, Wahrheit oder Unwahrheit sind Zustände, die von uns bestimmten Umwelten zugerechnet werden können. Und auch Preise, die Strafprozeßordnung oder wissenschaftliche Methoden können beobachtet werden. Die Codes und Programme gehören zu den Kommunikationssystemen. Ganz anders im Liebessystem: Beurteilt werden sollen Zustände, die innerhalb der einzelnen psychischen Systeme bestehen. Wer *wirklich* wissen wollte, ob der Partner ihn versteht, müßte Bewußtseinsgrenzen überschreiten. Kommunikation kann aber nie Bewußtseinsinhalte kommunizieren, und Gehirne können – wie allgemein bekannt ist – auch nicht kommunizieren. Also kann der Liebende nie das mitteilen, was sich tatsächlich in ihm abspielt, denn die beteiligten Bewußtseine sind ja für die Kommunikation unsichtbar. Es liegt in der Natur der Dinge, daß der Liebende nie eindeutig sehen kann, ob der Geliebte auch Liebender (Verstehender) ist. Sämtliche Programme, insofern man die Semantik überhaupt so nennen darf, können nur im jeweiligen Liebessystem eine richtige Entscheidung für die Gültigkeit eines Codewertes für jeweils einen Partner generieren. Der Geliebte kann sich entscheiden, verstanden zu werden. Der Liebende kann sich entscheiden, zu verstehen. Deswegen spricht Luhmann auch von der Inkommunikabilität von Liebe. Welche Rolle Gefühle dabei spielen, interessiert den Systemtheoretiker natürlich nicht.

Nun stellt sich die Frage nach der *Beobachtung erster und zweiter Ordnung*. Wir werden diese Frage beantworten, indem wir sie nicht beantworten. Das liegt daran, daß Luhmann diese Problematik einfach ausspart. Er sagt uns nichts über Beobachtung erster und zweiter Ordnung im Liebessystem, und wir wollen es ihm gleichtun. Hier öffnet sich eine Theorielücke, die nicht verwundert, wenn man um den Universalitätsanspruch der Theorie weiß. Manchmal paßt es einfach nicht, und manchmal ist die Empirie zu komplex, um sich theoretisch vollständig einfangen zu lassen. Wir verweisen auf die Schwierigkeiten, die Luhmann bei der Analyse des Erziehungssystems hatte. Eine andere Möglichkeit wäre die, daß es sich um eine Lücke handelt, die von einem Luhmann-Schüler – einem

Kulturwissenschaftler z.B. – noch geschlossen wird. Nur eines wollen wir anmerken: Beobachtung zweiter Ordnung als Fremdbeobachtung ist natürlich ohnehin ein problematischer Begriff für das Liebessystem, vor allem dann, wenn man an die Resonanzfähigkeit einer solchen Beobachtung denkt. Denn gerade die Freiheit in allen Dingen ist eine der zentralen Grundlagen der modernen Liebessemantik. Eltern, die ihren Kindern einen Partner ausreden wollen, erreichen meist das Gegenteil – dies als Beispiel.

Viel eindeutiger wird Luhmann, wenn es um die Bestimmung des *symbiotischen Mechanismus*' der Liebe geht. Der körperliche Aspekt der Liebeskommunikation ist natürlich die Sexualität. Wer liebt, kann nicht nicht an Sexualität denken, so will es die moderne Liebessemantik. Dieser symbiotische Mechanismus ist so wichtig und erfolgreich, weil er die verbale Kommunikation ideal ergänzt. Sexualität ist viel diffuser als die übrige Systemkommunikation, es ist schwieriger, Interessenserfüllungen zu bestimmen und zu verrechnen; Sexualität symbolisiert die Einheit des Systems und kommuniziert *Verstehen.* Nicht umsonst ist es keineswegs nur ein Klischee, daß so mancher Streit *im Bett endet.* Die symbiotische Liebeskommunikation ist also ein wichtiges Steigerungsmoment für Liebe. In den meisten Fällen führt dieses Moment zu einer Stabilisierung des Liebessystems, weil es von den hohen Ansprüchen der verbalen Intimkommunikation kurzfristig entlastet, sie ergänzt oder sogar mit dem Ziel auf die Zuordnung zum positiven Codewert modifiziert („Wir verstehen uns ja doch").

Zieht man für das System Intimbeziehung ein vorübergehendes Resümee, muß festgestellt werden, daß es sich, aus systemtheoretischer Perspektive betrachtet, doch dem einen oder anderen Theorieelement entzieht. Es paßt nicht so ganz, es ist anders, es unterscheidet sich einfach. Diese Unterschiede haben ihre Wurzeln in den festgestellten strukturellen und qualitativen Abweichungen von den anderen Funktionssystemen. Trotzdem glauben wir nicht, daß es deswegen weniger sinnvoll ist, Liebe mit Hilfe des systemtheoretischen Instrumentariums zu analysieren. Es gibt eben Systeme, die sich erfolgreich als autopoietische Systeme ausdifferenziert haben und andere, die zwar weniger erfolgreich, aber auch nicht vollkommen unerfolgreich waren. Die Tendenz zur Autonomisierung und Funktionalisierung ist grundsätzlich gegeben. Außerdem muß bedacht werden, daß die Systemtheorie ihre Gegenstände nicht als statisch begreift, sondern im Gegenteil davon ausgeht, daß die Systeme in jeder Sekunde zerfallen und wieder entstehen und damit einer stetigen Veränderung unterliegen. Es gibt keinen Ist-Zustand, der für die vergangenen oder nächsten zehn Jahre Gültigkeit besitzt. Ein weiteres Argument liefert der Effekt des symbolisch generalisierten Kommunikationsmediums *Liebe:* Es reduziert sichtlich die Unwahrscheinlichkeit von Intimkommunikation, denn immer wieder kommt es zu mehr oder weniger dauerhaften Systembildungen in Gestalt von Liebespaaren. Auch trifft das Medium mit der Leitdifferenz *Verstehen/Nicht-Verstehen* eine deutliche Unterscheidung zwischen Intimkommunikation und jeder anderen Kommunikation. Gleichzeitig ermöglicht das Medium die Kommunikation mit Unbekannten, denn der Partner kann per Zufall kennengelernt werden und braucht keine idealen Eigenschaften besitzen, wenn er den Geliebten nur zu verstehen vermag. Und da wahres Verstehen unmöglich ist, reicht häufig ein Minimalverständnis, das sich zunächst über den gleichen Musikgeschmack oder die Vorliebe für eine bestimmte Sportart – beides Symbole für dieselbe Lebenseinstellung – herstellen läßt. Nur die Inkaufnahme von Unschärfen bei der Lösung des Dauerproblems Verständnisvermittlung kann die Instabilität des sensiblen Konstrukts Liebessystem vorübergehend auffangen. Es gibt somit keine Hoffnung auf Dauer, obwohl – paradoxerweise – auch die Ewigkeit der Liebe zur Semantik gehört. Immerhin wird aber via Codierung und Semantik das Liebessystem geschlossen und in Gang gehalten, auch wenn *Liebe* nie diejenigen Garantien für das Gelingen von Kommunikation geben kann, die von den anderen Medien wie *Geld, Recht, Macht* oder *Wahrheit* bereitgestellt werden.

Die historische Genese des Liebessystems und die Möglichkeiten der Forschung auf diesem Sektor werden im dritten Teil des Buches – dem Teil mit den Anwendungsbeispielen – vorgestellt.

3. Semantik

Ursprünglich handelt es sich bei dem Begriff Semantik um einen Terminus der Sprachwissenschaft. Hier steht er für die ‚Bedeutungslehre' ein, für die Lehre von der Bedeutung der sprachlichen Zeichen, mithin für die Beziehung zwischen Sprache und Welt. In welcher Form die sprachlichen Zeichen auf die außersprachliche Wirklichkeit verweisen, ist das Kernproblem dieser linguistischen Teildisziplin. Seit längerem ist der Begriff aber auch in den Geschichts- und Kulturwissenschaften etabliert. Unter dem Etikett einer ‚Historischen Semantik' wird die Bedeutung nicht sämtlicher Sprachzeichen, sondern ausgewählter Begriffe untersucht, die für das politisch-soziale Leben einen besonders hohen Stellenwert besitzen. Vor allem der Bedeutungswandel im Verlauf des historischen Prozesses ist hierbei von Interesse; die verschiedene Bedeutung zentraler Termini wie ‚Staat' oder ‚Kirche' verrät sehr viel über die grundsätzlichen Vorstellungen, die von den jeweiligen Zeitgenossen mit den entsprechenden Realitätsbereichen in Verbindung gebracht wurden. Außerdem hindert die Historische Semantik den Forscher daran, die in den Quellen auftauchenden Begriffe aufgrund desselben Wortlauts umstandslos mit aktuellen Termini gleichzusetzen – wenn ein mittelalterlicher Mensch zum Beispiel von ‚Liebe' spricht, meint er etwas völlig anderes, als ein moderner Mensch.

Die Historische Semantik ist also unmittelbar mit der Ideengeschichte verknüpft. In den zentralen Begriffen, die sie untersucht, manifestieren sich historisch wirksame Ideen und Weltanschauungen; der Wandel dieser Ideen und Weltanschauungen ist an der Bedeutungsveränderung, also an der Bedeutungsverschiebung, -erweiterung oder -verengung der jeweils zugeordneten Begriffe, ablesbar. Die Verbindung zwischen Semantik und Ideengeschichte ist in der Geschichtswissenschaft also *im Prinzip* bereits hergestellt worden. Es kann folglich nicht überraschen, daß der spezielle Semantikbegriff Luhmanns, mit dem wir uns nun beschäftigen wollen, in erster Linie im Hinblick auf sein Anregungspotential für die ideengeschichtliche Forschung befragt wird. Dabei soll gerade die

‚neue‘ Ideengeschichte im Mittelpunkt stehen, die nicht nur die ‚großen‘ Ideen und ihre Produzenten, sondern auch kollektiv geteilte Weltbilder sowie deren mediale Verbreitung und soziale Verankerung in den Blick nimmt. Alle mentalen Inhalte, auch diejenigen, die den Alltag der Menschen organisieren, sind für eine solche Ideengeschichte von Belang. Diese Ideengeschichte berührt sich insofern stark mit der modernen Kulturgeschichte, die gleichfalls den vollständigen intellektuellen Kosmos historisch handelnder Individuen rekonstruieren will, um aus diesem Kosmos heraus das gesamte Handeln der Menschen, von der Politik über die Wirtschaft bis zu den Verrichtungen des privaten Lebens, begreifen zu lernen. Beide Ansätze, der ideen- und der kulturgeschichtliche, sind noch immer auf der Suche nach geeigneten Theorien und Methoden. Wir wollen an dieser Stelle fragen, ob das Semantikkonzept Luhmanns nicht möglicherweise dazu geeignet ist, hier ein brauchbares Angebot bereitzustellen.

Zunächst müssen wir uns aber vor Augen führen, daß auch Luhmanns Semantikbegriff, ähnlich wie sein Sinn- oder sein Verstehensbegriff, eine durchaus andere Bedeutung hat, als sie dem allgemeinen Verständnis entspricht. ‚Semantik‘ ist nicht einfach Bedeutungslehre, sondern die Gesamtheit dessen, was die Welt sinnhaft konstituiert – die Summe aller Formen gewissermaßen, die der Wirklichkeit und dem menschlichen Existieren in dieser Wirklichkeit Bedeutung zuschreiben. Um diese Erklärung besser verstehen zu können, müssen wir vorab den Stellenwert des Semantikbegriffs im Luhmannschen Theoriegebäude klären.

Die Grundbegriffe und -kategorien dieses Theoriegebäudes haben wir in Teil I kennengelernt; an welcher Stelle, an welchem Ort innerhalb der Systematik ist nun der Terminus Semantik einzufügen? Semantik hat vor allem mit Sinn zu tun. Der Sinnbegriff ist es, auf den der Semantikbegriff sich im wesentlichen bezieht. Sinn, so lautete Luhmanns Definition, ist die Aktualisierung einer bestimmten Kommunikation im Horizont ihrer möglichen Alternativen. Semantik, läßt sich ergänzen, dient dazu, geordneten, regulär verwendbaren, typifizierten Sinn zu erzeugen. Diese Definition überrascht zunächst. Schließlich haben wir schon verschiedene Mechanismen kennengelernt, die dazu dienen, die Vielzahl der möglichen Kommunikationen, der möglichen Aktualisierungen von Sinn einzuschränken. Die symbolisch generalisierten Kommunikationsmedien schaffen die Grundlage für diese Einschränkung, die Codes sorgen für die Reduktion auf binäre Wahlen, für deren Vollzug wiederum die Programmierung Kriterien liefert. All diese Mechanismen regulieren die Sinnverarbeitung und werden unter dem Oberbegriff Semantik zusammengefaßt – ohne diesen Begriff allerdings vollständig zu umschreiben: Die Semantik ist noch weit mehr als die Summe von Medium, Code und Programmierung, sie ist das gesamte kulturelle Wissen, das in die mit dem Sinnprozessieren verbundenen Selektionen eingreift.

Der Begriff ‚kulturelles Wissen' muß noch präzisiert werden. Luhmann spricht hier auch von einem kulturellen ‚Typenschatz', der bestimmte Selektionen wahrscheinlich macht, von etablierten Mustern oder Formen, die bestimmte Aktualisierungen von Sinn stabilisieren können. Um diese abstrakten Definitionen verständlich zu machen, ist ein konkretes Beispiel nötig. Wir wählen es aus dem Funktionssystem Wirtschaft, genauer gesagt aus der Sphäre des Kaufs und Verkaufs von Kleidung. Wie überall im Wirtschaftssystem, dienen auch hier das Medium Geld und der Code des Zahlens oder Nicht-Zahlens dazu, den Möglichkeitsspielraum von Kommunikationen zu verengen; die Entscheidung über den erfolgenden oder ausbleibenden Kaufakt bzw. Geldfluß hängt ganz maßgeblich von der Programmierung, also von den Preisen ab. Damit ist jedoch erst ein Teil der Realität erfaßt; in das Sinnprozessieren innerhalb des Systems fließen auch noch andere Faktoren ein. Der Kauf von Kleidung zum Beispiel hängt ganz maßgeblich auch von der jeweils herrschenden Mode ab. Die Mode-Semantik, das kulturelle Wissen über Mode fließt in die Präferenz für das eine oder das andere Kleidungsstück ein. Ein Käufer, der sich grundsätzlich an der aktuellen Mode orientiert, wird auch über einen längeren Zeitraum hinweg immer wieder den jeweils modischen Artikel vorziehen – sein Verhalten ist in einer bestimmten Weise typisiert und geordnet, es hat eine Stabilisierung bei der Aktualisierung von Sinn stattgefunden. Natürlich werden die konkreten Kaufentscheidungen auch über den Preis gesteuert, aber der Preis verbindet sich in seiner selektiven Wirkung mit anderen Komponenten.

Das Wissen über die Mode ist dabei nur ein kleiner Teil des gesamten kulturellen Wissens, das in den Kauf von Kleidung einfließt. Jede Gesellschaft ordnet den verfügbaren Kleidungsstilen und -stücken auch bestimmte Bedeutungen zu; sozialer Status, Lebensstil, Geschmackskultur, auch politische Einstellungen werden über Kleidung vermittelt. In den Kulturwissenschaften, etwa bei Roland Barthes, hat dieser Sachverhalt zur Entstehung einer regelrechten Zeichenlehre oder Semiotik der Kleidung geführt. Jeder Konsument setzt sich bei seinen Kaufentscheidungen mit dieser Semiotik auseinander; bestimmte Waren werden bevorzugt, weil sie zum eigenen Status, Lebensstil oder Geschmack passen, andere ausgeschlossen, weil sie diesen Optionen widersprechen. Auch hier verfestigen sich kommunikative Muster: Der einmal gewählte Stil wird für längere Zeit alle Kaufentscheidungen prägen. Addiert man zu diesen Wissensbeständen über Mode und allgemeine Semiotik der Bekleidung noch die Kenntnisse über die Schicklichkeit oder Unschicklichkeit von Kleidungsstücken, über ihre Altersgemäßheit, ihre Paßgenauigkeit zu bestimmten Anlässen, Lokalitäten, Jahreszeiten, Wetterlagen etc., so entsteht letztlich ein ganzer Kosmos von Informationen, der jede Wahl eines konkreten Kleidungsstücks überwölbt. Dieser Kosmos kann unter dem Begriff Semantik zusammengefaßt werden.

Der Bekleidungsmarkt ist nur ein winziger Ausschnitt des Wirtschaftssystems. Für jeden anderen Ausschnitt dieses Systems, und so auch für das gesamte Spektrum aller überhaupt existierenden sozialen Systeme, lassen sich in analoger Weise die zugehörigen Semantiken benennen. Im Funktionssystem Politik ist es das gesamte kulturelle Wissen über das Erreichen, Sichern, Ausstatten und Gebrauchen von Macht, das als ‚politische Semantik' gelten kann. Im Funktionssystem Liebe haben alle Kenntnisse über die Anbahnung, Bedeutung, Pflege und Auflösung von Liebesbeziehungen denselben Status. All diese Wissensbestände regeln die Verarbeitung von Sinn, schaffen Schablonen und Stereotype für das Erleben und Handeln der an entsprechenden Kommunikationen beteiligten psychischen Systeme. Semantiken sind gleichsam ein höherstufiger, verallgemeinerter, situationsunabhängig verfügbarer Sinn, der auf das jeweils aktuelle Sinnprozessieren angewendet wird.

Die Wissensbestände, die unter dem Begriff Semantik zusammengefaßt werden, sind zunächst einmal der gesamten Gesellschaft zuzurechnen. Gemeint ist ein soziales Wissen, ein Wissen, das in der gesellschaftlichen Kommunikation aufgehoben ist. Hier ist es freilich auch für die Individuen verfügbar, die sich seiner, wie bruchstückhaft auch immer, bemächtigen. Die unterschiedlichen Emergenzniveaus und Systemgrenzen zwischen den sozialen und psychischen Systemen werden dadurch passierbar, daß die Semantiken an Sprache oder andere Zeichensysteme geknüpft sind, an Medien also, die in besonderer Weise dazu geeignet sind – das haben wir schon bei der Analyse des Erziehungssystems ausgeführt –, soziale und psychische Systeme, Kommunikation und Bewußtsein aneinander zu koppeln. Semantiken sind also einerseits in den Köpfen gespeichert und andererseits in den Medien der sozialen Kommunikation; an letzterem Ort werden sie für den Historiker greifbar, der bekanntlich in die Köpfe von Toten nicht hineinsehen kann. Sein Material ist die gesamte kulturelle Produktion der Gesellschaft, die sich in sprachlichen Zeugnissen, aber auch in anderen Medien wie Bildern, Musik oder Symbolen aller Art ausgedrückt hat.

Parallel zum Begriff Semantik wird von Luhmann für dieses kulturelle Wissen auch der Terminus *semantischer Apparat* verwendet. Dieser begriffliche Zusatz hat vor allem dort seinen Sinn, wo es um die Abgrenzung von einer speziellen Instanz innerhalb der gesellschaftlichen Sinnproduktion geht: um die Abgrenzung von der sogenannten *gepflegten Semantik*. Wie ist das Verhältnis der gepflegten Semantik zum semantischen Apparat genau zu bestimmen? Eine präzise Antwort auf diese Frage ist kaum möglich: zu ungenau sind die Angaben, die Luhmann in seinen theoretischen und empirischen Arbeiten zur Historischen Semantik macht. Einerseits wird die gepflegte Semantik immer wieder als

Meta- oder Reflexionsebene der Semantik adressiert, mithin als jener Ort, an dem das kulturelle Wissen der Gesellschaft – der semantische Apparat – zur Diskussion gestellt und dabei verändert oder bestätigt wird. Das Verhältnis der beiden Felder zueinander ist damit weniger hierarchisch als vielmehr funktional definiert; die gepflegte Semantik ordnet sich dem semantischen Apparat als die Instanz einer Beobachtung zweiter Ordnung zu. Andererseits werden die Medien der gepflegten Semantik aber auch als die ‚Hochformen' der Semantik gefaßt, wodurch ein klares Verhältnis der Überordnung und Höherwertigkeit gegenüber dem semantischen Apparat impliziert wird. Teilweise läßt sich diese Ambivalenz dadurch auflösen, daß die beiden verschiedenen Optionen auf eine Zeitachse bezogen und gleichsam hintereinander geschaltet werden – das hierarchische Verhältnis wird dann vor allem für die vormoderne, stratifizierte Gesellschaft angenommen, während sich in der modernen, funktional differenzierten Gesellschaft auch bei der Zuordnung der beiden Felder der Sinnproduktion das funktionale Prinzip durchsetzt.

Schon an den *Medien* der gepflegten Semantik, die sich im historischen Prozeß sehr stark gewandelt haben, läßt sich dieser Veränderungsprozeß ablesen. Vor der Erfindung der Schrift können Mythenerzählungen als ‚die' Hochformen der Semantik gelten; anschließend waren handgeschriebene Texte, zumeist sakralen Inhalts, der Ort der gepflegten Semantik, bis dann der Buchdruck dafür sorgte, daß die Tatsache der Schriftform allein den Status der Texte nicht mehr festlegte. Andere Kriterien müssen nun darüber entscheiden, ob ein Schriftstück der gepflegten Semantik oder dem semantischen Apparat zuzurechnen ist. Diese Kriterien haben einerseits mit dem Inhalt der Texte zu tun, mit ihrem intellektuellen Niveau, andererseits aber auch mit der Form, in der die Gesellschaft mit ihnen umgeht: der Ernsthaftigkeit, mit der sie rezipiert werden, der Sorgfalt, mit der man sie tradiert und aufbewahrt. Gepflegte Semantik ist immer anspruchsvoll, und das gilt für ihre gedankliche Tiefe ebenso wie für ihre ‚Verpackung', für die Art und Weise, in der sie aufbereitet und dem Publikum dargeboten wird.

In der modernen Gesellschaft verkompliziert sich die Situation ganz erheblich. Die gepflegte Semantik macht keine gesellschafts-*übergreifenden* Sinnangebote mehr, wie sie in der stratifizierten Gesellschaft vor allem die Religion noch formuliert hatte. Kommunikative Instanzen, die von allen Menschen als hochwertig angesehen werden, die also gegenüber der gesamten Gesellschaft einen herausgehobenen Status besitzen, gibt es in dieser klaren Dominanz nicht mehr. Die Sinnproduktion ist insgesamt in zunehmendem Maße nur noch an die Funktionssysteme gebunden. Dort wird die Unterscheidung zwischen den beiden Feldern der Semantik immer schwieriger. Kein Medium ist per se nur dem einen oder dem anderen Feld zugeordnet. Trotzdem führt die besondere Reflexionsleistung der gepflegten Semantik immer noch dazu, daß sie aus der Sphäre des alltäglichen Sinnprozessierens herausgehoben ist. Letztlich etablieren sich doch wieder hochwertige und weniger hochwertige Deutungsinstanzen. Im politischen System etwa gehören Staatsphilosophie und politische Theorie zur gepflegten Semantik, während die Wahlkampfrede im Ortsverein mit hoher Wahrscheinlichkeit dem semantischen Apparat zuzuschlagen ist. In derselben Weise stehen sich im Wirtschaftssystem die komplizierte Eigentumstheorie und das Werbeposter an der Litfaßsäule, im Funktionssystem Liebe der kunstvolle Liebesroman und die Zeitschriftenglosse des Briefkasten-Psychologen gegenüber. Der hierarchische Aspekt ist aus der modernen Semantikproduktion nicht gänzlich herauszudefinieren, auch wenn es im Fall des einzelnen Mediums oder des einzelnen kommunikativen Aktes von Nuancen abhängen kann, ob aufgrund des eher beobachtenden Gestus eine Zuordnung zur gepflegten Semantik, oder wegen des unreflektierten Aktualisierens eingeschliffener Muster der Verweis an den semantischen Apparat geboten erscheint.

Der reflexive Charakter der gepflegten Semantik legt es auch nahe, sie zum bevorzugten Ort für Innovationen und Neuentwürfe zu erklären. Dort, wo ohnehin eine Beobachtung der gesellschaftlichen Sinnproduktion stattfindet, ist es nur noch ein kleiner Schritt dahin, auch verändernd und gestaltend in diese Produktion einzugreifen. Damit ist allerdings nur ein Teil der Realität beschrieben. Erstens ist es ebenso möglich, daß die gepflegte Semantik ihre

Metaposition zur Bestätigung nutzt, daß sie durch die Affirmation von etablierten Mustern der Gesellschaft gleichsam die Gewißheit verleiht, daß ihre Einstellungen und Vorstellungen zutreffend sind – und zweitens besitzt nicht nur die gepflegte Semantik, sondern auch der semantische Apparat ein innovatives Potential. Verleugnete man dieses Potential, so geriete man sehr schnell auf den Abweg, der gepflegten Semantik einseitig den Fortschritt, dem semantischen Apparat hingegen ebenso einseitig die Beharrung und die mühsame, verzögerte Anpassung zuzuschreiben. Natürlich gibt es auch Fälle, in denen die gepflegte Semantik Neuerungen entwikkelt, die dann mit großer zeitlicher Verzögerung in den semantischen Apparat eindringen. Ebenso sind aber Konstellationen möglich, in denen Innovationen zunächst auf der Ebene des semantischen Apparats ausgelöst, von der gepflegten Semantik jedoch noch lange zugedeckt werden, bis sie schließlich auch dort Berücksichtigung finden. Eine weitere Möglichkeit besteht darin, daß Anregungen aus dem semantischen Apparat nicht direkt übernommen, sondern in neuer Weise kombiniert, das heißt in Arrangements aus alten und neuen Elementen eingebaut werden, die in ihrer Gesamtheit doch wieder als Innovationsleistungen der gepflegten Semantik gelten können. Das Verhältnis von gepflegter Semantik und semantischem Apparat ist also wesentlich komplizierter, als es jene Vorstellung impliziert, die alle neuen Ideen auf der Ebene der gepflegten Semantik entstehen und anschließend in einem langwierigen Prozeß in den semantischen Apparat ‚einsickern' sieht. Viel zutreffender ist es, sich ein Kreislaufsystem vorzustellen, in dem die Impulse in alle Richtungen fließen können.

Die Frage nach dem Verhältnis von gepflegter Semantik und semantischem Apparat leitet zu einem noch viel fundamentaleren Problem über, zu dem Problem der Relation von Gesellschaftsstruktur und Semantik. Die Veränderungen im Bereich von gepflegter Semantik und semantischem Apparat können schließlich nicht einfach nur festgestellt werden, es muß auch eine Erklärung dafür geben, warum es überhaupt zu solchen Veränderungen kommt und wie sie konkret ausgelöst werden. Will man keine konsequent idealistische Position beziehen, also nicht die vollständige

Unabhängigkeit der kulturellen Produktion von ihren gesellschaftlichen Rahmenbedingungen behaupten – die Ideen wirken umgekehrt nur selbst auf die Gesellschaft ein –, dann führt kein Weg daran vorbei, sozialstrukturelle Faktoren in diese Überlegungen mit einzubeziehen. Dies geschieht bei Luhmann aber nicht in der Weise, daß er nun einfach die Gegenposition zum Idealismus einnähme und mit den Materialisten behauptete, daß die sozialstrukturellen Bedingungen jedes intellektuelle Erzeugnis determinieren: indem dieses Erzeugnis die realhistorischen Gegebenheiten abbildet, und indem es der Ausdruck der Bewußtseins- und Interessenlage von exakt benennbaren sozialen Klassen, Schichten oder Gruppen ist. Luhmann nimmt vielmehr eine vermittelnde Position ein, die sowohl dem einen wie auch dem anderen Aspekt, der Prägekraft der Ideen für die Gesellschaft und jener der Gesellschaft für die Ideen, gerecht zu werden versucht.

Voraussetzung der Luhmannschen Überlegungen ist hierbei die Annahme, daß die Semantik einer *Evolution* unterworfen ist. Der Begriff Evolution wird hierbei nicht nur metaphorisch verwendet, sondern lehnt sich direkt an die Terminologie der biologischen Evolutionstheorie an. Ähnlich wie in der klassischen Definition Darwins wird das evolutionäre Geschehen als ein Prozeß von Variation, Selektion und Stabilisierung begriffen. Diese drei Mechanismen werden auf die Entwicklung des semantischen Apparats und der gepflegten Semantik übertragen.

Variationen, also Entsprechungen zu den Veränderungen des Erbguts, zu den ‚Mutationen' bei Darwin, sind diejenigen neuen Ideen, Denk- und Verhaltensmuster, die sowohl von der gepflegten Semantik bereitgestellt werden, wie sie ihren Ursprung auch im semantischen Apparat der Gesellschaft haben können. Wenden wir uns zunächst den reflexiven Formen der Semantik zu. Welche Mechanismen lösen hier Innovationen aus? Der stärkste Anreiz zur Veränderung geht nach Luhmann von der Präsenz sogenannter ‚kanonischer Texte' aus. Diese Texte spielen innerhalb der gesellschaftlichen Sinnproduktion eine zentrale Rolle, seit die gepflegte Semantik sich bevorzugt des Mediums der Schriftsprache bedient. Anders als bei Sinn, der im Sprechen reproduziert wird, wo schon das Anhören der Darstellung die Aktivität weitgehend aufzehrt, tritt das Schriftgut seinem Rezipienten geradezu mit der Aufforderung entgegen, es aus der Distanz zu betrachten – und in dieser distanzierten Betrachtung werden auch Aspekte sichtbar, die ausgetauscht werden können, drängen sich dem Rezipienten auch eigene Gedanken auf, die er an die Stelle der vorgefundenen setzt. Darüber hinaus fordert das tradierte Ideengut auch insofern immer wieder zu Veränderungen heraus, als es fast schon mit Notwendigkeit gedankliche Unstimmigkeiten und ungelöste Probleme aufweist. Das kulturelle Wissen wird in der Praxis nie ‚aus einem Guß' geformt sein und sich zu einem vollkommen stimmigen Weltbild runden. Stets gibt es auch Brüche und Verwerfungen, und stets erhalten die weltanschaulichen Fragen nur provisorische Antworten, die förmlich danach verlangen, durch andere, nicht weniger provisorische Lösungsvorschläge ersetzt zu werden. So ist die gepflegte Semantik einem ständigen *immanenten* Veränderungsdruck ausgesetzt, der es nahelegt, das permanente Hervortreiben von Variationen zu einem autopoietischen Prozeß zu erklären.

Entsprechende Überlegungen zu den Neuerungen auf der Ebene des semantischen Apparates fehlen in Luhmanns Schriften; weder in den theoretischen, noch in den empirischen Arbeiten zur Historischen Semantik wird dieses Problem ausdrücklich thematisiert. Wir sind wieder darauf verwiesen, die Theorie ‚weiter zu denken', das heißt aus anderen Bausteinen eine Antwort auf die zur Diskussion stehende Frage zu konstruieren. Jedes System befindet sich nach Luhmanns Auffassung in einem ständigen Prozeß der Erneuerung; Systeme weisen keine stabilen Strukturen auf, sondern sind darauf angewiesen, sich ständig neu zu formieren. Dies gilt auch für die Semantiken, von denen die Sinnverarbeitung in psychischen Systemen gesteuert wird. Das ständige Wechselspiel von Zerfall und Neuformierung verbindet sich aber notwendigerweise auch mit einer hohen Störanfälligkeit. Immer wieder werden Elemente modifiziert und rekombiniert, oder anders, aus psychologischer Perspektive formuliert: durch Erinnerungslücken, Verwechslungen und spontane Kreativität verändert. Die Sinnverarbeitung im psychischen System, die sich immer im Zeitverlauf ereignet, kann gar nicht vollkommen festgefroren sein, sondern läßt immer auch Veränderungen zu – Veränderungen, die nicht von außen angestoßen werden, sondern in der Reproduktion der semantischen Muster selbst angelegt sind.

Obwohl die Variationen der Semantik autopoietisch produziert werden, obwohl neue Sinnverarbeitungsregeln nur aus alten Sinnverarbeitungsregeln hervorgehen können, sind sie doch auch einer Selektion unterworfen, die von Umweltbedingungen verursacht wird. Wie jedes System im Modus der Selbsterzeugung Variationen hervortreibt, die anschließend dem Selektionsdruck seiner Umwelt ausgesetzt sind, werden auch die semantischen Innovationen mit einer systemspezifischen Umwelt – der Gesellschaft in ihrer Gesamtheit – konfrontiert. Über den Mechanismus der Selektion bleibt die Semantik damit an die Gesellschaftsstruktur zurückgebunden. Nur semantische Innovationen, die sich in der sozialen Kommunikation bewähren, setzen sich durch und können sich dauerhaft als vorherrschende Sinnverarbeitungsregeln etablieren. Viele Neuerungen, denen dieser Schritt nicht gelingt, bleiben belanglose Ornamente ohne gesellschaftliche Relevanz. Die sprudelnde Vielfalt der Innovationen geht durch den Filter der sozialen Applikation, und nur wenige Entwürfe können diesen Filter erfolgreich passieren. Groß ist die Chance zu einem solchen Erfolg zum Beispiel dann, wenn gesellschaftliche Probleme von den tradierten Semantiken nicht mehr widerspruchsfrei bewältigt werden können – in dieser Situation haben Innovationen, die hier bessere Resultate versprechen, eine große Chance zur Durchsetzung. Der soziale Problemdruck ist also ein wesentlicher Faktor bei der Beurteilung von semantischen Variationen; wenn diese Variationen als überzeugende Antworten auf die zur Lösung anstehenden gesellschaftlichen Probleme rezipiert werden, ist die Wahrscheinlichkeit besonders hoch, daß sie die soziale Kommunikation in naher Zukunft ‚führen' werden.

Der dritte Mechanismus, der grundsätzlich bei jeder Evolution eine wichtige Rolle spielt, ist die Stabilisierung der einmal erfolgten Innovationen. Im Bereich der Semantik haben sich besondere Formen herausgebildet, die diese Aufgabe übernehmen. Die Dogmatisierung des kulturellen Wissens, also jener Mechanismus, der sich aufzudrängen scheint, spielt allerdings nur in der Vormoderne eine wichtige Rolle; seit der Aufklärung fordert jeder Versuch, Dogmen zu formulieren, sofort die Kritik heraus. Viel relevanter, und auch in epochenübergreifender Perspektive, ist der Faktor der *Systematisierung*. Indem die Sinnproduktion allein nur *sortiert* wird, ist sie schon leichter erlern- und erinnerbar; indem sie dabei durch *Abstraktion* auch noch auf allgemeine Regeln bezogen wird, ordnet und kategorisiert sie viele Einzelfälle, die jetzt nur noch als das jeweils Besondere einem Allgemeinen unterzuordnen sind. Zu diesen immanenten Stabilisierungsfaktoren tritt in der Moderne noch, nun wieder auf die Umwelt bezogen, die Plausibilität hinzu, mit der die Deutungsmuster in den einzelnen Funktionssystemen bestimmte Problemlagen zu beherrschen vermögen – eine Plausibilität, die sich jedoch nur noch sehr kurzfristig herstellen läßt: Auch der Wandel der Semantik beschleunigt sich mit der Durchsetzung der funktional differenzierten Gesellschaft erheblich.

Insgesamt stellt Luhmanns Evolutionsmodell ein Theorieangebot für die Ideen- und Kulturgeschichte dar, dessen Ausgewogenheit und Flexibilität besticht. Ausgewogen ist dieses Modell vor allem deshalb, weil es die Frage nach der Vorrangigkeit von Ideengut oder Gesellschaftsstruktur nicht einseitig zugunsten der Ideen – wie der Idealismus – oder der Gesellschaft – wie der Materialismus – entscheidet, sondern von einem komplizierten Wechselspiel zwischen den beiden Größen ausgeht. Kulturelle Erzeugnisse können nicht von der Gesellschaft determiniert werden, sie entstehen vielmehr autopoietisch, sind aber trotzdem nicht unabhängig von der sozialen Entwicklung, die mit einem starken Selektionsdruck über den Erfolg oder Mißerfolg von Semantiken entscheidet. Die Flexibilität des Luhmannschen Konzepts besteht vor allem darin, daß es die unterschiedlichsten Entstehungs- und Durchsetzungsformen von kulturellen Mustern zu beschreiben erlaubt. Diese Muster können sowohl in der gepflegten Semantik, als auch im semantischen Apparat ihren Ursprung haben; sie müssen nicht gänzlich neu erfunden werden, sondern können auch durch die originelle Kombination von tradierten Formen entstehen; die gepflegte Semantik macht innovative, aber auch affirmative Deutungsangebote; bestimmte Semantiken können zu einem Zeitpunkt produziert werden, da die Gesellschaft sie noch nicht zu verwerten vermag, und anschließend so lange gespeichert, gleichsam auf Eis gelegt werden, bis sie tatsächlich zu sozialen Problemlagen ‚passen' und infolgedessen nachgefragt werden – diese Auflistung ließe sich fortsetzen. Offensichtlich ist das Evolutionsmodell dehnbar genug, um die vielen komplizierten Wechselwirkungen und Ungleichzeitigkeiten einzufangen, die das kultur- und ideengeschichtliche Geschehen auch realiter bestimmen.

Gerade der Entwicklung der gepflegten Semantik, die er auch als *Ideenevolution* bezeichnet, hat Luhmann ein besonderes Augenmerk gewidmet. Für alle Funktionssysteme der modernen Gesellschaft hat er in historischen Fallstudien nach dem Verhältnis von Ideen- und Sozialevolution gefragt. Dabei hat sich herausgestellt, daß es in jedem einzelnen Fall zu einem ‚Vorauseilen' der Ideenevolution gegenüber der sozialstrukturellen Entwicklung gekommen ist. Die Umcodierung der sozialen Systeme von der oben/unten-Differenz, der Logik der stratifizierten Gesellschaft, zu einer medienspezifischen Codierung, dem Ordnungsprinzip der funktional differenzierten Gesellschaft, ist von der gepflegten Semantik schon zu einem Zeitpunkt vorbereitet worden, als die Genese der Gesellschaft sie noch lange nicht erreicht hatte. Auf dieser Ebene der Umstellung der Codierung haben wir es mit dem fast klassischen Fall einer Verschiebung auf der Zeitachse zwischen Ideen- und Sozialevolution zu tun; die gepflegte Semantik hat hierbei den innovativen Part inne, während die Alltagsformen der sozialen Kommunikation sehr weit hinterherhinken. Kritiker, die Luhmann unterstellt haben, er setze den Umbruch von der stratifizierten zur funktional differenzierten Gesellschaft zu einem viel zu frühen Zeitpunkt an, haben zumeist übersehen, daß Luhmann seinen historischen Studien die gepflegte Semantik zugrundelegt und dabei sehr wohl einräumt, daß deren Entwicklungsschübe von der Realgeschichte erst sehr viel später eingeholt worden sind.

Luhmanns eigene Arbeiten zur Historischen Semantik sind also theoretisch innovativ, indem sie das Verhältnis von Ideen- und Sozialgeschichte auf der Basis einer Evolutionstheorie diskutieren, in methodischer Hinsicht jedoch unterscheiden sie sich nicht wesentlich von gängigen ideengeschichtlichen Untersuchungen. Luhmann untersucht die Produkte des ‚intellektuellen Höhenkamms', er zieht Texte heran, die aus der Feder der geistigen Elite stammen. Auch wenn hier mit Vorliebe relativ unbekannte Autoren berücksichtigt werden, gewissermaßen Autoren der ‚zweiten Reihe', ändert dies doch nichts an der Tatsache, daß die Analyse sich nur an den Hochformen der Semantik entlanghangelt und dabei in ganz traditioneller Manier von einem Autor und seinem Text zum nächsten Autor und dessen Text fortschreitet. Damit entsteht die leicht paradoxe Situation, daß Luhmann das methodische Potential seiner eigenen Theorie weitgehend ungenutzt läßt. Dies mag mit seiner fachwissenschaftlichen Anbindung zu tun haben: Als Soziologe arbeitete Luhmann nicht archivorientiert, und die Vorliebe für edierte Texte legte die Beschäftigung mit den Hochformen der Semantik nahe. Außerdem beanspruchte Luhmann auch gar nicht, bereits erschöpfende Studien zur Historischen Semantik vorgelegt zu haben; seine Arbeiten auf diesem Gebiet verstanden sich als Fallstudien, als erste Anregungen, die zu umfassenderen Forschungen erst noch hinführen sollten.

Wollte man die methodischen Implikationen der Evolutionstheorie einlösen, müßte man vor allem zweierlei berücksichtigen. Zum einen folgt aus dem Konzept eines ‚semantischen Materials', das aufgrund verschiedener Faktoren variiert, ergänzt, stabilisiert wird, daß die Kategorie des Autors, des einzelnen Produzenten, keine große Rolle mehr spielt. Die semantischen Prozesse anonymisieren sich weitgehend, das Wechselspiel von Ideengut und Gesellschaft hängt nur in geringem Maße davon ab, welcher konkreten Person eine bestimmte Variation oder Bestätigung der kollektiv verfügbaren Muster letztlich zuzurechnen ist. Für die konkrete Methode der ideengeschichtlichen Forschung bedeutet dies, daß die Frage, *wer* einen bestimmten Text formuliert hat, zurücktritt hinter dem Problem, welche Relevanz die hier formulierten Deutungsmuster für die soziale Kommunikation hatten, mit welcher Häufigkeit sie verwendet wurden, auf welchen gesellschaftlichen Problemdruck sie reagierten, inwiefern sie vorhandene semantische Strukturen variierten etc. Eine Ideengeschichte von evolutionstheoretischem Zuschnitt ist keine Geschichte der ‚großen Geister', sondern eine Geschichte der semantischen Formen, ihrer Entstehung und Durchsetzung, ihrer Verknüpfung und Verbreitung.

Zum anderen, und das ist der zweite Punkt, lenkt die Frage nach der Durchsetzung und Verbreitung von Deutungsmustern die Aufmerksamkeit noch einmal ausdrücklich auf den Gegenbegriff zur gepflegten Semantik, den semantischen Apparat. Die vergleichende Analyse beider Bereiche der Semantik kann deutlich machen, welche Wechselwirkungen zwischen ihnen bestanden haben. Gerade dann, wenn der am häufigsten zu beobachtende Fall vorliegt: wenn auf dem Feld der gepflegten Semantik Innovationen ausgelöst werden, die erst anschließend auch in den semantischen Apparat eindringen, vermittelt diese Vorgehensweise Erkenntnisse über das genaue Ausmaß der zeitlichen Verzögerung und gibt an, wann die entsprechende Neuerung tatsächlich zur ‚führenden' Semantik für große Teile der Gesellschaft geworden ist. Alle Materialien, die dem semantischen Apparat zuzuschlagen sind, müssen mithin in die ideengeschichtliche Analyse einbezogen werden; religiöse Gebrauchstexte und die Selbstzeugnisse von ‚gewöhnlichen' Zeitgenossen, um nur einige Beispiele zu nennen, die gesamte Massenpublizistik und alle möglichen kulturellen Trivialformen werden zur wichtigen Quelle.

Im Ergebnis löst Luhmanns Historische Semantik also viele Forderungen ein, die in älterer wie neuerer Zeit an die Ideen- und Kulturgeschichte herangetragen worden sind. Klassische Vorschläge wie derjenige, die zu bestimmten Zeiten formulierten Ideen immer als Antworten auf die kontemporär drängenden realgeschichtlichen Probleme zu begreifen, sind im Evolutionsmodell genauso aufgehoben wie der problemgeschichtliche Ansatz, der vor allem die Notwendigkeit, bestimmte theoretische, selbst dem Ideengut innewohnende Problemstellungen immer wieder neuen Lösungsversuchen zuzuführen, zur treibenden Kraft der Genese der Ideen erklärt. Gleichzeitig wird aber auch den Ansprüchen der neueren

Ideengeschichte Genüge getan. Wie von der Sozialgeschichte der Ideen gefordert, kommt über den Selektionsbegriff die gesellschaftliche Umwelt des Kulturguts in den Blick. Wie auch von der Mentalitätengeschichte postuliert, wird die Vorstellungswelt größerer Bevölkerungsgruppen rekonstruiert, indem auch der semantische Apparat historischer Gesellschaftsformationen zur Untersuchung ansteht. Die gleichzeitige Beachtung von gepflegter Semantik und semantischem Apparat sorgt schließlich dafür, daß die unterschiedlichsten Medien fokussiert werden, die kulturelle Muster transportiert haben – auch dies Forderung wie Praxis einer Historischen Kulturwissenschaft, die bei ihren Analysen den Bogen von der Eliten- bis zur Alltagskultur spannen will.

Luhmanns Evolutionsmodell kann offenkundig eine große Bandbreite jener Erwartungen befriedigen, die an ein modernes Konzept von Ideen- und Kulturgeschichte heranzutragen sind. Dabei werden die tradierten Ansätze nicht einfach nur aufgenommen und addiert, sondern in eine schlüssige Theorie integriert, die ihnen neue Bedeutungsdimensionen verleiht. Der gewandelte Theorierahmen verändert auch den Status und die Funktion der Elemente, die in diesen Rahmen eingefügt werden; der neue Systemzusammenhang, so ließe sich mit Luhmann argumentieren, unterwirft sie auch einem neuen Sinnzusammenhang. Dieser Sinnzusammenhang ist durch Begriffe wie Autopoiesis, Variation und Selektion gekennzeichnet, die erstmalig in die kulturwissenschaftliche Forschung eingeführt werden. ‚Unterfüttert' ist das gesamte Theoriemodell zudem mit einer Methode, die historische Analysen auch tatsächlich anzuleiten vermag. Hierfür wollen wir in Teil III/B dieses Buches ein Beispiel geben.

Teil III

Anwendung A
Funktionssystem Wissenschaft: Die Universitätsreform Wilhelm von Humboldts

In der aktuellen Diskussion um die Reform der deutschen Universitäten spielt die Parole ‚weg von Humboldt' eine wichtige Rolle. Offensichtlich werden die Universitäten also von Humboldts Ideen immer noch maßgeblich geprägt – sonst hätte die Forderung nach ihrer Zurückdrängung wenig Sinn. Für ein Konzept, das zu Beginn des 19. Jahrhunderts formuliert wurde, ist dies der Ausweis einer erstaunlichen Langlebigkeit. Aber auch andere Leistungen Humboldts, vor allem im Bereich der Philologie und der Sprachphilosophie, stehen bis heute in hohem Ansehen. Sowohl als Universitätsreformer wie auch als Wissenschaftler hat Humboldt auf die Geistesgeschichte – oder, mit Luhmann gesprochen: auf das Wissenschaftssystem – einen beträchtlichen Einfluß ausgeübt.

Worin hat Humboldts Universitätsreform aber genau bestanden? Wir wollen uns zumindest die wichtigsten Aspekte kurz ins Gedächtnis zurückrufen. Auf der einen Seite ging es Humboldt darum, die Universität und die dort praktizierte Wissenschaft von allen ‚äußeren Zwecken', wie es zeitgenössisch hieß, unabhängig zu machen. Politische oder religiöse Einflußnahmen auf die wissenschaftlichen Inhalte waren Humboldt ein Greuel; auch die Unterwerfung der Forschung unter das Nutzen- oder Profitinteresse der Wirtschaft wollte er nicht dulden. Wissenschaft sollte um der Wahrheitssuche, um der reinen Erkenntnis willen, betrieben werden. Um diesem Ziel nahe zu kommen, hatten die Wissenschaftler in ‚Einsamkeit und Freiheit‘ zu leben – ‚Freiheit‘ meinte die geistige Unabhängigkeit, ‚Einsamkeit‘ die ganz praktische Folge des auf sich selbst gestellten Wahrheitsstrebens. Auf der anderen Seite wandte Humboldt sich gegen die Spezialisierung, gegen das Expertentum, das sich auch im geistigen Leben auf dem Vormarsch befand. Gegen dieses Expertentum stellte er die Universalität der Bildung, das hochgesteckte Ziel, durch Kenntnisse auf allen Feldern menschlichen Wissens eine möglichst umfassende Entwicklung des Geistes und der Persönlichkeit zu erreichen. Wissen sollte niemals nur die sterile Reproduktion von vorgefertigten Erkenntnissen sein, es sollte im selbständigen und kritischen Mit- wie Nachvollzug erworben werden, um sich in eine eigene geistige Erfahrung zu verwandeln.

Wie stellen sich diese beiden wichtigsten Aspekte, das unabhängige Wahrheitsstreben auf der einen, der universelle Bildungsanspruch auf der anderen Seite, in der Perspektive der Systemtheorie dar? Beginnen wir mit dem ersten Punkt. Die Orientierung an der Wahrheit und die damit verbundene Verselbständigung der Wissenschaft gegenüber Politik, Religion und Wirtschaft begünstigt offensichtlich jenen Prozeß, den Luhmann als die Ausdifferenzierung des Wissenschaftssystems beschrieben hat. Diese Ausdifferenzierung, die ja gerade auf der Durchsetzung der Codierung wahr/falsch beruhte, hat sich in einem langwierigen Prozeß von der Renaissance bis zum frühen 19. Jahrhundert vollzogen. Humboldts Reform scheint offensichtlich dazu beigetragen zu haben, ihr zum endgültigen Durchbruch zu verhelfen. Damit ordnen sich die Humboldtschen Ideen im Hinblick auf den Systemzusammenhang ganz eindeutig dem Bereich der Semantik zu; Semantik ist schließlich alles, was den Code selbst und die hieran geknüpften Sinnverarbeitungsregeln betrifft. Humboldt sagt nicht, worin die Wahrheit besteht und wie man sie findet, sondern *daß nach der Wahrheit* und nach nichts anderem gesucht werden soll. Im ersteren Fall beträfe die Aussage die wissenschaftliche Methode und insofern die Programmierung des Systems, im letzteren Fall geht es um den Codewert ‚Wahrheit‘ in seiner eigenen Gestalt.

Indem aber Humboldts Vorschläge dem Bereich der Semantik zuzuordnen sind, müssen für sie auch jene Wechselwirkungen zur

Realgeschichte gelten, die wir in Teil II theoretisch kennengelernt haben. Auf welchen Problemdruck hat Humboldts Konzept reagiert, welche gesellschaftlichen, politischen oder wissenschaftlichen Herausforderungen sind von ihm beantwortet worden? Um zu diesen Fragen Stellung nehmen zu können, müssen wir den historischen Kontext der Universitätsreform etwas genauer betrachten.

Zunächst einmal, und dieser Aspekt ist nun auf der Ebene der politisch-sozialen Entwicklung angesiedelt, ist die Humboldtsche Universitätsreform eine jener Reformen, mit denen der preußische Staat auf die katastrophale Niederlage gegen das napoleonische Frankreich reagiert. Wie die Landwirtschaft durch die Aufhebung der Leibeigenschaft, wie Handwerk und Handel durch die Gewerbefreiheit belebt werden sollen, so stellt die Universitätsreform einen Schritt zur Modernisierung des Bildungswesens dar. Die Prinzipien sind dabei hier wie dort dieselben: Der Staat sieht sich als Motor und Garant der Modernisierung, und auch das Mehr an individueller Freiheit, das er jetzt gewährt, bleibt strikt auf das von ihm verkörperte Gemeinwohl bezogen.

Ebenso wichtig ist der Problemdruck, der von der Entwicklung der Wissenschaft und der Universitäten ausging. Hier hatte sich im frühen 19. Jahrhundert ebenfalls eine komplizierte Situation ergeben. Die Universitäten standen als Zentren des geistigen Lebens längst nicht mehr unangefochten dar. Seit dem Ende des Dreißigjährigen Krieges waren sie in eine langwierige Phase des Niedergangs eingetreten. Ihre Eigenständigkeit wurde vielerorts von den Professoren dazu ausgenutzt, frei werdende Stellen im Stile von Zunftmeistern an genehme Personen, oft an die eigenen Söhne, zu vergeben; im Ergebnis bildeten sich regelrechte Wissenschaftlerdynastien heraus, bei denen sich allerdings die Betonung von der Wissenschaft zur Dynastie verschob: Die einzige Leistung der Professoren bestand oft nur noch darin, aus den etablierten Lehrbüchern vorzulesen, deren Kaufpreis so hoch war, daß die Studenten den Gang zum Professor als die billigere Alternative wählten. Eine solide Ausbildung war ohnehin an den Universitäten immer weniger zu erwarten; wer dort studierte, tat dies hauptsächlich mit der Absicht, ein paar unbeschwerte Jahre zu verleben. Wenn nicht ambitionierte Neugründungen wie Halle oder Göttingen die Universitätslandschaft neu belebt hätten, wäre die Funktion der höheren Berufsausbildung wohl noch stärker auf jene Fachschulen wie etwa Berg- und Bauakademien übergegangen, die im Zeichen der Aufklärung vor allem nützliches Wissen vermitteln wollten. Aber nicht nur im Bereich von Lehre und Ausbildung, auch auf dem Sektor der Forschung war den Universitäten längst eine starke Konkurrenz erwachsen: An den fürstlichen Akademien, die seit dem 17. Jahrhundert in fast allen Residenzstädten entstanden, versammelten sich die führenden Gelehrten ihrer Zeit, um sich ohne jede Lehrverpflichtung ganz der Forschung widmen zu können.

Humboldts Universitätsreform reagierte also auf eine Situation, in der erstens die politisch-soziale Gesamtsituation eine Modernisierung des Bildungswesens dringend erforderlich machte und in der zweitens die Bildungslandschaft selbst von einer Konkurrenz verschiedener Institutionen geprägt war: Den teilweise maroden, teilweise aber auch neubelebten Universitäten standen im Bereich der Lehre die Höheren Fachschulen, im Bereich der Forschung die Akademien gegenüber. Wie sollte dieses Durcheinander vereinheitlicht werden, und wie sollte grundsätzlich eine Modernisierung des Wissenschaftsbetriebs aussehen, die die Leistungskraft des preußischen Staates insgesamt zu erhöhen versprach? Humboldt war nicht der einzige preußische Intellektuelle, der sich zu diesem Problem äußerte. Auch der Theologe Schleiermacher und der Philosoph Fichte, um nur zwei der prominentesten Diskutanten zu nennen, fertigten umfangreiche Denkschriften an, in denen Pläne für eine grundlegende Neuordnung des höheren Bildungswesens ausgebreitet wurden. Während Humboldt, wie wir oben ausgeführt haben, die Universität als Institution bestehen lassen, dabei aber mit ganz neuen Ansprüchen ausstatten wollte, also letztlich einen Kompromiß beschrieb, ordneten sich Schleiermacher und Fichte konsequent den beiden durch diesen Kompromiß vermittelten Radikalpositionen zu. Schleiermacher plädierte aus dem Geist der Romantik für eine beinahe vollständige Bewahrung der gewachsenen Universitätstradition, Fichte hingegen wollte, möglicherweise am Vorbild

Napoleons orientiert, die Universitäten vollständig auflösen und durch ein System nationaler Elitehochschulen ersetzen.

Warum setzte sich Humboldts Reformvorschlag durch? Was machte die besondere Paßform dieser semantischen Variation im Hinblick auf die Herausforderungen der Gesellschaftsevolution aus? Schleiermachers Konzept restaurierte mit der alten Universität auch all jene Schwächen, die es den Fachhochschulen und Akademien erlaubt hatten, sich zu ihren Lasten zu profilieren. Wie sollte das bestehende Sammelsurium von Institutionen hier durch die Bereitstellung einer wirklich überlegenen Alternative beseitigt werden können? Fichtes Modell hingegen war sicherlich schon dadurch diskreditiert, daß es allzu deutlich am französischen Vorbild orientiert war; in einer Phase des entstehenden Nationalismus mußte dies Antipathien erregen. Außerdem wurde die Verantwortung für Organisation und Lehrstoff vollständig der Lenkungskompetenz des Staates übertragen. Die Vermehrung von individueller Freiheit und Verantwortung, ein Kernstück der Stein-Hardenbergschen Reformen, kam hier in jeder Hinsicht zu kurz. Ganz anders Humboldts Vorschlag: Die postulierte Unabhängigkeit von Lehre und Forschung entsprach der Freiheitsidee, und die Betonung der Eigenständigkeit der Universität durch den demonstrativen Anschluß an ihre korporative Tradition trug zu jener Stärkung der ‚intermediären', also gleichsam zwischen Staat und Individuum angesiedelten Institutionen bei, die gerade von Stein gefordert wurde. Aber auch noch in anderer Hinsicht gaben Humboldts Ideen eine überzeugende Antwort auf die Herausforderungen der Zeit. Insbesondere im akademischen Milieu machte seit der Jahrhundertwende der Nationalismus Furore; die Einheit einer ‚nationalen Kultur' gehörte zu seinen wichtigsten Zielen. Indem Humboldt darauf verzichtete, die Universität in ihre verschiedenen Fakultäten und Fächer aufzulösen, indem er im Gegenteil darauf bestand, daß sie das volle Spektrum aller Disziplinen in sich zusammenfaßte, machte er sie gleichzeitig zum Symbol für die Einheit der nationalen Kultur *und* jenes akademischen Milieus, das sich als deren wichtigster Träger verstand. Auf dem Feld der Sprachphilosophie hat Humboldt diesen Aspekt der nationalkulturellen Einheit noch zusätzlich überhöht. Seine mentalistische Sprachauffasung ging davon aus, daß der gesamte Weltbezug des Menschen von der Sprache geprägt wird, die Mitglieder derselben Sprachgemeinschaft also durch eine gemeinsame Wirklichkeitsauffassung in fundamentalster Weise miteinander verbunden sind.

Daß die Universität ,universitas' bleiben soll, daß alle Fächer und Fakultäten unter ihrem Dach vereint bleiben sollen, weist noch einmal auf den anderen Hauptpfeiler der Konzeption Humboldts zurück: den Anspruch der allgemeinen Geistes- und Persönlichkeitsbildung. Nur dort, wo alle Disziplinen wirklich vertreten sind, ist auch die Möglichkeit gegeben, ein Studium zu betreiben, das sich nicht in der Anhäufung von berufsbezogenem Spezialwissen erschöpft. Der Auftrag der Allgemeinbildung wird aber zusätzlich noch an eine bestimmte Institution innerhalb der Universität geknüpft: die Philosophische Fakultät. Früher diente die ,untere Fakultät' nur der Vorbereitung auf das Studium in den höheren Fakultäten Medizin, Jurisprudenz und Theologie: Nun wird diese Institution von Humboldt radikal aufgewertet. Philosophische Studien sollen es den Vertretern aller Fächer ermöglichen, ihr Spezialwissen in einen Gesamtzusammenhang zu rücken – erkenntnistheoretische Überlegungen zu den Grundlagen und Grenzen dieses Wissens sollen zusätzlich dazu beitragen, auch dem Fachstudium den Charakter wirklicher Geistesbildung zu geben.

Welchen Stellenwert hat diese Semantik im Hinblick auf die Evolution ihrer Umwelt? Schon im frühen 19. Jahrhundert ist die Binnendifferenzierung des Wissenschaftssystems, also die Ausdifferenzierung der verschiedenen Fächer und Teildisziplinen, so weit fortgeschritten, daß Humboldts Postulat der Allgemeinbildung nur noch sehr schwer einlösbar zu sein scheint. In mancher Hinsicht wirkt es fast wie ein Anachronismus: Die Wissensfülle, die am Ende des Jahrhunderts der Aufklärung erreicht war, hatte den Universalgelehrten als Typus ohnehin unmöglich gemacht, und gerade die Aufklärung war es schließlich auch, die mit ihrer Betonung der praktischen Anwendbarkeit des Wissens den einzelnen förmlich dazu aufgefordert hatte, sich dort zu spezialisieren, wo er den größten Nutzen für die Gesellschaft besaß. Humboldts Idee steht quer zu diesen Trends. Warum ist sie trotzdem formuliert worden? Warum konnte sie sich trotzdem durchsetzen?

Beginnen wir mit der ersten Frage. Hier ist ein Blick auf die semantische Tradition hilfreich. Humboldt hatte sowohl die Weimarer Klassik wie auch die frühe idealistische Philosophie sehr intensiv rezipiert. Beide Ansätze grenzten sich von der Aufklärung ab. Vor allem die Weimarer Klassik kritisierte die oberflächliche Rationalität und das platte Nützlichkeitsdenken der Aufklärer. Statt dessen wurde die ganzheitliche Persönlichkeit, die Entwicklung aller Verstandes- und Seelenkräfte, wie es bei Goethe und Schiller hieß, gefordert; Schiller wandte sich in seiner berühmten Schrift zur „Ästhetischen Erziehung" sogar ganz ausdrücklich gegen das Spezialistentum, das den modernen Berufsmenschen verkümmern ließ. Wie der Titel von Schillers Traktat schon verrät, war es für ihn vor allem die Beschäftigung mit den Künsten, die dieser Vereinseitigung zu begegnen half. Humboldt eignete sich das Argument an, brachte es aber nicht mit der Kunst, sondern mit der Wissenschaft in Verbindung. Auch Wissen und Erkenntnis konnten, philosophisch reflektiert, der goldene Weg zu einer ganzheitlichen Entwicklung von Geist und Persönlichkeit sein.

Nun zur zweiten Frage: Warum konnte sich dieses Konzept durchsetzen, obwohl es doch offensichtlich einer semantischen Tradition verbunden war, die mit der Entwicklung von Wissenschaft und Gesellschaft nicht leicht zu vermitteln war? Eine erste Antwort auf diese Frage gibt ein neuerlicher Blick auf die historische Einordnung der Humboldtschen Vorschläge. Die preußischen Reformen fallen in einen Zeitraum, in dem die Aufklärung längst als ‚überwunden' galt und gleichzeitig die Industrielle Revolution mit ihren so alten wie neuen Imperativen der Nützlichkeit und der Spezialisierung noch nicht durchgeschlagen war. Wir haben es zwischen 1800 und 1848 mit einigen Jahrzehnten zu tun, in denen die preußischen Universitäten und die gesamte politische Kultur in Preußen in hohem Maße von der idealistischen Philosophie beeinflußt wurden. Hier fiel Humboldts Postulat der freien Geistesbildung auf fruchtbaren Boden. Eine weitere Antwort auf die oben gestellte Frage werden wir am Schluß dieser Anwendung geben.

Es ist allgemein bekannt, daß Humboldt nicht nur als Wissenschaftler und Universitätsreformer, sondern auch als Politiker in Erscheinung getreten ist. Über viele Jahre hinweg stand er als Diplomat im Dienst des preußischen Staates; seine wichtigste Mission führte ihn 1814/15 zum Wiener Kongreß. Aber auch die Tätigkeit als Universitätsreformer verband sich mit einem politischen Amt. 1809 wurde Humboldt von König Friedrich Wilhelm III. zum Chef der Sektion für Kultus und Unterricht im preußischen Innenministerium ernannt. Auch wenn Humboldt dieses Amt nach etwas mehr als einem Jahr wieder aufgab, konzipierte er hier doch bereits die 1810 erfolgte Gründung der Berliner Friedrich-Wilhelms-Universität, also genau jener neuen Einrichtung, die von der preußischen Regierung als das ‚Fanal' der allgemeinen Bildungsreform angesehen wurde. Eine Beschreibung der Aktivitäten Humboldts kann sich also nicht auf das Wissenschaftssystem beschränken – das Politiksystem ist ebenfalls ein Bezugsrahmen seines Handelns gewesen. Welchen Stellenwert hatte die Universitätsreform nun aber für das Politiksystem? Offensichtlich sind Humboldts Vorstellungen als ein bildungs- bzw. wissenschaftspolitisches Programm einzustufen, das, um mit den Begriffen Luhmanns zu sprechen, zur Programmierung des Politiksystems gehört. ‚Programmierung' ist schließlich alles, was die Entscheidung über den einen oder anderen Codewerte, also hier: Macht oder keine Macht, beeinflußt. Im frühen 19. Jahrhundert sind es freilich in Preußen noch nicht die Wähler, die aufgrund von (wissenschafts-)politischen Programmen darüber entscheiden, wen sie mit Macht ausstatten wollen und wen nicht, sondern es ist die Krone, die mit ihren Personalentscheidungen festlegt, welche Personen und Programme Regierungsgewalt erhalten, und welche anderen Personen und Programme in der Opposition verharren. Indem Humboldt zum Sektionschef berufen wird, entscheidet sich der König auch für dessen Reformkonzept, während die Konzepte Schleiermachers oder Fichtes von jener Macht gerade ferngehalten werden, die es umgekehrt den Humboldtschen Ideen erlaubt, in der Folge zur Grundlage kollektiv bindender Entscheidungen zu werden.

Das Politiksystem ist aber nicht nur dort im Spiel, wo es darum geht, die Vorstellungen Humboldts überhaupt erst einmal in die Realität umzusetzen. Auch das Reformkonzept selbst kommt in dem, was es für eine erfolgreiche wissenschaftliche Praxis vorsieht, nicht ohne Verbindungen zur Politik aus. Das scheint zunächst befremdlich zu sein – hatten wir doch gehört, daß Humboldt gerade die Autonomie der Wissenschaft fördern will, daß es ihm vor allem darum geht, äußere, wissenschaftsfremde Einflüsse auf das ‚reine Wahrheitsstreben' der Forscher abzuwehren. Wo konkret soll die Politik denn nun eingreifen? Humboldt nennt drei Bereiche: die institutionelle Planung, das Berufungs- und das Prüfungswesen. Auf all diesen Feldern geht es ihm darum, der Gefahr einer Korrumpierung vorzugreifen. Wenn nur Wissenschaftler über die institutionelle Planung entscheiden, werden gewiß allzu oft jene Organisationen begünstigt, denen die in den Entscheidungsgremien vertretenen Wissenschaftler angehören; wenn nur Wissenschaftler die Neuvergabe von Stellen regeln, kann es zur Vetternwirtschaft kommen; wenn nur Wissenschaftler Prüfungen abnehmen, droht die Bevorzugung von bekannten Personen. Die Politik – oder konkret der Staat – muß in Humboldts Augen dafür sorgen, daß diese Abweichungen vom eigentlichen Ideal unterbleiben – daß die institutionelle Weiterentwicklung dem wissenschaftlichen Fortschritt dient, daß nur die besten Wissenschaftler berufen werden, daß in Prüfungen nur das wissenschaftliche Können bewertet wird. Damit entsteht die paradoxe Situation, daß die Autopoiesis des Wissenschaftssystems gerade durch den Beitrag des Staates sichergestellt werden soll. Dieses Paradoxon läßt sich auflösen, wenn man bedenkt, welche Qualitäten Humboldt dem Staat zuschrieb; als Sachwalter der ‚allgemeinen Vernunft' mußte er daran interessiert sein, eine bestmögliche Entwicklung aller Funktionssysteme, also auch der Wissenschaft, sicherzustellen. Die strukturelle Kopplung zwischen Wissenschafts- und Politiksystem, die wir in den genannten Feldern beobachten, basiert also im wesentlichen darauf, daß der Staat dem Wissenschaftssystem seine Bindung an das Allgemeininteresse als Richtschnur für die Reproduktion zur Verfügung stellt.

Die Erwähnung der Universität, die Rede von Forschung und Lehre, auch von den akademischen Prüfungen hat aber schon darauf hingewiesen, daß wir es noch mit einem weiteren System zu tun haben: dem Erziehungssystem nämlich, wenn wir die Humboldtsche Universitätsreform mit den Kategorien Luhmanns analysieren wollen. Die Fähigkeit zu kritischem, nur an der Wahrheit interessiertem Denken und der Anspruch der umfassenden Geisteswie Persönlichkeitsbildung sind auch als Erziehungsziele zu definieren. Indem sie erreicht oder nicht erreicht werden können, gehören sie der Programmierung des Erziehungssystems an. Humboldt hat die universitäre Ausbildung in das Zeichen des Erreichens dieser Ziele gestellt. Zu den wichtigsten Maßnahmen gehörte hierbei die Einführung des Seminarsystems, das Dozenten und Studenten in gemeinsamer Forschung zusammenführen sollte; die Studenten hatten kein vorgefertigtes Wissen zu repetieren, sondern zu ausgewählten Themen im Dialog mit den Dozenten bereits eigene Proben wissenschaftlichen Arbeitens zu liefern. Das in vielen Fächern vorgeschriebene Begleitstudium in der Philosophischen Fakultät stellte darüber hinaus auch den Bezug zur Allgemeinbildung her. Im Ergebnis läßt sich die Institution Universität als eine strukturelle Kopplung von Wissenschafts- und Erziehungssystem beschreiben. Die beiden Systeme stellen sich wechselseitig Komplexität zur Verfügung; das Wissenschaftssystem liefert Denkstile und Wissensbestände für den Bildungsprozeß, und das Erziehungssystem stellt umgekehrt den Ausbildungsgang bereit, der zu einer bestimmten Weise, Wissenschaft zu praktizieren, hinführt.

Die Beschäftigung mit der Humboldtschen Universitätsreform bringt uns also, um ein Fazit zu formulieren, mit verschiedenen Funktionssystemen in Berührung. Einmal mehr erweist sich, daß Personen, Programme oder Institutionen unter den Bedingungen der modernen Gesellschaft kaum noch eindeutig sozial zu verorten sind, sondern sich, je nachdem, an welchen Kommunikationen sie teilhaben, ganz verschiedenen Funktionssystemen zuordnen. Trotzdem gehört das Hauptaugenmerk bei der Universitätsreform dem Wissenschaftssystem. Hier ist Humboldts Konzept sehr lange als eine ausgesprochen eigenwillige Schöpfung angesehen worden. Der Blick durch die Brille der Systemtheorie relativiert diese Eigenwilligkeit sehr stark. Offensichtlich ist das Modell Humboldts in seinen beiden wichtigsten Aspekten als eine direkte Reaktion auf den Prozeß der Funktionsdifferenzierung zu interpretieren – und zwar in beiden Frontstellungen: sowohl in der Förderung der Autonomie der Wissenschaft als auch in der Abwehr ihrer Binnendifferenzierung. Humboldt wird dadurch nicht seiner historischen Bedeutung entkleidet, aber seine Ideen verlieren ein wenig von dem Glanz ihrer unbedingten Originalität, wenn sie sich so klar in bestimmte historische Verlaufsmuster einordnen lassen. Die Wechselwirkungen zwischen den verschiedenen Systemen, die allesamt von der Universitätsreform berührt werden, geben Anlaß zu vielen Fragen, die von der bisherigen Forschung noch kaum gestellt worden sind. Aber sie halten auch Antworten bereit, etwa auf die beinahe klassische Frage, warum die Ideen Humboldts auch die heutige Universitätslandschaft noch so stark beeinflussen können, obwohl die Unterordnung der Forschung unter die Nutzenkalküle von Wirtschaft und Staat sowie die weitgehende Preisgabe der Allgemeinbildung zugunsten der Berufsspezialisierung seit einhundertfünfzig Jahren unübersehbare Tatsachen geworden sind. Dieser Umstand läßt sich möglicherweise damit erklären, daß das Erziehungssystem, das die Universität ja in demselben Maße prägt wie das Wissenschaftssystem, bis zur Gegenwart unverdrossen an den Idealen von allseitiger Persönlichkeitsbildung und selbständigem, kritischem Denken festhält. Aufgrund der strukturellen Kopplung mit dem Wissenschaftssystem wirken diese Programme so stark auf die Semantik des letzteren zurück, daß sie vielen widrigen Einflüssen aus anderen Systemumwelten wie Wirtschaft, Politik etc. erfolgreich entgegenwirken können. Im Ergebnis zeigt sich eine relative Stabilität der Humboldtschen Konzepte, die ohne den Blick auf das Erziehungssystem und ohne den Begriff der strukturellen Kopplung nur sehr schwer verständlich ist.

Anwendung B
Funktionssystem Liebe: Geschichte und aktuelle Bedeutung des romantischen Modells

In unserem zweiten Anwendungsbeispiel wollen wir noch einen Schritt weiter gehen. Im letzten Abschnitt hatten wir die Kategorien der Systemtheorie aufgegriffen, um einen historischen Gegenstand in neuer Weise zu beleuchten. Dabei waren wir aber auf einem relativ hohen Abstraktionsniveau verblieben. Häufig argumentieren Kritiker der Systemtheorie damit, daß Anwendungen der Luhmannschen Begriffe, wenn überhaupt, dann nur auf diesem hohen Abstraktionsniveau möglich seien, nicht aber, wenn es um Detailprobleme und um die konkrete Arbeit am historischen Material gehe. Wir wollen dieses Vorurteil widerlegen. Die abstrakten Überlegungen zum Funktionssystem Liebe sollen mit Detailanalysen verknüpft werden, die auch auf die Empirie zugreifen, die auch Quellen einbeziehen: Die Systemtheorie wird als ‚vollwertige' wissenschaftliche Methode vorgestellt, die sach- und quellenbezogene Untersuchungen ermöglicht. Damit wird auch eine Brücke zur Praxis der Studienarbeiten geschlagen, der Seminar- und Examensarbeiten, deren Fragestellungen ja in der Regel ebenfalls auf konkrete Phänomene zielen, die sich nur durch die Analyse von Texten, Bildern und anderen Dokumenten erschließen lassen.

Um diesen Ansprüchen gerecht zu werden, wollen wir die folgende Anwendung in besonderer Weise gestalten. Der Text wird in zwei verschiedene Ebenen unterteilt. Die erste Ebene, in Normalschrift gehalten, wird das Funktionssystem Liebe abstrakt analysieren – wie es nötig ist, um Aussagen zu größeren historischen Zusammenhängen und zur Überprüfung der theoretischen Annahmen Luhmanns zu treffen. Die zweite Ebene aber, die durch Kursivschrift kenntlich ist, bewegt sich dicht an das historische Material heran, löst Detailprobleme und zieht dazu Quellen heran, die in den Fußnoten nachgewiesen werden. Hier wird eine Studienarbeit gleichsam simuliert. Um dieser Simulation willen gibt es auch ein eigenes Inhalts- und Literaturverzeichnis. Der gesamte Abschnitt ist als eigenständige Arbeit, als ‚Buch im Buch' zu lesen.

Inhalt

1. Vorbemerkungen

Liebe ist ein symbolisch generalisiertes Kommunikationsmedium – diese Erkenntnis hat schon bei der Beschreibung dieses Funktionssystems in Teil II den einen oder anderen Leser frappiert. Aber die Liebe, diese Himmelsmacht, kann nicht nur mit soziologischen Kategorien analysiert und entzaubert werden, sie ist auch das Ergebnis eines historischen Ausdifferenzierungsprozesses. Liebe ist folglich keine anthropologische Konstante. In vergangenen Epochen gab es keine Liebe, oder – um es präziser auszudrücken – es gab keine Liebe, wie wir sie heute kennen. Liebe ist zeitabhängig, sie verändert sich und diese Veränderungen reagieren auf bestimmte Problemlagen, die in der Gesellschaft gerade vorherrschen. Oft werden solche Veränderungen zunächst von der gepflegten Semantik vorgenommen. So gab es in der hohen Literatur schon relativ früh Vorstellungen von Liebe, die – natürlich nicht als Gesamtes, sondern nur in einzelnen Elementen – unseren heutigen durchaus nahe kommen. Damals hatten sie jedoch ganz andere oder viel geringere Auswirkungen auf das Denken und Verhalten der Zeitgenossen. Für die Etablierung neuer Semantiken ist nicht nur der Anstoß durch einige Intellektuelle wichtig, dem dann das ‚Einsickern' der entsprechenden Muster in die Gesellschaft folgt – wie es ein einfaches ‚Sickerungs'-Modell beschreiben würde –, sondern auch die Sozialstruktur selbst, die erst noch darüber entscheiden muß, welche semantischen Variationen überhaupt ‚angenommen' werden, weil sie plausible Antworten auf bestimmte Problemlagen zu geben vermögen.

Was bedeuten diese abstrakten Ausführungen nun für ein konkretes Forschunsprojekt im Anschluß an Luhmanns Reflexionen zum Intimsystem? Die Antwort lautet: Sie legen eine bestimmte Fragestellung und eine bestimmte Methode nahe. Wann und in welcher konkreten Gestalt ist die heutige Liebessemantik entstanden? Auf welchen Problemdruck hat sie reagiert? Und inwiefern kann sie gegenwärtig als Bestandteil des semantischen Apparats nachgewiesen werden? Methodisch wollen wir diese Fragen im

Rückgriff auf Luhmanns Semantikbegriff und auf seine systemtheoretische Analyse des Intimsystems angehen.

In seinem Buch „Liebe als Passion. Zur Codierung von Intimität" hat Luhmann den Prozeß der Ausdifferenzierung von Liebe und die Struktur des Funktionssystems *Liebe* schon in groben Strichen gezeichnet. Seine historischen Ausführungen beginnen mit der mittelalterlichen Minne und enden mit der romantischen Liebe. Hat er also schon alles gesagt? Gerade Germanisten können diese Frage nur mit NEIN beantworten. Luhmanns Ausführungen stützen sich auf französische, englische und auch deutsche Quellen – vornehmlich literarische Texte –, die einzelne Elemente der romantischen Liebe herausgreifen, sie aber nicht in ihrer Vollständigkeit nachzuzeichnen vermögen. Auch die Romantikforschung hat bisher keine überzeugende Darstellung der romantischen Liebe hervorgebracht, obwohl sie den Topos sehr gern im Munde führt. Meist nähern sich die Wissenschaftler dem Liebeskonzept der Romantiker unter Rückgriff auf die Biographien der Autoren oder zeichnen es pathetisch als neue Liebesreligion oder als Wegweiser zum goldenen Zeitalter. Warum diese neue Form der Liebe um 1800 auftaucht, auf welche gesellschaftsstrukturellen Veränderungen diese semantische Revolution reagiert, taucht gar nicht im Problemhorizont auf. Diese historisch-soziologische Blindheit führt dann auch zu einer analytischen Ungenauigkeit. Wenn man nicht weiß, warum etwas geschieht, kann man es auch nicht adäquat erkennen. Warum gehören Liebe und Ehe plötzlich zusammen? Warum wird der Liebespartner zum besten Freund und gleichzeitig zum Geliebten (in sexueller Hinsicht)? Warum wird die seelische Liebe der körperlichen gleichgesetzt? Und warum ist plötzlich das *Verstehen* der Liebenden so wichtig? Warum werden all diese semantischen Variationen ausgelöst, die in einem krassen Gegensatz zur semantischen Tradition und zum Stand der Gesellschaftsevolution stehen? Denn immer noch werden Ehen vornehmlich aufgrund von ökonomischen und politischen Interessen geschlossen, spielt die Liebe bei der Partnerwahl keine Rolle, findet die geistige Liebe ihren Ort in der Freundschaft, ist die körperliche Liebe minderwertig und nur zum Zweck der Reproduktion ‚rein' – und das Verstehen zwischen den Eheleuten ist immer noch nachrangig, wenn sie sich nur gegenseitig bei der Bewältigung des Alltags unterstützen. Der Gegenentwurf zu dieser Realität ist zunächst im Bereich der gepflegten Semantik formuliert worden; und zwar von eben jenen Autoren der Romantik, deren literarische Texte nun auch als Quelle herangezogen werden sollen. Diese Autoren haben wie Seismographen auf gesellschaftliche Veränderungen reagiert und dabei das semantische Material variiert. Sie haben Utopien produziert, deren Konfliktpotential sie durchaus reflektierten. Sie waren keine Träumer, um ein häufig wiederholtes Vorurteil zu zitieren, sondern durchaus realistisch in ihrer Einschätzung, auf welche Widerstände eine Autonomisierung von Liebe und Ehe stoßen würde. Deswegen nehmen die Probleme, die z.B. durch eine Liebesheirat hervorgerufen würden, auch in unserer Darstellung einigen Raum ein.

In einem zweiten Schritt geht es uns dann um die Frage, ob und in welchem Maße sich das romantische Modell heute durchgesetzt hat. Unsere These lautet: Wir lieben heute in trivialisierter Form wie die Romantiker. Diese These werden wir anhand eines neuen Quellentypus' belegen, denn hier sind wir dem semantischen Apparat oder anderes gesagt: dem aktuellen Sinnhorizont auf der Spur. Wir müssen also Quellen heranziehen, die diesem Bereich der Sinnproduktion zugeordnet sind. Dies könnten Trivialromane oder soap operas sein. Wir ziehen jedoch populärwissenschaftliche Ratgeberbücher und Lehrbücher für Eheberater heran, weil diese den semantischen Apparat nicht nur abbilden, sondern auch noch eine analytisch-reflexive Ebene besitzen, die auf innersystemische Probleme der Liebe hinweist.

In einem weiteren Schritt wird mit Blick auf Luhmanns Analysen der historischen Semantik von Liebe kritisch überprüft, ob sich das Funktionssystem Liebe auf die romantische Semantik beschränkt – ein Eindruck, der im Verlauf der Untersuchung sehr leicht entstehen kann.

Um auf all diese Fragen eingehen zu können, müssen wir ergebnisorientiert arbeiten. Der Charakter eines Einführungsbuches begrenzt den Umfang deutlich und macht es uns unmöglich, das gesichtete Material in aller wünschenswerten Breite zu präsentieren.

Wir können also nur einige wenige Quellen exemplarisch vorstellen.

2. Die Romantiker und die Liebe

2.1 Das Problem: Die Gesellschaft und das Individuum

Die Romantiker leiden an der Gesellschaft. Sie sehnen sich zurück in die ständische Welt des Mittelalters. Sie sind auf der Suche nach dem ‚Goldenen Zeitalter' oder nach der ‚Blauen Blume'. Woher kommt diese teilweise diffuse Sehnsucht? Die Romantiker wissen, daß sie sich in einem Prozeß radikaler gesellschaftlicher Umbrüche befinden. Die Säkularisierung entläßt den Menschen aus dem sicheren Hafen eines religiösen Weltbildes; die beginnende Maschinisierung der wirtschaftlichen Produktion, die Arbeitsteilung und die Auslagerung der Berufsarbeit aus dem Haus werden von Ludwig Tieck, Friedrich Schlegel und anderen – lange vor Marx und Engels – als Entfremdung des einzelnen von der Arbeit beschrieben. Das Individuum vereinsamt, es empfindet sich als abgetrennt von den übrigen Menschen. Aber nicht nur das Verhältnis zu den Mitmenschen wird für das romantische Individuum problematisch, auch das Verhältnis zu sich selbst wird mehr und mehr von einer Unkenntnis über das Wesen der eigenen Person beherrscht, allein schon deshalb, weil das eigene Ich in einem steten Wandel begriffen ist. So schreibt Sophie Mereau-Brentano in ihrem Roman „Das Blütenalter der Empfindung": „Ach! nur zu bald empfand ich, daß wir nie das wieder werden können, was wir einmal aufgehört haben zu sein. Die Erfahrung die wir machen, die Gefühle, die in uns entwickelt werden, ändern unaufhörlich an unserem Wesen" (S.25). Caroline von Günderode geht sogar so weit, ihr eigenes Ich, das ihr in alten Briefen begegnet, als „im Sarg liegend" zu beschreiben. Das frühere Ich wird zu etwas, das man gar nicht mehr erkennt und das eigentlich schon tot ist. Diese Fluktuation, diese Verunsicherung hängt letztlich damit zusammen, daß der einzelne nicht mehr an die Gesellschaft gebunden ist, daß ihm kein Lebensweg mehr vorgegeben wird, daß er frei ist und sich in dieser Freiheit selbst erschaffen muß.

Warum ist diese Freiheit für das Individuum so neu? In der stratifikatorisch differenzierten Gesellschaft wurde der einzelne in einen bestimmten Familienverband, eine bestimmte Zunft, einen bestimmten Stand hineingeboren. Die Lebensregeln waren durch die Gesellschaftstruktur und das religiöse Weltbild vorgegeben. Jeder Mensch, egal ob adeliger, bürgerlicher oder bäuerlicher Herkunft, muß sein Leben gottgefällig gestalten. Die Identität des Individuums ist fremdreferentiell – über Inklusion – strukturiert. Es gibt nur richtiges und falsches Verhalten. Und ob ein Verhalten richtig oder falsch war, konnte stets bei der Beichte oder durch den Gedanken an die Beichte überprüft werden. Ergänzt wird diese Ichformende Kraft der Religion durch die Gemeinschaft des ganzen Hauses, durch die Gemeinde, das Dorf und die Zunft. All diese Vergemeinschaftungsformen geben Regeln vor und kontrollieren ihre Einhaltung. Ein Handwerker ist gleichzeitig Ehemann, Sohn, Schwager, Dienstherr, Untertan und Christ. Jeder, der ihm begegnet, kennt ihn, entweder persönlich oder durch seine Kleidung als Teil eines bestimmten Standes, einer bestimmten Zunft. Die Spielräume für die Entwicklung einer eigenständigen Ich-Identität sind gering, daher aber auch unproblematisch. Wer man ist und zu sein hat, wird von außen vorgegeben.

Die Intellektuellen des frühen 19. Jahrhunderts sprechen als erste aus, daß sie sich dieser Erfahrung mehr und mehr beraubt sehen. Der Übergang zur funktionalen Gesellschaftsdifferenzierung stellt dem Individuum die Aufgabe, sich selbständig zu bilden. Auf diese Problemlage – und das ist der springende Punkt – reagieren die Romantiker mit ihren literarischen Variationen der Liebessemantik. Sie stellen für eine wichtige gesellschaftliche Funktion: die Konstruktion von Individualität, ein neues semantisches Angebot zur Verfügung. Dieses Angebot stand natürlich nicht konkurrenzlos da. Andere Intellektuelle, Literaten, Politiker, Wirtschaftskapitäne kamen zu anderen Lösungsvorschlägen. Zu nennen wären etwa der Versuch einer neuen Popularisierung von Religion, die ganzheitliche, auch das private Leben einbeziehende Gestaltung von Firma und Betrieb, oder der Verein, der seine Mitglieder unter dem Banner eines bestimmten Gedankens vereinigt. Auch die Idee der Nation kann zu diesen Angeboten gezählt werden, die dem Individuum einen neuen Ort, eine neue Orientierung bieten wollten.

Die Gesellschaftsevolution hat letztendlich gezeigt, daß sich die Liebe als Funktionssystem zur Konstituierung von Individualität durchgesetzt hat. Dies liegt nicht zuletzt an der Tatsache, daß sich Konzepte, die hierbei auf bestimmte Gruppen setzten, mit der Erosion dieser Gruppen in der weiteren gesellschaftlichen Entwicklung konfrontiert sahen. Die Liebe erwies sich als weitaus hartnäckiger. Außerdem verfügte sie über ein Mittel, das sich für die Individualitätskonstituierung hervorragend eignete: das wechselseitige Verstehen.

Um die Bedeutung dieses semantischen Elements zu erkennen, müssen wir uns zunächst mit seiner Vorgeschichte befassen. Oftmals entstehen neue Konzepte schließlich dadurch, daß tradierte Semantiken in neuer Weise kombiniert werden. Eine erste Annäherung an das Prinzip des wechselseitigen Verstehens zur Herstellung und Stabilisierung von Identität stellte im 18. Jahrhundert bereits der Freundschaftsbund dar. In der Freundschaft sollte die Verwandtschaft der Seelen erlebbar werden, in ihr verdoppelte sich die eigene Person in derjenigen des anderen – treffendster Ausdruck der Vereinigung zweier Individuen. Diese Seelenfreundschaft wurde gegen die reine Sinnlichkeit von Liebe und Ehe ausgespielt. In ihr sollte die Totalität des einzelnen – all sein Erleben und Handeln – Berücksichtigung finden: Der Freund hatte den gesamten Weltentwurf des Freundes zu bestätigen.

Nicht unbedingt eine Weiterentwicklung dieses Gedankens, aber eine semantische Variation, die auf einem ähnlichen Grundgedanken basiert, finden wir in der empfindsamen Liebe. Auch ihr geht es um einen Seelenbund, der Sexualität noch weitgehend ausspart, aber die Ehe auf der Basis von Liebe durchaus schon in seinen Sinnhorizont einbezieht.

2.2 Die vorromantische Semantik von Liebe und Ehe

Die Liebe war offensichtlich ein vermintes Feld. Schon die Abwertung der Sexualität sorgte dafür, daß jeder Verbindung von körperlicher und geistiger Liebe mit Skepsis begegnet wurde, aber auch die Verbindung von Liebe und Ehe war problematisch, da die Ehen entweder, wie vorrangig beim Adel, aufgrund von politischen Überlegungen, oder, wie im Bürgertum die Regel, aufgrund von ökonomischen Kalkülen geschlossen wurden. Liebe gab es in diesen Ehen nur in einer bestimmten Bedeutung des Begriffs: Liebe als Vorschrift, dem Ehemann körperliches und seelischen Wohlbehagen zu bereiten, Liebe als Nächstenliebe, Liebe als Synonym für Sexualität, Liebe als Gehorsam. Der Begriff Zuneigung verweist im Mittelalter nicht auf Gefühle, sondern auf die rechtliche Seite der Ehe und grenzt diese vom Konkubinat ab.

Semantische Variationen des Liebesbegriffs, die heute für uns noch interessant sind, waren außerhalb der Ehe angesiedelt. Den Anfang machte nach Luhmann – wie schon kurz erwähnt – die mittelalterliche Minne. Ein unverheirateter Ritter erklärt sich zum Untertan der Ehefrau seines Herrn. Er liebt sie, weil sie – nicht zuletzt durch ihre hohe gesellschaftliche Stellung – vollkommen ist. Er sieht nicht nur ihre körperliche Schönheit, die sexuelles Begehren auslöst, sondern auch ihr inneres Wesen. Sie ist für ihn die ideale Frau, so daß sie seine Liebe geradezu erzwingt. Der Ritter ist wehrlos, er wird liebeskrank, er erleidet eine Passion und ist folglich nicht mehr für sein Handeln verantwortlich. Im Barockzeitalter wird dann versucht, diese Passion als Voraussetzung für Liebe durch die Imagination zu ersetzen. Hier entsteht die Metaphorik der Blindheit: Liebe macht blind, sie herrscht über die Augen und selbst, wenn der Liebende etwas Negatives am Geliebten wahrnimmt, macht es keinen Eindruck. Im 17. Jahrhundert kann sich diese Semantik nicht durchsetzen, aber sie hat die Grundlage dafür geschaffen, später von der Ständezugehörigkeit und den konkreten Eigenschaften einer Person abstrahieren zu können.

2.3 Die romantische Revolution: Das Individuum und die Liebe

Die Romantiker trafen um 1800 also auf eine schwierige semantische Tradition. Sie suchten für das problembeladene Individuum einen Ort, an dem es zu sich selbst kommen und den Entfremdungs- und Vereinzelungserfahrungen seiner Zeit entgehen konnte. Damit die Liebe zu diesem Ort werden konnte, mußte – wie der historische Überblick gezeigt hat – geradezu eine semantische Revolution erfolgen. Und diese Revolution fand statt.

2.3.1 Die Liebe als Individualitätskonstrukteurin

Zu den wichtigsten revolutionären Schritten gehörte es, der Liebe überhaupt erst die Funktion einer Individualitätskonstrukteurin zuzuschreiben. Genau dies geschah in der romantischen Literatur. Diesem Punkt wollen wir etwas mehr Plausibilität verleihen, indem wir hier beispielhaft einen Ausschnitt aus einer ausführlicheren Analyse, so wie sie auch in einer Hausarbeit oder einer Examensarbeit geleistet werden könnte, vorstellen. Die recht umfangreichen Fußnoten dieses kleinen Textkorpus deuten schon an, daß systemtheoretische Analysen immer auf sich wiederholende Sinnmuster hinaus wollen und sich keineswegs damit begnügen können, nur einen einzelnen Text zu untersuchen. Wenn ein bestimmtes Muster nur in einem Text vorkäme, wäre dies eine sehr marginale Variation am semantischen Material, welche die Evolution der romantischen Liebe im Gesellschaftsprozeß kaum vorantreiben könnte. Noch eine Vorbemerkung: In den ausgewählten Anwendungsbeispielen wird der 1799 publizierte Roman „Lucinde" von Friedrich Schlegel häufig zitiert. Dieser Roman wird in der Forschung oft zur Geburtsurkunde der romantischen Liebe stilisiert. Und es ist wirklich überraschend, wie genau er das beschreibt, was sich später als Liebe im modernen – sprich: romantischen – Sinne ausdifferenziert hat. Trotzdem geht das Funktionssystem Liebe natürlich nicht auf Schlegel zurück. Der Roman Schlegels konnte nur einen kleinen Beitrag zur Entstehung des Liebessystems leisten, denn es ist ja letztlich der gesellschaftsevolutionäre Prozeß, der noch einmal aus dem semantischen Material auswählt und erst damit die Ausdifferenzierung des Systems vorantreibt. Die einzelnen literarischen Texte und ihre Bedeutungssegmente bilden nur den Semantik-Pool, der zur Variation in anderen Texten oder zur Integration in den semantischen Apparat zur Verfügung steht.

Die verstehende Geliebte wird im Roman „Lucinde" von Friedrich Schlegel für den Protagonisten Julius zum „Spiegel"[1]*, in dem er sich nicht scheut, sich „selbst zu bewundern und zu lieben. Nur hier sieht [er sich] ganz und harmonisch, oder vielmehr die volle ganze Menschheit in [ihm] und in [ihr]"*[2]*. Dabei geht ihm der Sinn für sein eigenes Wesen und für das Wesen der Welt auf:*

„Wie seine Kunst sich vollendete und ihm von selbst in ihr gelang, was er zuvor durch kein Streben und Arbeiten erringen konnte: so ward ihm auch sein Leben zum Kunstwerk, ohne daß er eigentlich wahrnahm, wie es geschah. Es ward Licht in seinem Inneren, er sah und übersah alle Massen seines Lebens und den Gliederbau des Ganzen klar und richtig, weil er in der Mitte stand. Er fühlte, daß er diese Einheit nie verlieren könne, das Rätsel seines Daseins war gelöst, er hatte das Wort gefunden, und alles schien ihm dazu vorherbestimmt und von den frühsten Zeiten darauf angelegt, daß er es in der Liebe finden sollte."[3]

---

1 *Ähnlich bei Novalis, Ofterdingen, S.106 und Schleiermacher, Briefe, S.91.*

2 *Schlegel, Lucinde, S.18. Dieser Gedanke findet sich auch in Humboldts „Brautbriefen". Die Liebenden gewinnen ihre Individualität durch die Liebe und bewahren sie auch dort. Humboldt schreibt in einem Brief an Caroline: „Das volle, reine Anschauen, oh! das wurde mir erst, da ich Dich liebte und da Du mich liebtest" (Humboldt, Briefe, S.394). – Aus der Philosophiegeschichte (Clairvaux, Albertus Magnus, Thomas von Aquin) war sogar der Topos überliefert, daß Liebe die Totalität des Universums in der Vereinigung mit Gott widerspiegeln kann. Von dort aus ist es in einer tendenziell säkularen Gesellschaft kein weiter Weg zur Widerspiegelung der Totalität von Individualität in einem anderen Individuum durch Liebe.*

3 *Schlegel, Lucinde, S.98. In Friedrich Heinrich Jacobis Roman „Woldemar" finden wir dieses Zu-sich-selbst-Kommen durch die Liebe in der Freundesliebe vorbereitet. Über die Freundschaft zwischen Henriette und Woldemar heißt es: „Ihr Einverständniß wurde von Tag zu Tage leiser und inniger. Henriette, die zu ihrem eigensten Daseyn bisher nicht hatte gelangen können, erhielt es in dem Anschauen eines Mannes, der durchaus selbständig*

Julius wird zum Mittelpunkt seines eigenen Lebens und Schaffens. Sein Wesen ist nicht mehr einem fortwährenden unkontrollierten Wandel unterworfen, alles hat einen Sinn und läßt sich integrieren. Es ist die Liebe, der er diese schöpferische Kraft zuschreibt. Julius hat endlich einen festen Beobachterstandpunkt gefunden, um zur wahren Erkenntnis seiner selbst und der Welt zu gelangen. Diese Metamorphose wird als Schöpfungsakt oder Geburt stilisiert – ein für die Romantik durchaus übliches Motiv. Bei Friedrich Schleiermacher heißt es: „Der Augenblick, da die Liebe zuerst ans Licht tritt, und Licht schafft aus dem inneren Chaos, welches von nun an aufhört eines zu seyn, ist ebenso unerforschlich und unbegreiflich, als jedes andere Entstehen“[4]. An einer anderen Stelle bezeichnet er das Werden des Menschen durch die Liebe sogar als eine Geburt.[5] Auch in Novalis‘ „Heinrich von Ofterdingen“ und in Ludwig Tiecks Roman „Franz Sternbalds Wanderungen“ wird die Liebe zum eigentlichen Beginn des Lebens erklärt.[6]

Aber so mythisch, wie hier behauptet, ist der Schöpfungsakt im Grunde nicht, der die Liebenden zur Ansicht ihres Selbst bringt. Indem Lucinde Julius versteht, macht sie ihn einfach ihm selbst

---

war, und ihren besten Ideen und Empfindungen – den einsamen, verschlossenen – Ausflucht, lebendige Kraft und unüberwindliche Gewißheit ertheilte“ (Jacobi, Woldemar, S.51f.). Hier wird Woldemar zum Spiegel für einen anderen Menschen, ohne seine Individualität aufgeben zu müssen. Das Anschauen des einen Ichs löscht das andere nicht aus. Kein Freund muß sich in der Freundschaft verlieren.

4 Schleiermacher, Briefe, S.114.

5 Siehe ebd., S.105.

6 Mathilde antwortet auf Heinrichs Frage, ob sie ihn liebe: "Ich weiß nicht, was Liebe ist, aber das kann ich dir sagen, daß mir ist, als finge ich erst jetzt zu leben an" (Novalis, Ofterdingen, S.117), und Franz Sternbald sagt zu seiner Angebeteten, als sie sich ihre gemeinsame Liebe gestanden haben: „Von diesem Augenblicke an erst beginnt mein Leben“ (Tieck, Sternbald, S.399). - Auch in Rousseaus „Julie oder Die neue Héloise“ ist dieser Schöpfungsakt am Werke, wenn St. Preux zu Julie sagt: „Du [...] hast mir, glaube ich, mit Deinem sanften Atem eine neue Seele eingehaucht“ (Rousseau, Julie, S.150).

verständlich. Sie ist die „eine“ und einzige, die dies vermag.[7] *Und somit wird das Verstehen zwischen den Liebenden exklusiv. Nur die Liebende, die den Geliebten versteht, kann die eine und einzige sein. Und sie ‚muß‘ dann auch die einzige sein, denn Exklusivität wird zur Vorschrift der romantischen Liebe.*

Das Verstehen und der Code der Liebe

All diese Quellen demonstrieren, wie eng die Funktion des Systems Liebe – die Individualitätskonstruktion – an das Verstehen geknüpft ist. Hier finden wir also bereits einen sehr deutlichen Hinweis auf die Codierung des Systems. Erinnert sei an die Diskussion im Kapitel ‚Liebe‘ von Teil II dieses Buches: Luhmann nannte als Codierung des Systems *Du und kein anderer* bzw. *persönlich/unpersönlich*, wir schlugen hingegen als binären Code *Verstehen/Nicht-Verstehen* vor. Als Begründung gaben wir damals logische Schwierigkeiten der Luhmannschen Codierungsvorschläge und die fehlende Nähe dieser Codes zur Funktion des Systems an. Die Reflexionen der Romantiker scheinen eine solche Argumentation zu unterstützen. Die Exklusivität wird im oben beschriebenen Beispiel zu einer *Folge* des Verstehens, übernimmt also eher die Rolle einer Zweitcodierung. Die zitierten literarischen Texte demonstrieren, daß alle Weichen für eine verstehende Liebe gestellt werden. Als Liebesvoraussetzung setzt sich die Ähnlichkeit der Liebenden gegen die Schönheit durch; nur wer sich geistig ähnelt, kann sich verstehen. Die Frauenbildung gewinnt – wie schon in der

---

7 *Siehe Schlegel, Lucinde, S.41. Wird bei Schlegel schon „Verstehen“ zur Voraussetzung für Exklusivität, so ist es in Tiecks Roman „William Lovell“ noch (unter anderem) die Idee von der Größe des Gefühls. In einer Diskussion über die Liebe wird William Lovell gefragt: „Denn ist nicht Liebe eben dadurch Liebe, daß sie gänzlich unseren Busen füllt? Unsre Seele ist zu eng, um zwei Wesen mit einem Gefühle zu umfangen“ (Tieck, Lovell, S.82). Liebe ist hier noch reines Gefühl. Die Verstehenskomponente spielt keine Rolle: „Meine ausdauernde Liebe, mein Gefühl, das sich immer gleich blieb, scheint sie endlich überzeugt zu haben, daß nur dies die wahre Liebe sei“ (Tieck, Lovell, S.251), schreibt ein Bräutigam, nachdem die Geliebte seinen Heiratsantrag endlich angenommen hat (vgl. Tieck, Lovell, S.219).*

Aufklärung – an Bedeutung, denn nur eine gebildete Frau kann ihren gebildeten Ehemann verstehen. Die Freiheit bei der Wahl des Liebespartners wird mehr und mehr betont, denn nur wer frei wählen kann, wird auch mit hoher Wahrscheinlichkeit jemanden finden, der sein innerstes Wesen zu erkennen vermag. Wenn nur Vermögen und Stand zueinander finden, ist es recht unwahrscheinlich, daß auch eine gemeinsame Plattform des wechselseitigen Verstehens vorhanden ist.

2.3.2 Funktionsweisen des Verstehens

Aber woran kann der Liebende erkennen, daß der Geliebte ihn versteht? Wann darf er sich verstanden, wann muß er sich unverstanden fühlen? Und wie soll dieses Verstehen eigentlich funktionieren? Seine Grundvoraussetzung haben wir ja schon im vorangegangenen Abschnitt genannt: Ähnlichkeit und Bildung beider Partner. Wir wollen noch einmal ausführlich Friedrich Schlegel zu Wort kommen lassen, der in der „Lucinde" ein Modell wechselseitigen Verstehens entwickelt, das dem modernen Menschen in vielen Zügen bekannt vorkommen wird:

Die Einfühlung als Einheitsstifterin

Wechselseitiges Verstehen setzt die Einfühlung des einen Partners in den anderen voraus. Diese Form der Einfühlung ist um 1800 keine Fertigkeit, die schon seit Jahrhunderten bekannt ist, sondern muß erst noch eingeübt werden. Dazu dient etwa der spielerische Rollentausch. In der „Lucinde" wird er von den Liebenden praktiziert. „Die schönste (Situation ist die): wenn wir die Rollen vertauschen und mit kindischer Lust wetteifern, wer den anderen täuschender nachäffen kann"[8]*. Aber mit dieser Übung allein ist es nicht getan, denn sie setzt eine besondere Leistung der Liebenden voraus. Wer in der Lage ist, in die Rolle eines anderen zu schlüpfen, muß dessen Perspektive übernehmen können. Er muß ein Ver-*

8 Schlegel, Lucinde, S.23

ständnis für sein Gegenüber entwickeln, das über das kommunizierbare hinausgeht. Ja, er muß sich geradezu der Gedankenwelt des anderen bemächtigen. Diese Welt ist für Lucinde und Julius vertrautes Gebiet. Schon eines der ersten Gespräche wird zu einem Schlüsselerlebnis:

„Wie freute sich Julius, da er mit ihr über Musik sprach, und seine innersten und eigensten Gedanken über den heiligen Zauber dieser romantischen Kunst aus ihrem Munde hörte!“[9]

Das tiefste und verborgenste Wesen Julius' ist offensichtlich auch Lucindes Besitz, denn sie spricht aus, was er denkt und fühlt. Von Anfang an weiß er also genau, daß sie ihm ähnlich ist, daß sie ihn verstehen kann. Doch es bleibt nicht bei dieser – vielleicht zufälligen – Übereinstimmung der Ideen. Julius entwickelt ein ständiges Bewußtsein von dem, was Lucinde denkt:

„Ich weiß und sehe recht gut wie Du denkst. Und wenn ich es nicht wüßte und sähe, was wäre denn die unsichtbare Gemeinschaft unsrer Geister und die schöne Magie dieser Gemeinschaft?“[10]

Die Kenntnis der Gedankenwelt der Geliebten wird zur Voraussetzung der Liebe.[11] *Dieser metaphysische Aspekt des Verstehens grenzt die Liebe von der Freundschaft ab. Der Freund muß die Gedanken noch aussprechen*[12]*, der Geliebte kann sie selbst denken. Novalis' Heinrich glaubt nur „geboren“ zu sein, um Mathilde „zu denken und zu empfinden“*[13]*. Und dieser Anspruch ist wechselsei-*

---

9 *Ebd., S.92.*

10 *Ebd., S.130. An anderer Stelle: „Du fühlst alles ohne daß ich's sage“ (ebd., S.112). Und auch Lucinde weiß, was Julius denkt, wenn er, nachdem er einen Brief von ihr gelesen hat, sagen kann: „Wie treu und wie einfach hast du ihn aufgezeichnet, den kühnen alten Gedanken zu meinem liebsten und geheimsten Vorhaben“ (ebd., S.18).*

11 *Bei Jane Austen begegnet uns das Motiv der Perspektivübernahme als Voraussetzung für Liebe. Lieben kann nur, wer die Perspektive und die Wünsche des anderen mitberücksichtigt (siehe Austen, Emma, S.288f.).*

12 *Franz fordert seinen Freund Sebastian in „Franz Sternbalds Wanderungen“ dazu auf, ihm recht fleißig zu schreiben, „damit [sie] einander nicht fremde werden, wie es sonst gar zu leicht geschieht“ (Tieck, Sternbald, S.58).*

tig. Gestützt wird er von der vollständigen Offenheit der beiden Liebenden.

„Keinen Gedanken, keine Empfindung kann ich vor dir mehr geheim haben; du mußt alles wissen. Mein ganzes Wesen soll sich mit dem deinigen vermischen. Nur die grenzenloseste Hingebung kann meiner Liebe genügen. In ihr besteht sie ja. Sie ist ja ein geheimnisvolles Zusammenfließen unsers geheimsten und eigentümlichsten Daseins."[14]

Hier glaubt man, die Grenzen des eigenen Ichs verschwimmen zu sehen. Wenn keine Frage Lucindes in Julius ohne Antwort bleibt, und Julius seine Fragen und Antworten gleichermaßen in Lucinde findet[15]*, so ergibt sich ein Bild vollkommener Harmonie. Zwischen den Liebenden besteht keine Ungleichheit. „Jeder gibt dasselbe was er nimmt, einer wie der andre, alles ist gleich und ganz und in sich vollendet"*[16]*. Die Liebe entzündet sich an der Gegenliebe, sie liegt im Wesen des Gegenübers verborgen.*[17] *Die Liebenden verfügen über eine eigene Welt, die ein sich selbst konstituierendes Gleichgewicht besitzt. Sie sind ein Wesen, aber gleichzeitig zwei. Erst das Ineinanderaufgehen, das gegenseitige Verstehen, hat sie zur Ansicht ihres Ichs geführt. „Nur in der Antwort seines Du kann jedes Ich seine unendliche Einheit ganz fühlen"*[18]*. Im Erlangen der Einheit geben die Liebenden ihr eigenes Selbst aber nicht auf; die romantische Einheitsvorstellung läßt nicht nur jedes Individuum als Individuum weiterexistieren, sondern verortet hier sogar die Entstehung von Individualität.*

---

13 Novalis , Ofterdingen, S.106.

14 Ebd., S.119f.

15 Siehe Schlegel, Lucinde, S.111.

16 Ebd., S.104. Die Vorstellung des wechselseitigen Gebens und Nehmens – gekoppelt mit der Übernahme der Perspektive des Geliebten – führt in der „Julie" zu folgender Überlegung St. Preuxs: „Ich übergebe Ihnen also ohne Vorbehalt die Sorge für unser gemeinsames Glück; sorgen sie für das Ihrige, so ist alles getan" (Rousseau, Julie, S.56). Vgl. auch Gellert, Gräfin, S.38.

17 Siehe Schlegel, Lucinde, S.110f.

18 Ebd., S.105.

Der Perspektivwechsel als Programm des Liebessystems

Unsere Quellen legen die Wurzeln des in der Systemtheorie als Perspektivwechsel bekannten Teils der Liebessemantik offen, jenes Teils, der von Luhmann zu ihren wichtigsten Elementen gezählt wird. Der Perspektivwechsel ist eine Vorschrift, die von den Liebenden unbedingt erfüllt werden muß. Wenn er gelingt, gibt er Aufschlüsse über erfolgreiches Verstehen. Er ermöglicht den Kommunikanten also die Zuordnung der Kommunikation zum Codewert Verstehen oder bei Nichtgelingen zum Wert Nicht-Verstehen. Damit übernimmt er die Funktion eines Programms.

Luhmann würde sagen, daß dieses romantische Modell des Verstehens weit über das hinaus geht, was sich als herrschende Liebessemantik ausdifferenzieren konnte. Die romantische Vorstellung von Verstehen ist metaphysisch, sie überschreitet die Grenzen des Beobachtbaren, denn sie überschreitet Systemgrenzen. Wenn Julius behauptet, er könne Lucinde denken, dann suggeriert er, daß er in ihr Bewußtsein einzudringen vermöchte. Dies ist per se unmöglich. Der Perspektivwechsel hingegen hält sich nur an Dinge, die beobachtet werden können und ist sich der grundsätzlichen Tatsache von Inkommunikabilität bewußt. Die Romantiker mußten sich mit ihren literarischen Variationen der Liebessemantik aber nicht an das tatsächlich Mögliche halten, sondern konnten als Literaten etwas schaffen, das eher als Metapher zu begreifen ist, als daß es realisierbar wäre. In diesem Sinne hat sich das romantische Verstehensmodell als Liebessemantik sehr wohl durchgesetzt. Oder wie wäre es anders zu erklären, daß Liebespartner *wirklich* verstanden werden wollen, daß sie denken, sie wüßten, was der andere denkt und dies aussprechen, daß sie sich schon aufgrund eines Minimalkonsenses – wie eines ähnlichen Musikgeschmacks – wie Schlegels Julius verstanden fühlen und der Musik als Sprache der Seele vertrauen. Es ist gerade die fehlende Aufnahme von Inkommunikabilität in den semantischen Apparat des Funktionssystems Liebe, welche in den modernen Partnerschaften viele Probleme erzeugt. Aber dazu später mehr. Wenden wir uns nach diesem kleinen Exkurs zunächst wieder der historischen Semantik zu.

2.3.3 Weitere Elemente der Konstruktion und Stabilisierung von Individualität

Das Erzählen der Lebensgeschichte formt das Ganze

Geklärt wurde bereits, warum das Individuum zu sich selbst kommt, wenn es verstanden wird. Es wird ein Gefühl von Ganzheit erzeugt, wenn man sich von einem Gegenüber in all seinen Handlungen, Aussagen und Gedanken verstanden fühlt. Wenn diese eine Person eine solche Ganzheit herzustellen vermag, dann muß auch ich ein Ganzes sein. Soziologischer ausgedrückt: Der Liebende kann in der Intimkommunikation ganz er selbst sein, er kommuniziert nicht als Teil seiner Selbst, wie in den anderen gesellschaftlichen Bereichen, sondern er kommuniziert als ein vollständiges Individuum und kann sich in diesem Augenblick – zusammen mit der Partnerin – als ein *Ganzes* erleben. Aber warum wird auch sein gesamtes vergangenes, gegenwärtiges und zukünftiges Leben *ganz*? Julius gibt in Schlegels Roman ein klare, einfache und eindeutige Antwort: Er erzählt Lucinde seine Geschichte. „Er erinnerte sich an die Vergangenheit und sein Leben ward ihm, indem er es ihr erzählte, zum erstenmal zu einer gebildeten Geschichte" (S.92). Im Erzählen muß er Komplexität reduzieren. Er muß aus Erlebnissen auswählen, und zwar so, daß sie eine Kausalkette ergeben. Wie bin ich der geworden, der ich heute bin? Das ist die Leitfrage aller Lebensberichte. Er läßt Dinge weg, die nicht wichtig erscheinen, andere Begebenheiten werden festgeschrieben, wieder andere Sequenzen als Schlüsselmomente akzentuiert. Er dichtet sich selbst als Ergebnis eines kontinuierlichen Steigerungsprozesses. Und das Phantastische ist, von nun an wird er so bleiben, denn die Gegenwart der Geliebten fordert die relative Stabilität dieser Gestalt. Wir erinnern uns hier an Luhmanns Begriff der Erwartungserwartungen. Eine Wesenswandlung kann nur noch als langsamer Prozeß erfolgen, denn ein plötzliches In-Frage-Stellen der „gebildeten Geschichte" käme einem In-Frage-Stellen der Liebe gleich. Dies wäre eine Verneinung des Verstehensmythos, der am Anfang der Beziehung steht. Das Erzählen schenkt also seine bildende Kraft nicht nur der Vergangenheit, sondern auch der Zukunft. Sie wird weniger kontingent, denn die Selbstfestlegungen reduzieren das Potential an neuen Gedanken und Handlungen. Wenn der Liebende *immer* Künstler werden wollte, kann er sich nicht plötzlich für eine Tätigkeit als Advokat entscheiden. Dies würde ihn zu weit von dem Bild entfernen, das seine Geliebte von ihm hat und das er von sich selbst hat, denn beide Bilder werden ja in Übereinstimmung gebracht.

Die Allgegenwart des/der Geliebten

Diese Form der bildenden Liebe setzt voraus, daß der eine Partner stets auf das Leben und Erleben des anderen Partners einwirken kann. Die Romantiker lösen dieses Problem, indem sie die Allgegenwart des/der Geliebten postulieren. Auch wenn die Liebenden voneinander getrennt sind, bleiben sie in Gedanken immer bei der geliebten Person. Und der Geliebte spürt dies und erlebt alles auch in der Perspektive des anderen. Er verliert also sogar in Situationen, in denen er nur in einer sehr begrenzten Funktion kommuniziert – als Käufer, Ankläger oder Lehrer – nicht die Ansicht seines gesamten Ichs.

Die ewige Liebe

Indem die Romantiker mit der verstehenden Liebe solch ein weitreichendes semantisches Angebot machten, mußten sie natürlich auch dafür sorgen, daß diese individualitätskonstitutierende Liebe Bestand hat. Eine Liebe als Passion, die einer Krankheit, einem Ausnahmezustand gleicht, worin der Liebende nur noch bedingt für sein eigenes Handeln verantwortlich ist, kann nur von sehr begrenzter Dauer sein. Die romantische Liebe hingegen ist die ewige Liebe. Sie ist unendlich und hat weit über den physischen Tod hinaus Bestand, wie wir in den Texten immer wieder lesen. Die Idee der Ewigkeit wird dann lebenspraktisch stabilisiert, indem die wahre Liebe oft zur Eheschließung führt. Liebe wird zur Voraussetzung für Ehe und Ehe wird zum Stabilisator des Ewigkeitspostulats.

2.3.4 Geistige und körperliche Liebe

Die bisher vorgestellten Innovationen der romantischen Liebe hätten auch in ein weiterentwickeltes Konzept der geistigen Freundesehe integriert werden können. Aber die Romantiker unterscheiden sich in einem signifikanten Punkt radikal von den Verfechtern der geistigen Liebe: Für sie gehören geistige und sinnliche Liebe untrennbar zusammen. Das Verstehen und der Austausch der Bewußtseine wird symbolisch verstärkt durch den Einbau von Sexualität in die Liebesbeziehung. Der körperliche Akt wird zum Sinnbild der geistigen Einheit. Im sinnlichen Rausch vermischen sich die Seelen. Damit wird die Sexualität über das reine Streben nach sinnlichem Genuß hinausgehoben. Das Geistige nimmt immer auch Anteil am Körperlichen, welches das geistige Verstehen sogar steigert. Hier wird genau jene Kommunikationsform vorbereitet, die von Luhmann als der symbiotische Mechanismus des Funktionssystems Liebe gekennzeichnet wird.

2.3.5 Liebe, Freundschaft, Ehe und Sexualität

Liebe, Freundschaft, Ehe und Sexualität gehören – entgegen jeder Tradition – in der Literatur der Romantik zusammen. Die Entscheidung für einen Ehe- und Liebespartner ist von allen Beschränkungen befreit. Jeder hat die Freiheit der Wahl. Die Liebenden sind aber nicht nur in der Wahl ihres Partners unabhängig von der Gesellschaft, sondern auch in der Ausgestaltung ihrer Liebesbeziehung. Diese neue Semantik kollidiert eindeutig mit dem Stand der Gesellschaftsevolution um 1800. Sowohl an den literarischen Texten als auch an den Lebensläufen der Autoren läßt sich dieses Spannungsverhältnis ablesen. Ganz im Gegensatz zu dem Vorurteil, die Romantiker lebten und dächten in einer gesellschaftsfernen Sphäre, haben sie ihre neuen Vorstellungen von Liebe und Ehe in bewußter Opposition zu den herrschenden Ideen und Praktiken ihrer Zeit formluliert. In einem sehr großen Teil der von uns gesichteten Literatur werden die ökonomisch-politische Ständeehe sowie die Versorgungsehe in Konfrontation mit dem romantischen

Konzept diskutiert. Eine unproblematische *Reinform* der romantischen Liebe findet man nur in Texten wie der „Lucinde", die ihre Visionen außerhalb der Gesellschaft ansiedeln. Julius und Lucinde leben als Künstler unabhängig von ihrer sozialen Umwelt. Im realen Leben waren Friedrich Schlegel und Dorothea Veit geb. Mendelssohn vor den Urteilen der Welt nicht gefeit. Die „Lucinde" war ein Skandalroman, in dem man die uneheliche Liebesbeziehung zwischen dem jungen Intellektuellen und der acht Jahre älteren geschiedenen Bankiersgattin gespiegelt sah. War die Beziehung schon zuvor ein Skandalon, machte das Erscheinen des Romans die beiden in bestimmten Kreisen zu Geächteten. Dorothea verlieh ihrer Angst vor diesen Reaktionen in einem Brief an Schleiermacher Ausdruck:

„Oft wird es mir heiß und wieder kalt ums Herz, daß das Innerste so herausgeredet werden soll – was mir so heilig war, so heimlich, jetzt nun allen den Neugierigen, allen Hassern preisgegeben... Ich denke aber wieder, alle diese Schmerzen werden vergehen mit meinem Leben, und das Leben auch mit; und alles was vergeht, sollte man nicht so hoch achten, daß man ein Werk darum unterließe, das ewig sein wird. Ja, dann erst wird die Welt es recht beurteilen, wenn alle diese Nebendinge wegfallen" (zit. n. Ernst Behler, Friedrich Schlegel, Hamburg 1978, S.64f.).

Dorothea war auf die öffentliche Wirkung des Textes vorbereitet, der dann auch tatsächlich in vollkommener Verkennung des Inhalts als reiner Ausdruck einer entfesselten Sinnesliebe rezipiert wurde. Aber sie hatte auch die prophetische Gabe, seine historische Bedeutung vorauszusehen, auch wenn sie den ästhetischen Rang des Werks sicherlich überschätzte – vielfach gilt der Roman als unlesbar und mißlungen. Aber die Ausdifferenzierung von Liebe als System und der zugehörige Blick auf die zugrundeliegenden historischen Semantiken setzen ihn in ein neues Licht.

3. Die Spuren der romantischen Liebe in der Gegenwart

Unsere Anfangsthese lautete: Das Liebeskonzept der Romantiker revolutionierte die historische Liebessemantik und ist Grundlage des Systems *Liebe* in der funktional differenzierten Gesellschaft. Die zusammenfassende Analyse eines repräsentativen Ausschnitts der Prosatexte dieser literarischen Epoche ermöglichte uns eine konkrete Zeichnung dieses Modells. In einem zweiten Schritt sollte dann gezeigt werden, inwiefern sich der Entwurf der Romantiker durchgesetzt hat. Dabei wollen wir nicht auf die Schriften Luhmanns zurückgreifen, denn seine Thesen und die Bedeutung des romantischen Konzepts für das Funktionssystem Intimbeziehung sind schon – mit einem leicht schielenden Blick auf Teil II dieses Buches – angedeutet worden. Uns geht es vielmehr darum, Luhmanns Thesen an die Gegenwart heranzutragen. Eine Analyse des aktuellen semantischen Apparats soll zeigen, inwiefern dort (noch) jene Muster wirksam sind, die in der Romantik kreiert wurden und nach Luhmann für das Funktionssystem Liebe in der Moderne kennzeichnend sind. Als Quelle wollen wir populärwissenschaftliche Ratgeberliteratur und Lehrbücher für Eheberater heranziehen. Beiden Textsorten ist eine kritische Haltung gegenüber dem Phänomen der romantischen Liebe gemeinsam, das hier von Fachleuten (Eheberatern, Psychotherapeuten, empirisch arbeitenden Soziologen) im Hinblick auf seine Kompatibilität mit dem realen Leben von Liebenden reflektiert wird. Auf dieser Quellenbasis wird es möglich sein, eine grundlegende Verschiebung des gesamten Problemhorizonts aufzuzeigen. Die Romantiker hatten hauptsächlich mit oberflächenstrukturellen bzw. Ausdifferenzierungsproblemen zu kämpfen, denn die Idee einer autonomen verstehenden Individualehe stand in Konkurrenz zu den Interessen anderer Bereiche der Gesellschaft, welche Liebe und Ehe nicht aus tradierten Festschreibungen entlassen wollten. Die erfolgreiche ‚Dominantsetzung' funktionaler Gesellschaftsdifferenzierung brachte es mit sich, daß diese oberflächenstrukturellen Probleme weitgehend bewältigt, nun aber von tiefenstrukturellen Problemen abgelöst wurden. Liebe als ausdifferenziertes autonomes Funktionssystem krankt nun nicht mehr an ständigen Konflikten mit anderen gesellschaftlichen Subsystemen, die längst zu Umwelten reduziert sind, sondern sie krankt jetzt an *systeminternen* Problemen.

3.1 Liebe und Individualität

Zunächst aber wollen wir die Frage nach dem Zusammenhang von Liebe und Individualität stellen. Die Liebe wird heute – nicht nur von Luhmann – als Funktionsäquivalent der Religion in der stratifizierten Gesellschaft gesehen. Sie übernimmt die Funktion der zentralen Welt- und Lebensdeutung. Diese Form der Höchstrelevanz – als Element der Semantik – wird von den Autoren populärwissenschaftlicher Literatur in Begriffe gefaßt, welche die Liebe mit „Sinnerfüllung“, „Selbsterfüllung“, dem Erlangen des „Lebensglück(s)“ und dem „Sinn des Lebens“ verbinden.

Auf die Frage nach der Funktion von Liebe geben die Eheberater Antworten, die stellenweise wie direkte Leihgaben der romantischen Literatur erscheinen. Liebe wird als Mittel zur „Heilung“, „Selbstentfaltung“, „Selbstentwicklung“, „Selbsterfahrung“ und „Selbstfindung“ begriffen. Der andere wird zum „Spiegel“, der die Arbeit an der eigenen Identität in einem Prozeß von Entwicklung und Reifung ermöglicht. Der Weg zu diesem Ziel führt über die Akzeptanz des Geliebten. Dieser zentrale und immer wieder auftretende Terminus zielt sowohl auf das, was der Liebende als ganze Persönlichkeit ist, als auch auf seinen individuellen Weltentwurf. Wer den Geliebten akzeptiert, der akzeptiert ihn voll und ganz. Dem Geliebten kommt die Aufgabe zu, ‚den Partner so zu sehen, wie er wirklich ist‘. Die Intimbeziehung ermöglicht dadurch „vollständige Nähe“ (Kinder, Ehe, S.121) und das „Heraustreten aus der Isolation“ (Condrau, Dauerbindung, S.69) in einer Gesellschaft, die gekennzeichnet ist durch einen Überschuß an unpersönlichen Beziehungen, in denen der einzelne nur als Teil seiner Selbst kommunizieren kann. Das Erlebnis des ganzen Ichs – und damit eine ganzheitliche Selbsterfahrung – erlaubt nur die Liebe. Die Liebe ist also offenkundig nach wie vor dasjenige soziale System, welches sich exklusiv der Konstruktion von Individualität verschrieben hat.

3.2 Die Autonomie von Liebe und Ehe

Der Blick auf den semantische Apparat demonstriert auch deutlich, daß Liebe und Ehe ihren Ausdifferenzierungsprozeß bereits erfolgreich hinter sich gebracht haben – sie sind mittlerweile völlig autonom. Dieser Trend zur Autonomisierung ist besonders schlagend an der Haltung des Rechtssystems zur Ehe ablesbar. Seit dem Zweiten Weltkrieg erkennt das Bürgerliche Gesetzbuch (BGB) immer stärker die eigenständige Gestaltungskraft der Eheleute in Bezug auf die Institution Ehe an. Nahm das Preußische Landrecht von 1794 noch direkten Einfluß auf die Definition der *Ehefunktion*: „Der Hauptzweck der Ehe ist die Erzeugung und Erziehung der Kinder", so formuliert das BGB zu den „Wirkungen der Ehe im allgemeinen": „Die Ehegatten sind einander zur ehelichen Lebensgemeinschaft verpflichtet". Was diese Formulierung bedeutet, bleibt diffus und unerklärt. Auch von einer Festlegung geschlechtsspezifischer Rollen, z.B. der Frau als Ehefrau und Mutter, sieht das BGB ab. Alle Fragen zur Form der Haushaltsführung oder zur Berufstätigkeit der Ehepartner bleiben der Beantwortung durch die Eheleute überlassen. Insgesamt wird das Gesetz immer uneindeutiger und, auf den Einzelfall bezogen, auslegungsbedürftiger.

Die Befreiung vom Zugriff des Rechtssystems – und anderer Systeme – unterstellt die Ehe fortan ihrer eigenen Gesetzlichkeit. Sie ist eine von „öffentlichen Institutionen" nicht kontrollierte „private Sphäre", deren jeweilige Regeln von den Partnern selbst geschaffen werden. Jedes Ehepaar soll die Ehe- und Elternrolle vollkommen selbständig gestalten.

3.2.1 Die freie Wahl des Partners

Autonomie und Eigengesetzlichkeit von Liebe und Ehe gehen einher mit der Freiheit der Wahl. In der „Lucinde" wurde diese Freiheit durch die Ignorierung der gesellschaftlichen Verhältnisse erzeugt. Die anderen Literaten der Zeit um 1800, die ihre Protagonisten vor diesem radikalen Schritt zurückschrecken ließen, haben die Grenzen jener Freiheit offenbart. Heute scheint es solche Grenzen nicht mehr zu geben. Die Ehe muß und kann in absoluter Freiheit von Eltern und gesellschaftlichen Gruppen geschlossen werden. Es darf nur noch um Liebe gehen. Ökonomische Kalküle spielen eine immer geringere Rolle. Werden sie dennoch sichtbar, gilt es sie zu verurteilen. Deswegen werden finanzielle Interessen bestmöglich verschleiert. Es wird heute in Einzelfällen zwar immer noch aus pekuniären Gründen geheiratet, aber die Ehe darf nicht wirtschaftlich codiert werden – Liebe muß beschworen werden.

3.3 Die Ähnlichkeit der Liebenden

Die Romantiker unserer Zeit – damit sind letztlich wir alle gemeint – suchen also die Liebe und mit ihr einen Menschen, der sie versteht. In der Romantik wurde schon die Ähnlichkeit der Liebenden als Voraussetzung und Auslöser für eine solche verstehende Liebe genannt. Heute findet man dies vielfach bestätigt. Als Beispiel soll ein Zitat aus dem Buch „Crash-Kurs Liebe“ dienen. Hier wird der „Schock des Wiedererkennens“ thematisiert:

„Dieser Schock kann bereits bei der ersten Begegnung zweier Menschen jenes rätselvolle Gefühl tiefer Vertrautheit entstehen lassen, das den einen für den anderen so anziehend macht. Beide haben das Empfinden, irgendwo schon einmal zusammengetroffen zu sein. Natürlich ist man sich noch fremd – und gerade in dieser Fremdheit liegt ja auch ein großer Reiz –, aber gleichzeitig ‚kennt man sich schon lange‘“ (Weber, Crash-Kurs, S.12).

Wer sich verlieben will, muß ein Gefühl von Vertrautheit empfinden, auch wenn diese faktisch noch nicht vorhanden ist. Wie eine solche Vertrautheit entsteht, haben wir ja schon weiter oben beschrieben, als wir denselben Musikgeschmack als Minimalkonsens bezeichneten, der weitreichende Folgen für das Empfinden eines Gleichklangs der Seelen hat.

3.4 Liebe, Ehe und Sexualität

Sind all diese Voraussetzungen der Liebe erfüllt, steht ihrer Realisierung nichts mehr im Wege. Daß diese Liebe eng mit Ehe und Sexualität zusammenhängt, bedarf fast keiner Erwähnung. Der Liebende kann – wie Luhmann so schön formuliert – nicht nicht an Sexualität denken. Der öffentliche Diskurs wird von dieser Vorstellung geradezu manisch beherrscht. Auch die Ratgeber- und Eheberaterliteratur machen hier keine Ausnahme. Eine Liebe ohne Sexualität wird als „defizitär" beschrieben, die sexuelle Interaktion ist „ein wesentliches Moment der Institution Ehe", und in einer Ehe ohne oder mit nicht-harmonischem Sexualleben „stimmt meist die ganze Ehe nicht". Diese Betonung des körperlichen Aspekts der Liebe läßt das seelische Moment natürlich nicht außer Acht. Sexualität wird nicht als Wert an sich akzeptiert, und Liebe kann nicht über Sex definiert werden. Es muß immer etwas anderes dazukommen. Nur in Verbindung mit seelischer Liebe, d.h. durch die Achtung charakterlicher Qualitäten des Partners und durch gegenseitige Unterstützung können Ehen konstituiert werden. Sexualität kann also nicht nicht den geistig-seelischen Bereich der Partnerschaft einbeziehen.

3.5 Drei tiefenstrukturelle Probleme der verstehenden Liebe

Die romantische Liebe hat sich im Zuge der Gesellschaftsevolution durchgesetzt. Sie übernahm ihre Rolle als Individualitätskonstrukteurin und wurde als *ein* System in der funktional differenzierten Gesellschaft autonom. Sind also alle Probleme gelöst, die sich durch die Veränderung der Gesellschaftsstruktur für das Individuum ergeben haben? Leider müssen wir diese Frage verneinen. Zwar gibt es keine Probleme mehr, die Freiheit der Partnerwahl durchzusetzen oder die Verbindung von Liebe, Ehe und Sexualität zu realisieren, aber es gibt andere Probleme, welche die einzelnen Liebessysteme in ihrer eigenen Gestalt betreffen. Die ausgewertete Literatur hebt drei Probleme hervor: Das Problem der Eigengesetzlichkeit, das Problem der Dauer und das Problem des Verstehens.

Auf das Problem des Verstehens werden wir dann genauer eingehen.

3.5.1 Das Problem der Eigengesetzlichkeit

Die von der Semantik geforderte Eigengesetzlichkeit, welche die Bejahung immer komplexer und freier werdender Individuen in einer Partnerschaft erst ermöglicht, produziert als Kehrseite eine Vielzahl von Problemen und Unsicherheiten. Der einzelne ist alleingelassen mit seiner Präferenz für eine eher traditionelle Ehe – die Frau als Ehefrau und Mutter, der Mann als Ernährer – oder für eine auf Gleichberechtigung basierende Ehe mit zwei berufstätigen Partnern. Hat ein Paar sich für eine bestimmte Eheform entschieden, wobei es natürlich noch weitaus mehr Formen gibt, als die hier genannten, dann fehlt immer noch die Feinausgestaltung der Rollen. Übernimmt die berufstätige Ehefrau und Mutter auch das Gros der Hausarbeit, oder teilt das Paar fünfzig zu fünfzig, und wer macht was? Die Antwort lautet: Alles ist möglich! Folglich muß sogar der Grad der Sauberkeit ausgehandelt werden, eine hohe Anforderung an die kommunikative Kompetenz der Partner. Die Tragweite dieser Alltagsprobleme wird deutlich, wenn man bedenkt, daß die Hausarbeit nicht der einzige Alltagsbereich ist, über den es sich zu verständigen gilt. Einige andere Fragen lauten: Wie hält man es mit dem Wohnen, getrenntes oder gemeinsames Schlafen? Darf man im Bett die Zeitung lesen? Wie richtet man sich ein? Wann dürfen Freunde zu Besuch kommen und wann nicht? Wer verwaltet wie das Geld, usw., usw.... die Liste könnte unendlich fortgesetzt werden.

Der problematische Alltag ist einerseits direkte Folgewirkung des Eigengesetzlichkeits-Dogmas, andererseits das Resultat einer Besonderheit der Semantikproduzentin Literatur, deren Entwürfen sich der Alltag weitgehend entzieht, weil er so schwer erzählbar ist. So werden z.B. in der „Lucinde“ zwar einige herausgehobene Ereignisse geschildert, die für die Liebe und das Verstehen konstitutiv sind, im übrigen wird das gemeinsame Leben aber nur reflexiv als positive Steigerungsbewegung eines gemeinsamen Bildungsweges dargestellt. Eine andere literarische Form der Liebesgeschichte, die wir heute hauptsächlich aus der Trivialliteratur kennen, endet mit dem „happy end“: der Heirat. Nach der Eheschließung fällt in der Fiktion der Vorhang, im wirklichen Leben fängt die Geschichte danach erst wirklich an. Tradierte literarische Vorbilder für den positiv bewältigten Alltag fehlen weitestgehend. Die Eheleute werden allein gelassen. Sie müssen ihre eigenen Vorstellungen entwikkeln und verhandeln.

3.5.2 Das Problem der Dauer

In der Literatur der Romantik gehören Liebe und Ehe zusammen. Wer liebt, der will seine Liebe durch die Heirat krönen. Heute ist dieser Wunsch nicht mehr ohne Alternative. Die *wilde Ehe* hat sich in den letzten 20 Jahren als Lebensform etabliert. Und es ist diese *wilde Ehe*, die das Ewigkeitspostulat der *romantischen Liebe* radikal in Frage stellt. Zwar waren Unendlichkeit und Ewigkeit auch in der Romantik schon paradoxe Größen, aber sie konnten ihre Paradoxie noch besser verbergen. Wenn Friedrich Schlegel von der „Naturehe“ spricht, die sich aller institutionellen Rahmung entzieht (Schlegel, Lucinde, S.106), fehlt noch die reale Erfahrung mit dieser Eheform. Liebe kann in der Romantik unendlich gedacht werden. Heute wird diese Unendlichkeit zwar auch noch beschworen – im Hochzeitsritual, aber auch in der Rhetorik der Liebe, die nur schwer darauf verzichten kann –, aber diese Beschwörungen müssen gegen die Statistik ankämpfen, die längst um den temporären Charakter vieler Ehen und Liebesbeziehungen weiß.

Das in der Romantik grundgelegte Paradox von Endlichkeit und Unendlichkeit gehört heute sowohl zur Realität der gesellschaftlichen Erscheinungen als auch zur gesellschaftlichen Vorstellung der Eigentümlichkeiten von Liebe und Ehe. In den unreflektierten Beschreibungen der Beratungsbücher erscheint diese Paradoxie wie folgt: „Sicher, man kann auch wieder auseinandergehen, sich scheiden lassen, aber dieser Gedanke wird (in der Regel) nicht mitgedacht, wenn zwei sich das Jawort geben“ (Weber, Crash-Kurs, S.94).

3.5.3 Das Problem des Verstehens

Aber nicht nur das Verlangen nach Kontinuität ist ein tiefenstrukturelles Problem, das wir den Romantikern verdanken, auch das Verstehen an sich kann zum prekären Zentralwert der Liebe werden. Denn Verstehen ebnet der Liebe, die der Identitätsbildung dient, den Weg. Nur wer den Geliebten versteht, kann ihn ganz akzeptieren, kann seine Weltsicht bejahen und ihn damit zu sich selbst führen. So ist es kein Wunder, daß Verstehen in der Literatur immer wieder in den Mittelpunkt der Liebesbeziehung gerückt wird. Verstanden werden ist Liebe[19], ist ein Ideal[20], eine zentrale Kategorie[21], bedeutet Glück[22], löst die Liebe aus[23] und so fort. Im Verstehen überwindet der einzelne die Einsamkeit, löst sich aus seiner Isolierung:

> *„‚Endlich jemand, der mich versteht, der mich sogar so versteht, wie ich wirklich bin. Nicht so, wie ich sein muß'. Sie kennen sich, sie verstehen sich, sie wissen wie der andere reagiert, was er gut findet, was sie schlecht findet, wen er mag, wen sie nicht mag. Und plötzlich steht nicht mehr Johannes allein gegen den Rest der Welt, sondern Johannes und Margarete gehen den schwierigen Weg gemeinsam."[24]*
>
> *„Wenn jemand sagt: ‚Ich verstehe Dich', kann derjenige, an den sich diese Worte richten, Befriedigung darin finden, daß er nicht so kompliziert, so einzigartig oder unergründlich ist, daß er ein Leben in Einsamkeit führen müßte."[25]*

Die geliebte Person wird durch diese Verstehensleistung fortan zum wichtigsten Menschen überhaupt. Die Geliebten sollen alle Erlebnisse und Gedanken miteinander teilen[26], so will es die Semantik. Verweigert sich das Paar oder einer der beiden Partner dieser Vorschrift, führt dies oft zur Trennung. In einer einschlägi-

---

19 *Siehe Condrau, Dauerbindung, S.72.*

20 *Siehe Weber, Crash-Kurs, S.46. Vgl. auch Kinder, Ehe, S.38f. u. S.42.*

21 *Siehe Jäckel, Eheerfolg, S.39.*

22 *Siehe Heigl-Evers, Ehe, S.27. Zum Verstehen siehe auch Heigl-Evers, Ehe, S.16.*

23 *Siehe Lauster, Liebe, S.230f.*

24 *Partner, Ehebuch, S.57.*

25 *Taylor, Ehe, S.171.*

26 *Siehe Weber, Crash-Kurs, S.120.*

gen Untersuchung führten 24% der Befragten als Scheidungsgrund das fehlende Verständnis durch den Ehepartner an.[27] Um so mehr zahlt sich die Befolgung der Regeln aus: Wer die Semantik beachtet, wird nicht nur bei Anwesenheit des Geliebten immer wieder aus seiner Einsamkeit gerissen, sondern ist auch sonst nie mehr allein, denn der Geliebte ist – wie wir es aus den romantischen Texten kennen[28] – allgegenwärtig.[29] Diese Allgegenwart wird durch die ständige Mitberücksichtigung der Partnerperspektive erzeugt. Die Patientin einer Psychotherapeutin drückte diesen Gedanken so aus:

> *„So denke ich an meinen Freund, wenn ich etwas sehe, was er gerne haben möchte, und vielleicht kaufe ich es sogar für ihn [...]. Ich denke nach, wie das, was ich tue, auf ihn wirkt. Ich erlebe alles durch die Intersubjektivität unserer Vertrautheit."[30]*

Die Welt des Partners wird für den Liebenden zu seiner eigenen Welt. Er trägt sie in sich, um das Leben und seine Erscheinungen fortan nicht mehr nur mit seinen eigenen, sondern auch mit den Augen des Geliebten zu sehen. Der Mitvollzug des anderen Lebens wird zur Grundvoraussetzung von Liebe und Ehe. „Sich mit der Phantasie der Liebe in den anderen hineinzuversetzen, aus dem engen, abgeschlossenen Kreis des eigenen Fühlens und Denkens herauszubrechen, und [sich] in das Neuland der Gefühle und Wünsche, der Gedanken, Ängste und Freuden des Partners"[31] einzufühlen, ist das notwendige Ideal. Aber dieses Ideal ist kein selbstverständliches, denn um es zu verwirklichen, muß der Liebende mit Hilfe seiner Phantasie Grenzen überschreiten. Er muß die Grenzen seines eigenen Ichs und die Grenzen des geliebten Ichs überwinden. Die Lektüre der populärwissenschaftlichen Literatur macht deutlich, daß diese Grenzüberschreitung nur sehr unvollkommen

---

27 Siehe Bamberger, Ehen, S.15f.

28 Siehe Schlegel, Lucinde S.117; Tieck, Sternbald, S.329.

29 Siehe Josselson, Beziehung, S.47.

30 Josselson, Beziehung, S.181. Dazu siehe auch Weber, Crash-Kurs, S.28.

31 Röhricht 1972, S.152. Ähnlich: Das „Sich-einfühlen in das Erleben des Partners ist hingebend und liebevoll ihm gegenüber" (Heigl-Evers, Ehe, S.16).

gelingt. Immer wieder erleben die beschriebenen Paare, wie schwer es ist, die Begrenztheit des eigenen Ichs zu überwinden und die Perspektive des Partners zu berücksichtigen. Immer wieder werden in der Ratgeberliteratur Beispiele für Mißverständnisse referiert. Die Analytiker zeigen, wie kleinste Mißverständnisse fatale Folgen erzeugen. Ein minimaler Auslöser, der deutlich macht, daß der Geliebte den Liebenden nicht versteht, kann einen Trennungswunsch erzeugen.

Das Ideal des Verstehens, der totalen Einfühlung in den Partner, des Gedankenlesens wird mit einer Realität konfrontiert, in der Gedanken nun einmal nicht gelesen werden können. Und dies ist zentral, denn wer den Anderen wirklich verstehen wollte, der müßte sich auf diese Kunstfertigkeit verstehen, so wie es die Romantiker versuchten.[32] *Aber der Alltag zeigt immer wieder, daß die Paare diese Fertigkeit nicht beherrschen.*[33] *Trotzdem glauben die Partner, sich zu kennen.*

Aber Intuition und Kommunikation sind keine zuverlässigen Größen, sie können trügen oder sind nur Projektion der eigenen Bewußtseinsinhalte.[34] *Viele Autoren kommen deswegen zu dem nicht diskurskompatiblen Schluß, daß keiner „mit Sicherheit sagen kann, wie jemand ‚wirklich ist'"*[35]. *Ein besonderes Problem stellt die kommunikative Praxis des Liebespaares dar. Kommunikation kann einerseits zu Projektionen führen, denn „auch wenn die Partner glauben mögen, sie sprächen dieselbe Sprache, ist, was sie sagen und was ihr Partner hört, oft grundverschieden"*[36]. *Andererseits kann das, was der Partner sagt, das Bild, das die/der Liebende von ihm hat, zerstören. Taylor berichtet von einem Mann, der in der Eheberatung nach Jahren wieder zu sprechen beginnt. Seine Frau, die unter dem Schweigen gelitten hat, erzählt:*

---

32 Siehe Schlegel, Lucinde, S.18, S.112 und S.130. Auch Novalis, Ofterdingen, S.106 und 119f.

33 Beck, Liebe, S.27f.

34 Siehe Sills, Liebe, S.101 und Josselson, Beziehung, S.128.

35 Wallis, Ehe, S.46. Siehe auch Beck, Liebe, S. 27.

36 Beck, Liebe, S.14.

„Er hat angefangen zu sprechen, aber glauben sie mir, was herauskommt, ist für mich gänzlich unerwartet. Wenn er schwieg, so war das belastend, doch hatte ich immer Gelegenheit, mir alles Mögliche vorzustellen, was er wohl fühlen möge."[37]

Die Kommunikation vernichtet die Projektion, denn der Interpretationshorizont ist enger geworden.

Ein dem Verstehen beigeordnetes Problem ist die Vorschrift, die Partnerperspektive ständig mitzuberücksichtigen. Jede Handlung des Individuums, die Wahl eines neuen Kleidungsstücks, die Favorisierung eines speziellen Urlaubsziels, die Entscheidung für ein Fernsehprogramm, bedarf der imaginären Zustimmung des Geliebten. Der Liebende darf nur das tun und sagen, was der Billigung des Anderen gewiß ist. Daß dieser Anspruch auf Dauer nicht zu verwirklichen ist, verwundert nicht. In der Literatur finden sich vielfältige Beispiele für das Versagen der Perspektivübernahme. Wer die Bedürfnisse des Partners kurzfristig aus den Augen verliert, macht sich des Nicht-Verstehens schuldig. Die verpflichtende romantische Liebessemantik kann nicht erfüllt werden.

Die Ratgeberliteratur rührt an ein tiefenstrukturelles Problem, das von den systemtheoretischen Liebesreflexionen weitgehend ausgespart bleibt. Luhmann schließt in seinem Buch „Liebe als Passion" zunächst deskriptiv an das Modell der verstehenden Liebe an. Er analysiert die gesellschaftliche Funktion und die Arbeitsweise dieses Modells, ohne die Möglichkeiten des systemtheoretischen Begriffsapparats voll auszuschöpfen. Liebe dient der Erzeugung von Individualität[38]*, sie bedarf der unaufhörlichen Doppelperspektivierung und damit der Allgegenwart des Geliebten.*[39] *Der ständig notwendige Wechsel von der Ich- zur Partnerperspektive wird zwar als zu beobachtendes Phänomen postuliert – der Geliebte muß „das In-der-Welt-des-anderen-Vorkommen-und-daraufhin-handeln-Können [...] laufend reaktualisier(en) [...]. Dies erfordert, daß der Handelnde sich beobachtbar macht als einer,*

---

37 Taylor, Ehe, S.22f.

38 Siehe Luhmann, Passion, S.17 und S.25f.

39 Siehe Luhmann, Passion, S.25f.

der seine Gewohnheiten und Interessen überschreitet“[40] *– aber wie diese Interessenüberschreitung, die die Partnerperspektive berücksichtigen muß, weil sie sich daran auszurichten hat, funktioniert, woher die Überschreitung weiß, in welche Richtung sie zu schreiten hat, bleibt diffus. Leider fehlt hier der Platz, um auf die Verstehensproblematik aus systemtheoretischer Sicht ausführlicher einzugehen. Es wäre gewiß lohnend, diesen Aspekt nicht aus den Augen zu verlieren.*

4. Die fünf Konstituierungsphasen des Liebessystems

Nach all diesen Analysen der Liebe als Funktionssystem und ihrer historischen Semantik ist noch ein Punkt offen geblieben – und zwar die Konstituierungsphase des Systems. Diese Phase erscheint, und hier gehen wir deutlich über Luhmann hinaus, als Konglomerat des in „Liebe als Passion“ beschriebenen historischen Prozesses: Jede Liebesgeschichte wird zur Abbilderin der Semantikgeschichte. Das romantische Modell braucht die Ergänzung durch tradierte Liebesvorstellungen. In der ersten Phase der Liebe werden Liebessemantiken aktiviert, welche die Romantiker vermeintlich überwunden hatten, die aber für die autonome Systemkonstituierung unverzichtbar sind. In einem Wechsel von Innen- und Außenperspektivierung kann die Gründungsphase der Liebe in einem Vierstufenmodell beschrieben werden, das durch den Zufall des Kennenlernens der zukünftig Liebenden in Gang gesetzt wird:

I. Der Zufall
II. Die Idealisierung
III. Die Passion
IV. Die Imagination
V. Die Paradoxie

40 Luhmann, Passion, S.43f.

I. Der Zufall

Der Zufall, mit dem die Romantik die traditionell planvolle Eheschließungspraxis, die eine Überschreitung von Standesgrenzen verhinderte, konterkarierte, wird in der heutigen Zeit zum Grundstein für einen ganz und gar romantischen Gründungsmythos der Liebe. Je größer der Zufall, desto größer das Schicksal, die Bestimmung, die Liebe. Immer wieder wird die Geschichte der ersten Begegnung erzählt, immer wieder dient sie zur Beschwörung der *richtigen* Wahl. Selbst Paare, die sich über Kontaktanzeigen kennengelernt haben, versuchen noch ein letztes Quentchen Zufall zu entdecken: ‚Siebzig Briefe habe ich bekommen, aber nur dieser eine, den fast mein Hund gefressen hätte, hat mich angesprochen'. Auch hier muß der Zufall zur deutlichen Verstärkung der Liebe dienen – was aber nur gelingt, wenn er einige besondere Qualitäten aufweist.

II. Die Idealisierung

Der Zufall muß uns einen Menschen präsentieren, der ideale Eigenschaften hat. Denn das Prinzip der Idealisierung, dessen Ursprünge Luhmann in der mittelalterlichen Minne erkennt, ist heute noch gültig. „Die Liebe findet ihre eigene Begründung in der Vollkommenheit des Gegenstandes, der sie anzieht" (Luhmann, Passion, S.57). Die ideale Beschaffenheit des geliebten Gegenübers, im Mittelalter mit der hohen gesellschaftlichen Stellung der Dame verbunden, erzwingt die Liebe. Heute bestehen diese idealen Eigenschaften natürlich nicht mehr aus konkreten, gesellschaftlich kontrollierbaren Merkmalen. Was der einzelne als Ideal erkennt, bleibt ihm selbst überlassen. Trotzdem gibt es eine Gemeinsamkeit: Als Liebesauslöser dient am ehesten Ähnlichkeit. Diese schon erwähnte Ähnlichkeit ist oft sehr trivial. Der gemeinsame Musikgeschmack, das übereinstimmende Interesse für eine ausgefallene Sportart, eine bestimmte literarische Gattung, ein Reiseziel usw. können den Liebesprozeß in Gang bringen. Wichtig ist, daß die Sich-Verliebenden das Gefühl haben, diese Übereinstimmung stelle etwas Einmaliges dar, etwas, das sie noch bei niemand anderem erlebt haben und wahrscheinlich auch nicht erleben werden. Aber ideale Eigenschaften des Gegenübers sind nicht auf Ähnlichkeiten beschränkt, es können auch Gegensätze sein; Fähigkeiten etwa, die man schon immer bewundert hat und an sich selbst vermißt.

Ob Ähnlichkeiten oder Gegensätze die Liebe auslösen – entscheidend ist, daß die Partner diese Motive als so stark ansehen, daß sie sich geradezu in eine Liebesbeziehung hinein gezwungen fühlen.

III. Die Passion

Das *Erzwingen* von Liebe steigert die Idealisierung – außenperspektivisch betrachtet – zur Passion:

> „Liebe ist demnach eine Perfektionsidee, die sich von der Perfektion ihres Gegenstandes herleitet, durch sie nahezu erzwungen wird und *insofern* ‚Passion' ist" (Luhmann, Passion, S.57).

Eine Passion ist etwas, das man erleidet, es ist eine Krankheit, welche die Liebenden nicht abschütteln können. Das Leitbild der Passion dient der Ablösung der Liebe von der gesellschaftlichen Kontrolle, es schließt die Welt der Liebenden von der übrigen Welt ab und entschuldigt alles, was die Liebenden in diesem Zustand an ihren Mitmenschen – und sei es nur in Form von Mißachtung – verüben.

IV. Die Imagination

Die Passion der Liebenden von heute geht allerdings nicht nur auf einige ideale Eigenschaften des Geliebten zurück. Sie bedient sich einer Technik, die wir in der französischen Literatur des 17. Jahrhunderts in der Metapher der ‚blinden Liebe' kennengelernt haben: der Imagination (siehe Luhmann, Passion, S.79). Imagination bedeutet Idealisierung bis zur Entstellung des Partners. Aus einigen wenigen Informationen über zumeist ideale Qualitäten schaffen wir in der Anfangsphase der Liebesbeziehung einen imaginären ‚ganzen‘ Menschen, ein Bild des Geliebten, an dem wir uns berauschen.

„Schließlich ist die Verliebtheit noch jung [...]. Ohne mit der Wimper zu zucken, ergänzen sie [die Verliebten] die ihnen mittlerweile zugänglichen drei, vier Merkmale ihres/ihrer neuen Liebsten zu einem Ganzen, formen aus Bruchstükken und viel Wunsch und Traum und einer gehörigen Portion Sehnsucht ‚ihren‘ Star. Den schönsten, zärtlichsten, heitersten, klügsten, wie gesagt, herrlich anzusehen, anbetungswürdig [sic]“ (Weber, Crash-Kurs, S.16).

Die Passion erscheint als „blinde Leidenschaft“, ja geradezu als Wahnsinn. Hier begegnet uns eine Semantik der leidenschaftlichen Liebe, die um 1800 von den Romantikern entschieden abgelehnt wurde. Eine Steigerung findet diese Ablehnung noch in der Pathologisierung durch die Psychoanalyse:

„Die illusorische glühende Liebe, mit der die positiven Eigenschaften des geliebten Menschen übersteigert und idealisiert werden, und die Tunnelperspektive, in der nur die positiven Eigenschaften wahrgenommen und die negativen ausgeblendet werden, sind typische Merkmale der manischen Störung“ (Beck, Liebe, S.50).

Aber es ist diese manische Störung, die vielen Menschen überhaupt nur den Zugang zur Liebe ermöglicht. Nur wenige Personen nämlich haben ideale Eigenschaften, auch wenn die Ansprüche bereits soweit reduziert wurden, daß selbst das übereinstimmende Schwärmen für eine bestimmte Musikrichtung die Liebe auszulösen vermag. Würde hingegen verlangt, daß man sich in allen Dingen ähnlich wäre oder der Liebende grundsätzlich alle Charaktereigenschaften des Geliebten sofort bejahen müßte, dann wäre es um die Liebespaare schlecht bestellt, weil die emotionale Initialzündung einfach ausbliebe.

V. Die Paradoxie

Das paradoxe Idealbild gehört zur ersten Verliebtheit. Die Semantik der Paradoxie verweist hier wieder auf die Außenperspektive. Die Bilder der sehenden Blindheit können den Liebenden nur von außen auferlegt werden, weil sie zwar mit der Zeit auch negative Eigenschaften ihres Geliebten sehen, diese aber nicht wirklich wahrnehmen. Die Verliebten laufen offenen Auges in ihr Unglück und das mit Vergnügen:

„Das Auffallendste dieser Periode ist bei beiden Partnern die Annulierung, der Ausschluß jedes aggressiven Elementes im Hinblick auf den Anderen. Man kennt die Karikatur dieses Zustandes nur zu gut: Der Verliebte hat überhaupt keine Kritik mehr; nicht nur entschuldigt er alles, sondern er übersieht überhaupt die Fehler oder Mängel des oder der Erwählten; er erträgt keine für den Partner ungünstige Vorstellung und weist jede Bemerkung zurück, die dem Bild, das er vom anderen hat, nicht entspricht" (Lemaire, Ehekrise, S.81).

Und man muß ergänzen: Er lehnt nicht nur jede Kritik ab, die von außen kommt, sondern er unterdrückt auch jede Kritik, die sich ihm selbst aufdrängen könnte.

Idealisierung und Imagination ermöglichen es den Individuen in unserer komplexen Gesellschaft, einen Partner zu finden, der potentiell durch seine Ähnlichkeit und durch seine Idealität zum Weltentwurfsbestätiger und Identitätskonstrukteur taugt. Passion und Paradoxie bewahren die Protagonisten dieser ‚Wahnsinnstat' vor dem gesellschaftlichen Einspruch. Passioniertes und paradoxes Verhalten wird verstehbar und gerät in Gegensatz zur Normalität. Dieser Gegensatz wird durch das Paar positiv beurteilt. Es erlebt einen rauschhaften Ausnahmezustand, der eine tiefe Bindung entstehen läßt. Meist bestätigt sich das Partnerbild aus der ersten Zeit zwar nicht vollständig, aber nur die großen Emotionen zu Beginn der Liebe produzieren ein Interesse, das wirkliches Kennenlernen ermöglicht. Das ‚Ver-rücktsein' von der übrigen Welt, die Zufälligkeit des Kennenlernens fungieren durch die Erzeugung eines *Wir* als Gründungsmythen des Systems Intimbeziehung. Die Heilung des fragmentierten Ichs durch die reife (romantische) Liebe setzt gleichsam eine Phase der forcierten Krankheit – die Verliebtheit – voraus.

In dieser Anwendung ist es um zweierlei gegangen. Erstens wurde die Autonomisierung des Funktionssystems Liebe anhand von historischen Quellen – literarischen Texten der deutschen Romantik – nachvollzogen, die durch die Verwendung systemtheoretischer Kategorien in neuer Weise gelesen und interpretiert werden konnten. Dabei war es möglich, einige Annahmen Luhmanns durch diese Quellen zu spezifizieren oder sogar abzuwandeln. Gerade die nach wie vor kontroverse Diskussion um Codierung und Programmierung des Intimsystems wurde mit neuen Argumenten weitergeführt. Zweitens ging es auch darum, die von Luhmanns Semantikbegriff hergeleitete Arbeitsmethode exemplarisch umzusetzen. Dies bedeutete, daß die Konzepte der Romantiker konsequent in den Kontext semantischer Traditionen und gesellschaftlicher Problemlagen gestellt wurden. Der Blick auf die semantischen Traditionen machte es möglich, das romantische Liebesmodell als ‚Collage' aus verschiedenen Elementen – Seelenfreundschaft, Ehe, körperliche Leidenschaft – zu begreifen, die schon vorher eine Rolle gespielt hatten, deren Bedeutung und deren Stellenwert aber noch ganz anders einzuschätzen waren. Im Gegensatz zu einer traditionellen Ideengeschichte, die ihre Gegenstände gern als originäre und ganzheitliche Schöpfungen begreift, zeigt dieser zergliedernde Ansatz, welch hohen Anteil die Rekombination von vorfindlichem semantischen Material an der Entstehung neuer Ideen hat. Die Konfrontation mit gesellschaftsstukturellen Entwicklungen machte überdies deutlich, daß die Romantiker mit ihrem Liebesmodell vor allem auf das Problem der Individualisierung im Zeichen von Funktionsdifferenzierung reagierten. Hier stellte das Konzept der Individualitätskonstruktion durch wechselseitige Weltentwurfsbestätigung auf der Basis von Verstehen eine plausible und praktikable Lösung bereit – so praktikabel, daß sie auch heute noch in der Sinnverarbeitung konkret handelnder Menschen eine wichtige Rolle spielt, wie unser Blick auf jene Quellen erwies, die sich abbildend oder beobachtend auf den semantischen Apparat der Gegenwartsgesellschaft beziehen. Auch bei der Analyse dieser Quellen beherzigten wir, wie schon bei der Beschäftigung mit der romantischen Literatur, das methodische Prinzip, die sich-wiederholenden semantischen Muster stärker zu beachten als das Werk des einzelnen Autors. Dabei zeigte sich, daß das romantische Liebesmodell in der Gegenwart weniger durch System-Umwelt-Konflikte als vielmehr durch systemimmanente Problemlagen gefährdet wird – ein Gedanke, den wir bei Luhmann in dieser Zuspitzung noch nicht finden. Ein abschließender Blick auf das gesichtete empirische Material (den aktuellen semantischen Apparat) und die historischen Analysen zur Liebessemantik in Luhmanns Studie „Liebe als Passion" brachte dann noch eine Überraschung zu Tage: Das Funktionssystem Liebe und seine Konstituierungsphasen sind eine genaue Abbildung der Semantikgeschichte. Unser Liebesleben wird also nicht nur von den Romantikern beherrscht, sondern ein wenig auch von der Minne der mittelalterlichen Ritter.

So treten Luhmanns theoretische Annahmen in ein fruchtbares Wechselspiel mit der Empirie ein: Quellenstudien, die von ihnen angeregt werden, können gleichzeitig dazu führen, daß sie verändert und weitergedacht werden müssen. Viele Dinge, nicht nur die Liebe, werden dabei vom Kopf auf die Füße gestellt.

Quellen

Literarische Texte

Arnim, Achim von, Armut, Reichtum, Schuld und Buße der Gräfin Dolores. Eine wahre Geschichte zur lehrreichen Unterhaltung armer Fräulein [1810], in: ders., Werke in sechs Bänden, Bd. 1, hg. v. Paul Michael Lützeler, Frankfurt a. M. 1989, S.101ff.

Arnim, Achim von, Isabella von Ägypten [1812], Zürich 1959.

Arnim, Bettine von, Die Günderode [1839], Frankfurt a. M. 1983.

Austen, Jane, Emma [1816], Zürich 1991.

Brentano, Clemens, Godwi oder das steinerne Bild der Mutter [1801], hg. v. Ernst Behler, Stuttgart 1995.

Eichendorff, Joseph von, Ahnung und Gegenwart [1815], in: ders., Werke in einem Band, hg. v. Wolfdietrich Rasch, München 1995, S.447ff.

Gellert, Christian Fürchtegott, Leben der schwedischen Gräfin von *** [1750], Stuttgart 1985.

Humboldt, W. und C., Briefe aus der Brautzeit 1787-1791, hg. v. [ ] von Sydow, Berlin 1910.

Jacobi, Friedrich Heinrich, Woldemar [1779], Stuttgart 1969.

Mereau-Brentano, Sophie, Amanda und Eduard [1803], in: dies., Das Blütenalter der Empfindung. Amanda und Eduard. Romane, hg. u. kom. v. Katharina von Hammerstein, München 1996, S.59ff.

Mereau-Brentano, Sophie, Das Blütenalter der Empfindung [1794], in: dies., Blütenalter, S.11ff.

Münz, Walter (Hg.), Von der Liebe, Erzählungen, Gedichte, Traktate, Stuttgart 1994.

Novalis, Heinrich von Ofterdingen [1802], Frankfurt a. M. 1982.

Rousseau, Jean-Jacques, Julie oder die neue Héloise. Briefe zweier Liebenden aus einer kleinen Stadt am Fuße der Alpen [1761], München 1988.

Schlegel, Dorothea, Florentin [1801], Stuttgart 1993.

Schlegel, Friedrich, Lucinde [1799], Frankfurt a. M. 1985.

Schleiermacher, Friedrich, Vertraute Briefe über die Lucinde [1800], Stuttgart 1835.

Tieck, Ludwig, Franz Sternbalds Wanderungen [1798], Stuttgart 1994.

Tieck, Ludwig, Der junge Tischlermeister [1836], Frankfurt a. M. u. a. 1996.

Tieck, Ludwig, William Lovell [1795/1796], Stuttgart 1986.

Populärpsychologie und -soziologie/Eheberatung

Ammen, Alfred u.a., Die Institution der Ehe, Berlin 1979.

Ammen, Alfred, Berufszwänge und eheliche Konflikte, in: Ammen u. a. 1979, S.69ff.

Bamberger, Günter G., Gestörte Ehen und ihr soziologischer Kontext, Kevelaer 1974.

Beck, T. Aaron, Liebe ist nie genug. Mißverständnisse überwinden, Konflikte lösen, Beziehungsprobleme entschärfen, München 1994.

Blanck, Rubin/ Blanck, Gertrud, Ehe und seelische Entwicklung, Stuttgart 1978.

Bovet, Theodor, Ist die Ehe überholt? Was antwortet die "Ehewissenschaft", in: Ruthe, Ehe, S.9ff.

Condrau, Gion u. a., Die Zukunft der Monogamie. Analysen und Entwürfe, Tübingen 1972.

Condrau, Gion, Liebesfähigkeit und Dauerbindung, in: ders. u. a., Monogamie, S.65ff.

Cyprian, Gudrun, Ehezerrüttung und Ehescheidung, in: Jürgens, Ehe, S.131ff.

Dahn, Hugo, Die Partnerwahl, Stuttgart 1955.
Franke, Klaus, Hat die monogame Ehe noch Zukunft?, in: Ruthe, Ehe, S.39ff.
Gagern, Friedrich E. Freiherr von, Ehe zwischen traditionellem Funktionsgefüge und partnerschaftlicher Begegnung, in: Condrau u. a., Monogamie, S.29ff.
Görden, Michael/ Meiser, Hans Christian, Madonna trifft Herkules. Die alltägliche Macht der Mythen, Frankfurt a. M. 1994.
Groeger, Guido N., Die Zukunft der Monogamie, in: Condrau u. a., Monogamie, S.112ff.
Heigl-Evers, Anneliese/ Heigl, Franz, Lieben und Geliebtwerden in der Ehe. Eine tiefenpsychologische Studie, Stuttgart 1969.
Jäckel, Ursula, Partnerwahl und Eheerfolg. Eine Analyse der Bedingungen und Prozesse ehelicher Sozialisation in einem rollentheoretischen Ansatz, Stuttgart 1980.
Joachim, Frank, Die 8er Ehe. Variationen über die Monogamie, Hamburg 1993.
Josselson, Ruthellen, Was uns zusammenhält. Zur Psychologie der zwischenmenschlichen Beziehung, Hamburg 1994.
Jürgens, Hans W., Bevölkerungswissenschaftliche Aspekte der Ehe, in: ders., Ehe, S. 109ff.
Jürgens, Hans W. (Hg.), Partnerwahl und Ehe. Theorie und Praxis, Hamburg 1973.
Keil, Siegfried, Überlegungen zur Zusammensetzung der Klientel und ihrer Probleme in der Evangelischen Eheberatung, in: Jürgens, Ehe, S.121ff.
Kentler, Helmut, Die Wohngruppe, in: Ruthe, Ehe, S.92ff.
Kinder, Melvyn/ Cowan, Connell, Damit der Prinz kein Frosch wird. Ein Kursbuch für die glückliche Ehe, Bergisch Gladbach 1992.
König, René, Die Neophilie im Konflikt mit monogamen Leitbildern in der modernen Gesellschaft – Ende der Monogamie?, in: Ammen u. a., Ehe, S.105ff.
König, Dieter, Ehe als freie Lebensgemeinschaft, in: Ammen u. a., Ehe, S.44ff.
Kraeling, Werner, Wie man in einer Gruppenehe lebt. Drei Beispiele aus dem Ausland, in: Ruthe, Ehe, S.104ff.
Lauster, Peter, Die Liebe. Psychologie eines Phänomens, Reinbek 1982.
Lemaire, Jean-G., Die Ehekrise, in: Condrau u. a., Monogamie, S.80ff.
Lengsfeld, Wolfgang, Sozialpsychologische Faktoren bei der Partnerwahl, in: Jürgens, Ehe, S.51ff.
Leudesdorf, René, Die Zukunft der Ehe – die Ehe der Zukunft, in: Ruthe, Ehe, S.16ff.
Mackensen, Rainer, Was folgt auf die bürgerliche Form der Ehe? in: Condrau u. a., Monogamie, S.9ff.
Meinhold, Peter, Die christliche Problematik der Ehe in der Gegenwart, in: Ammen u. a., Ehe, S.115ff.
Michael, T. Robert/ Gagnon, John H./ Laumann, Edward O./ Kolata, Gina, Sex-

wende. Liebe in den 90ern. Der Report, München 1994.

Müller-Freienfels, Wolfram, Normen und Normenwandel im Eherecht, in: Ammen u. a., Ehe, S.125ff.

Nave-Herz, Rosemarie, Warum noch Heirat, Oldenburg 1994.

Partner, Peter, Das endgültige Ehebuch für Anfänger und Fortgeschrittene, München 1984.

Pohl, Katharina, Regeln und Theorie der Partnerwahl, in: Jürgens 1973, S.25ff.

Revers, Wilhelm Josef, Die lebensgeschichtliche Gestalt der Ehe, in: Ruthe, Ehe, S.31ff.

Röhricht, Rainer, Der evangelische Entwurf der Ehe im 20. Jahrhundert, in: Ruthe, Ehe, S.140ff.

Rückert, Gerd-Rüdiger/ Lengsfeld, Wolfgang/ Henke, Winfried, Partnerwahl, Boppart am Rhein 1979.

Ruthe, Reinhold (Hg.), Ist die Ehe überholt? Aspekte und Prognosen, München 1972.

Sigusch, Volkmar/ Schmidt, Gunter, Jugend und Ehe, in: Condrau u. a., Monogamie, S.42ff.

Sills, Judith, Liebe nach dem ersten Blick. Handbuch für Romantiker, Hamburg 1989.

Stolte-Adelt, Gertrud, Sechs junge Leute proben die Großfamilie. Kommune unter neuem Aspekt, in: Ruthe, Ehe, S.111ff.

Tanner, Fritz, Moderne Ehe – Bindung und Freiheit, München/Basel 1972.

Taylor, Donald L., Die Ehe lernen, Freiburg i. B. 1971.

Wallis, J. H., Keine Garantie auf Glück. Das Zusammenleben in der Ehe, Stuttgart 1972.

Weber, Ingeborg, Crash-Kurs Liebe. 16 Beziehungsfallen und wie man sie umgeht, Niedernhausen/Ts. 1991/1992.

Kommentierte Auswahlbibliographie

Die Literaturangaben zu den verschiedenen Abschnitten des Buches sind jeweils in drei Blöcke eingeteilt. Unter 1. wird eine Auswahl grundlegender Texte aus Luhmanns eigener Feder aufgeführt, unter 2. folgen kommentierende, analysierende oder weiterdenkende, in jedem Fall selbst-theoretische Texte aus der Luhmann-Forschung, unter 3. werden, soweit bereits existent, Anwendungen der Luhmannschen Begriffe und Kategorien auf empirische Forschungsprobleme genannt.

Teil I

Gesamtdarstellungen der Theorie

1.

Luhmann, Niklas, Soziale Systeme. Grundriß einer allgemeinen Theorie, Frankfurt a.M. ^{6}1996 [1984].
Mit diesem Buch hat Luhmann seine ‚autopoietische Wende' vollzogen. Das Niveau der theoretischen und metatheoretischen Ausführungen ist so hoch, daß nur der fortgeschrittene Leser davon profitieren wird.

Luhmann, Niklas, Ökologische Kommunikation. Kann die moderne Gesellschaft sich auf ökologische Gefährdungen einstellen?, Opladen ^{3}1990 [1986].
Thema sind die Resonanzen, die ökologische Probleme in den verschiedenen gesellschaftlichen Funktionssystemen auslösen können. Jedem Funktionssystem ist ein eigenes Kapitel gewidmet, in dem einleitend die Operationsweise des Systems erklärt wird. Diese Einleitungen addieren sich zu einer Einführung in Luhmanns gesamte Gesellschaftstheorie, die auch für den Anfänger gut lesbar ist.

Luhmann, Niklas, Die Gesellschaft der Gesellschaft, Frankfurt a.M. 1997.
Dieses umfängliche Werk gibt den letzten Stand von Luhmanns Überlegungen kurz vor seinem Tod wieder. Alle wichtigen Probleme werden noch einmal durchdacht und abgehandelt – der fortgeschrittene Leser findet ein regelrechtes ‚Handbuch' der Systemtheorie vor.

2.

Fuchs, Peter, Niklas Luhmann - beobachtet. Eine Einführung in die Systemtheorie, Opladen [2]1993.
Eine originell konzipierte Einführung – in einem fiktiven Dialog entwickeln Dozenten und Studenten ein Verständnis des Luhmannschen Denkens, bei dem der Dialog und die soziale Dynamik in der Gruppe selbst zur Veranschaulichung dieses Denkens herangezogen werden. Gerade aufgrund dieser ungewöhnlichen, teilweise auch witzigen Gestalt sicherlich eine anregende Lektüre für jeden Anfänger!

Göbel, Andreas, Theoriegenese als Problemgenese. Eine problemgeschichtliche Rekonstruktion der soziologischen Systemtheorie Niklas Luhmanns, Konstanz 2000.
Die einzelnen Stadien des Luhmannschen Denkens werden minutiös rekonstruiert. Jedes Stadium läßt bestimmte Probleme offen, für die wieder neue Lösungsvorschäge entwickelt werden müssen. So reichert sich die Theorie ständig mit Begriffen und Denkfiguren an, die aber ihrerseits wieder der Ergänzung bedürfen – auch die Theorie erzeugt sich bis zu einem gewissen Grade selbst. Für Fortgeschrittene aufschlußreich, für Anfänger nicht zu empfehlen, weil das Abstraktionsniveau der Darstellung mindestens ebenso hoch ist wie dasjenige der analysierten Texte.

Kiss, Gábor, Grundzüge und Entwicklung der Luhmannschen Systemtheorie, Stuttgart [2]1990.
Luhmann wird so ausgiebig zitiert, daß die Darstellung fast wie eine Zitaten-Collage wirkt. 'Zwischen' diesen Zitaten werden nur knappe Erklärungen geboten – der Leser wird mit den Ausführungen Luhmanns weitgehend allein gelassen und fragt sich, warum er nicht gleich zu den Originaltexten gegriffen hat.

Kneer, Georg/Nassehi, Armin, Niklas Luhmanns Theorie sozialer Systeme. Eine Einführung, München [3]1997.
Eine Einführung, die diesen Namen verdient – allerdings stören einige Widersprüche und Unklarheiten.

Krause, Detlef, Luhmann-Lexikon. Eine Einführung in das Gesamtwerk von Niklas Luhmann mit 25 Abbildungen und über 400 Stichworten, Stuttgart ^{2}1999.
Knappe, aber trotzdem sachgemäße Artikel informieren über Luhmanns Begriffswelt. Wer den Zugang über die zentralen Begriffe für den Königsweg zum Verständnis einer Theorie hält, kommt hier auf seine Kosten. Die Graphiken in der „Einführung" zu Beginn sind allerdings für den Anfänger wenig hilfreich, da sie teilweise komplizierter sind als die Theorieelemente, die sie veranschaulichen sollen.

Reese-Schäfer, Walter, Luhmann zur Einführung, Hamburg ^{2}1996.
Die Klarheit der Argumentation und der anregende Duktus machen diese Einführung für den Anfänger besonders geeignet. Ein wenig beliebig wirken allerdings die thematischen Schwerpunkte, die der Band setzt.

Willke, Helmut, Systemtheorie. Eine Einführung in die Grundprobleme der Theorie sozialer Systeme, Stuttgart/New York ^{6}2000.
Sechs Auflagen demonstrieren nachdrücklich die Beliebtheit dieses Bandes, der nicht nur Luhmann, sondern auch den Gründervater der Systemtheorie, Talcott Parsons, behandelt. Überwiegend ist die Darstellung klar und verständlich.

3.

De Berg, Henk/Schmidt, Johannes F. (Hgg.), Rezeption und Reflexion. Zur Resonanz der Systemtheorie Niklas Luhmanns außerhalb der Soziologie, Frankfurt a.M. 2000.
Die Beiträge dieses Sammelbandes sind der Aneignung des Luhmannschen Denkens in verschiedenen geisteswissenschaftlichen Fächern, dort allerdings primär in der Theoriediskussion, gewidmet. Das theoretische Niveau ist hoch, nur Fortgeschrittenen ist der Band zu empfehlen.

Gripp-Hagelstange, Helga (Hg.), Niklas Luhmanns Denken. Interdisziplinäre Einflüsse und Wirkungen, Konstanz 2000.
Von der Theologie bis zur Sozialarbeit, von der Unternehmensberatung bis zur Psychotherapie reicht das Spektrum der Disziplinen, die im Hinblick auf die Rezeption systemtheoretischer Kategorien befragt werden. Einige Beiträge sind auch für den Anfänger gut lesbar.

Teil II

Geschichtsentwurf

1.

Luhmann, Niklas, Geschichte als Prozeß und die Theorie sozio-kultureller Evolution, in: ders., Soziologische Aufklärung 3, Opladen [2]1981, S.178-197.
Der Geschichtsentwurf gehört zu denjenigen Theorieelementen, die von Luhmann selten im Zusammenhang dargestellt worden sind. Dieser Aufsatz geht zumindest in eine solche Richtung, auch wenn er schnell wieder zu Spezialproblemen überleitet. Für den Anfänger daher nur bedingt zu empfehlen.

2.

Fuchs, Peter, Weder Herd noch Heimstatt – Weder Fall noch Nichtfall. Doppelte Differenzierung im Mittelalter und in der Moderne, in: Soziale Systeme 3 (1997), S.413-438.
Ob die moderne Gesellschaft eine neue, zusätzliche Differenzierung auf der Basis von Inklusion und Exklusion, grob gesagt von Reich und Arm, herausbildet, wird durch einen Vergleich mit den Inklusions- und Exklusionsmechanismen der mittelalterlichen Gesellschaft diskutiert. Eine interessante Weiterentwicklung von Luhmanns Geschichtsmodell.

3.

Oexle, Otto Gerhard, Luhmanns Mittelalter, in: Rechtshistorisches Journal 10 (1991), S.53-66.
Leider werden Theorien, wenn sie kritisiert werden sollen, zumeist vorab vereinfacht, um ihnen anschließend desto leichter Schwächen unterstellen zu können. Luhmanns Stratifikationsbegriff geht es hier nicht anders. Zu anderen Fragen, etwa zum Problem von Gesellschaftsstruktur und Semantik, gibt es aber auch zutreffende Bemerkungen, die aufgrund ihrer Klarheit auch dem Anfänger zu empfehlen sind.

Gizewski, Christian, Systemtheorie und Historik. Niklas Luhmanns Arbeit aus der Sicht eines Althistorikers, in: Rechtshistorisches Journal 17 (1998), S.477-492.
Im Vordergrund steht die Frage nach der Relevanz von Systemtheorie für die Gewinnung historischer Erkenntnis. Einige Zentralbegriffe werden überprüft, dabei greift die Kritik allerdings oft zu kurz.

Funktionssysteme

Politik

1.

Luhmann, Niklas, Macht, Stuttgart ^{2}1988 [1975].
Der Machtbegriff gehört zu den zentralen Kategorien jeder Theorie der Politik. Luhmann bezieht diese Kategorie mit fast mathematischer Präzision auf die Wahrscheinlichkeit bzw. Unwahrscheinlichkeit von Anschlußkommunikationen. Nur für Fortgeschrittene geeignet.

Luhmann, Niklas, Die Beobachtung der Beobachter im politischen System: Zur Theorie der Öffentlichen Meinung, in: Jürgen Wilke (Hg.), Öffentliche Meinung – Theorie, Methoden, Befunde, Freiburg i.B./München 1992, S.77-86.
Öffentlichkeit leistet für das Politiksystem systeminterne Beobachtung zweiter Ordnung. Luhmann beobachtet diese Arbeitsweise in einem kurzen Aufsatz, der auch für Anfänger verständlich ist.

Luhmann, Niklas, Die Politik der Gesellschaft, hg. von André Kieserling, Frankfurt a.M. 2000.
Die lange erwartete Monographie zum Politiksystem, die erst aus dem Nachlaß herausgegeben werden konnte. Viele Überlegungen, die vorher verstreut veröffentlicht worden waren, werden in einen systematischen Zusammenhang gebracht.

2.

Ulrich, Günter, Politische Steuerung. Staatliche Intervention aus systemtheoretischer Sicht, Opladen 1994.
Diese Monographie behandelt das von der Systemtheorie angezweifelte bzw. neu definierte Steuerungspotential der Politik für die anderen Funktionssysteme der Gesellschaft. Verschiedene Ansätze Luhmanns werden umsichtig rekonstruiert. Der Verfasser bemüht sich um eine verständliche Sprache.

3.

Frie, Ewald, Friedrich August von der Marwitz. Biographien eines Preußen, Paderborn 2001.
Der Umbruch von der stratifizierten zur funktional differenzierten Gesellschaft und das daraus resultierende Problem der Individualität bilden den

Hintergrund für eine Analyse der preußischen Geschichte im frühen 19. Jahrhundert, die durch Materialreichtum und Anschaulichkeit gefällt.

Meuschel, Sigrid, Legitimation und Parteiherrschaft. Zum Paradox von Stabilität und Revolution in der DDR 1945-1989, Frankfurt a.M. 1992.
Ob in modernen Diktaturen möglicherweise der Prozeß der Funktionsdifferenzierung abgeblockt wird und einer neuen ‚Entdifferenzierung' weichen muß, wird in einer gut lesbaren historischen Studie diskutiert.

Wirtschaft

1.

Luhmann, Niklas, Die Wirtschaft der Gesellschaft als autopoietisches System, in: Zeitschrift für Soziologie 13 (1984), S.308-327.
In diesem Aufsatz faßt Luhmann seine Analyse des Wirtschaftssystems zusammen. Der Leser erhält einen knappen Überblick, der trotz seiner Gedrängtheit gut zu lesen ist.

Luhmann, Niklas, Die Wirtschaft der Gesellschaft, Frankfurt a.M. 1988.
Die große Monographie zum Wirtschaftssystem stellt alle Überlegungen Luhmanns im Zusammenhang dar. Hier wird fündig, wer in die Tiefe gehen will, wer auch Antworten zu Detailproblemen sucht. Der Anfänger wird überfordert.

2.

Baecker, Dirk, Das Gedächtnis der Wirtschaft, in: ders. u.a. (Hgg.), Theorie als Passion. Niklas Luhmann zum 60. Geburtstag, Frankfurt a.M. 1987, S.519-546.
Nicht um das Gedächtnis der Wirtschaft als Wirtschaftsgeschichte, sondern um die Erinnerung als einen Bestandteil des Sinnprozessierens innerhalb des Wirtschaftssystems geht es in diesem Aufsatz, der aufgrund seiner klaren Diktion auch für den Anfänger verständlich ist, dessen Fragestellung allerdings vor allem den Fortgeschrittenen ansprechen wird.

Schaaf, Jürgen, Die Wurzeln wirtschaftlicher Entwicklung. Eine systemtheoretische Untersuchung zur ökonomischen Evolution, Berlin 2000.
Mit Gewinn nur dann zu lesen, wenn Kompetenzen in der Ökonomik sich mit einer guten Kenntnis der Systemtheorie verbinden.

3.

Baecker, Dirk/Hutter, Michael (Hgg.), Systemtheorie für Wirtschaft und Unternehmen, Opladen 1999 (=Soziale Systeme, 1999, Heft 1).
Die Beiträge gehen dem Anwendungsbezug systemtheoretischer Erkenntnisse für die Wirtschaft nach, ohne dabei die Theoriediskussion aus den Augen zu verlieren. Ökonomische Kenntnisse sind nützlich, werden aber nicht unbedingt vorausgesetzt.

Baecker, Dirk, Die Preisbildung an der Börse, in: Soziale Systeme 5 (1999), S.287-312.
Die Börse wird von Zahlungsentscheidungen in Gang gehalten, denen die Logik der Risikowette zugrundeliegt. Ein origineller Beitrag zum Problem von Preisbildung und Marktbeobachtung.

Recht

1.

Luhmann, Niklas, Legitimation durch Verfahren, Frankfurt a.M. ^{3}1978 [1969].
Eine der am häufigsten zitierten Arbeiten Luhmanns, fast schon ein Klassiker – ganz ohne juristische Kenntnisse aber nicht leicht zu verstehen.

Luhmann, Niklas, Die Codierung des Rechtssystems, in: Rechtstheorie 17 (1986), S.171-203.
Die Unterscheidung von Recht und Unrecht ist der Ausgangspunkt dieser kompakten Darstellung, die im weiteren Verlauf der Argumentation aber auch andere Aspekte des Rechtssystems mit einbezieht. Da Luhmann sich hier nicht an Fachkollegen, sondern an Juristen wendet, verzichtet er weitgehend auf soziologische Terminologie, was die Verständlichkeit erhöht.

Niklas Luhmann, Das Recht der Gesellschaft, Frankfurt a.M. 1993.
Fortgeschrittene werden in dieser großen Studie einen systematischen Gesamtentwurf und die akribische Analyse vieler Detailprobleme vorfinden.

2.

Teubner, Gunther, Recht als autopoietisches System, Frankfurt a.M. 1989.
Wie ist das Recht auf der Basis des Autopoiesis-Begriffs zu denken? Maturana und einige andere Theoretiker der Selbstreferenz und -erzeugung, vor al-

lem aber Luhmann sind die Kronzeugen bei diesem anspruchsvollen Unternehmen, das für Anfänger keine einfache Lektüre ist.

Teubner, Gunther, Des Königs viele Leiber. Die Selbstdekonstruktion der Hierarchie des Rechts, in: Soziale Systeme 2 (1996), S.229-255.
Neue Rechtsbildungen im Rahmen der Globalisierung und gleichzeitigen Dekonstruktion des Rechts werden im Hinblick auf die Entstehung einer Weltgesellschaft diskutiert. Ein Thema von hoher Relevanz, das allerdings eher Fortgeschrittene ansprechen wird.

3.

Sikora, Michael, Der Sinn des Verfahrens. Soziologische Deutungsangebote, in: Barbara Stollberg-Rilinger (Hg.), Vormoderne politische Verfahren zwischen symbolischer und technischer Form, Berlin 2001 [im Druck].
Der von Luhmann entwickelte Verfahrensbegriff wird mit anderen Ansätzen verglichen und im Hinblick auf seine Tragfähigkeit für die empirische Forschung befragt. Die Transparenz der Darstellung macht diesen Aufsatz auch für Anfänger geeignet.

Teubner, Gunther, Im blinden Fleck der Systeme: Die Hybridisierung des Vertrages, in: Soziale Systeme 3 (1997), S.313-326.
Die Systemtheorie wird für eine Analyse der Rechtsform des Vertrages genutzt, wobei die Besonderheit dieses Ansatzes allerdings nur vor dem Hintergrund juristischer Kenntnisse vollständig sichtbar wird.

Wissenschaft

1.

Luhmann, Niklas, Die Wissenschaft der Gesellschaft, Frankfurt a.M. 1990.
Wissenschafts- und erkenntnistheoretisches Vorwissen ist unerläßlich, um Luhmanns große Monographie zum Wissenschaftssystem mit Gewinn lesen zu können.

Luhmann, Niklas, Universität als Milieu. Kleine Schriften, hg. v. André Kieserling, Bielefeld 1992.
Vermischte Betrachtungen zu einzelnen Aspekten des universitären und wissenschaftlichen Lebens, weniger abstrakt als die anderen Arbeiten, daher auch dem Anfänger zu empfehlen.

2.

Stichweh, Rudolf, Differenzierung der Wissenschaft, in: Zeitschrift für Soziologie 8 (1979), H.1, S.82-101.
Teilweise im Gefolge Luhmanns, teilweise über ihn hinausgehend wird ein systemtheoretischer Zugang zum Untersuchungsfeld ‚Wissenschaft' erarbeitet. Seine klare Argumentation macht diesen Aufsatz für Anfänger besonders empfehlenswert.

Stichweh, Rudolf, Die Autopoiesis der Wissenschaft, in: Dirk Baecker u.a. (Hgg.), Theorie als Passion. Niklas Luhmann zum 60. Geburtstag, Frankfurt a.M. 1987, S.447-481.
Inwiefern die moderne Wissenschaft als autopoietisches System gelten kann, ist das Thema dieses verständlich geschriebenen Aufsatzes.

3.

Klüver, Jürgen, Universität und Wissenschaftssystem. Die Entstehung einer Institution durch gesellschaftliche Differenzierung, Frankfurt a.M./New York 1983.
Eine der ersten Aneignungen systemtheoretischer Kategorien für die wissenschafts- und universitätshistorische Forschung. Aufgrund der klaren Argumentation auch für Anfänger zugänglich.

Stichweh, Rudolf, Ausdifferenzierung der Wissenschaft. Eine Analyse am deutschen Beispiel, Bielefeld 1982.
Aus wenigen Fächern differenzieren sich im Verlauf der Wissenschaftsevolution zahlreiche Disziplinen aus. Dieser Prozeß wird für die deutsche Wissenschaftslandschaft nachgezeichnet, wobei Seitenblicke auch England und Frankreich gelten.

Stichweh, Rudolf, Zur Entstehung des modernen Systems wissenschaftlicher Disziplinen. Physik in Deutschland 1740-1890, Frankfurt a.M. 1984.
Kenntnisse zur Geschichte der Naturwissenschaften sollten mitgebracht werden, um dieser profunden Studie auch in den Details gerecht werden zu können.

Erziehung

1.

Luhmann, Niklas, Codierung und Programmierung. Bildung und Selektion im Erziehungssystem [1986], in: ders., Soziologische Aufklärung 4. Beiträge zur funktionalen Differenzierung der Gesellschaft, Opladen 1987, S.182-201.
Eine erste Annäherung an die Analyse des Erziehungssystems, die Luhmann vor große Probleme gestellt hat.

Luhmann, Niklas, Strukturelle Defizite. Bemerkungen zur systemtheoretischen Analyse des Erziehungswesens, in: Jürgen Oelkers/Heinz-Elmar Tenorth (Hgg.), Pädagogik, Erziehungswissenschaft und Systemtheorie, Weinheim/Basel 1987, S.57-75.
Die besonderen Paradoxien des Erziehungssystems sind das Thema dieses klar und verständlich geschriebenen Aufsatzes.

Luhmann, Niklas, Das Kind als Medium der Erziehung, in: Zeitschrift für Pädagogik 37 (1991), S.19-40.
Luhmann gibt eine Antwort auf die lange diskutierte Frage nach dem Medium des Erziehungssystems.

2.

Oelkers, Jürgen/Tenorth, Heinz-Elmar (Hgg.), Pädagogik, Erziehungswissenschaft und Systemtheorie, Weinheim/Basel 1987.
Anspruchsvolle Aufsätze, die einige Aspekte der Systemtheorie für die Pädagogik fruchtbar zum machen versuchen, ohne die Defizite zu verschweigen, die Luhmanns Analyse des Erziehungssystems 1987 fraglos noch aufwies.

Tenorth, Heinz-Elmar, Dogmatik als Wissenschaft – Überlegungen zum Status und zur Funktionsweise pädagogischer Argumente, in: Dirk Baecker u.a. (Hgg.), Theorie als Passion. Niklas Luhmann zum 60. Geburtstag, Frankfurt a.M. 1987, S.694-719.
Indem die Pädagogik normativ argumentiert, rückt sie in die Nähe der Dogmatik, ohne aber den Anspruch aufgeben zu wollen, Wissenschaft zu sein – die Diskussion dieses Dilemmas ist hauptsächlich für Fortgeschrittene interessant.

3.

Stichweh, Rudolf, Der frühmoderne Staat und die europäische Universität. Zur Interaktion von Politik und Erziehungssystem im Prozeß ihrer Ausdifferenzierung (16.-18. Jahrhundert), Frankfurt a.M. 1991.
Das Erziehungssystem wird am Beispiel der Universität aus historischer Perspektive betrachtet. Kenntnisse zur Geschichte der Frühen Neuzeit erleichtern das Verständnis dieser profunden Studie erheblich.

Strobel-Eisele, Gabriele, Schule und soziale Evolution. System- und evolutionstheoretische Untersuchungen zur Entstehung und Entwicklung der Schule, Weinheim 1992.
Eine Schulgeschichte von den Anfängen bis zur Gegenwart im systemtheoretischen Rahmen ist ein anspruchsvolles Unternehmen, das nicht jedem Wunsch genügen kann. Trotzdem anregend und auch für den Anfänger lesbar.

Religion

1.

Luhmann, Niklas, Funktion der Religion, Frankfurt a.M. 1977.
Noch vor der ‚autopoietischen Wende' verfaßt, gibt der Band trotzdem schon wichtige Einblicke in Luhmanns Religionsverständnis.

Luhmann, Niklas, „Ich denke primär historisch" – Religionssoziologische Perspektiven. Ein Gespräch mit Fragen von Detlef Pollack, in: Deutsche Zeitschrift für Philosophie 39 (1991), H.9, S.937-956.
Der Interviewcharakter gibt der Darstellung eine sehr gut verständliche Form.

Luhmann, Niklas, Die Religion der Gesellschaft, hg. von André Kieserling, Frankfurt a.M. 2000.
Aus dem Nachlaß herausgegeben: Die große Monographie zum Religionssystem. Hochgradig komplex, daher nur für Fortgeschrittene zu empfehlen.

2.

Hans-Ulrich Dallmann, Die Systemtheorie Niklas Luhmanns und ihre theologische Rezeption, Stuttgart u.a. 1994.

Die Überlegungen Luhmanns zum Religionssystem werden aus theologischem Blickwinkel diskutiert. Für Anfänger gut geeignet.

Wilhelm Guggenberger, Niklas Luhmanns Systemtheorie. Eine Herausforderung der christlichen Gesellschaftslehre, Innsbruck/Wien 1998.
Ein Theologe betrachtet teils zustimmend, teils kritisch den Luhmannschen Religionsbegriff. Der Gedankengang ist jederzeit gut nachvollziehbar.

3.

Haag, Norbert, Zum Verhältnis von Religion und Politik im konfessionellen Zeitalter – System- und diskurstheoretische Überlegungen am Beispiel der Lutherischen Erneuerung in Württemberg und Hessen, in: Archiv für Reformationsgeschichte, Bd.88 (1997), S.166-198.
Die Aneignung systemtheoretischer Kategorien verläuft nicht ganz unproblematisch – trotzdem ein interessanter Versuch, die Konfessionalisierung in Deutschland mit Hilfe Luhmanns neu zu interpretieren.

Hahn, Alois, Religion und Welt in der französischen Gegenreformation, in: Dirk Baecker u.a. (Hgg.), Theorie als Passion. Niklas Luhmann zum 60. Geburtstag, Frankfurt a.M. 1987, S.84-106.
Eine theologische Position aus dem Frankreich der Frühen Neuzeit wird systemtheoretisch interpretiert. Die Konzentration auf einen einzelnen Autor ist methodisch konventionell, der Beitrag empfiehlt sich aber aufgrund seiner klaren Diktion auch für den Anfänger.

Schlögl, Rudolf, Glaube und Religion in der Säkularisierung. Die katholische Stadt – Köln, Aachen, Münster – 1700-1840, München 1995.
Eine profunde Studie über die Auswirkungen der Ausdifferenzierung von Religion auf die Frömmigkeit und religiöse Praxis von bestimmten Bevölkerungsgruppen an der Wende vom 18. zum 19. Jahrhundert. Der Leser sollte sozial- und mentalitätengeschichtliche Vorkenntnisse mitbringen.

Kunst

1.

Luhmann, Niklas, Das Kunstwerk und die Selbstreproduktion der Kunst, in: Hans Ulrich Gumbrecht/K. Ludwig Pfeiffer (Hgg.), Stil. Geschichten und Funktionen eines kulturwissenschaftlichen Diskurselements, Frankfurt a.M. 1986, S.620-672.

In diesem Aufsatz definiert Luhmann die Funktion der Kunst erstmalig als Erzeugung von Weltkontingenz. Auch zur Codierung und Programmierung des Kunstsystems werden erste Vorschläge gemacht. Für den Anfänger bedingt geeignet.

Luhmann, Niklas, Die Kunst der Gesellschaft, Frankfurt a.M. ³1999 [1995].
Die große Monographie zum Kunstsystem, die allerdings in einigen Fragen, etwa zur Codierung, noch keine befriedigenden Antworten zu geben vermag. Nur für Fortgeschrittene geeignet.

2.

Plumpe, Gerhard/Werber, Niels, Literatur ist codierbar. Aspekte einer systemtheoretischen Literaturwissenschaft, in: Siegfried J. Schmidt (Hg.), Literaturwissenschaft und Systemtheorie. Positionen, Kontroversen, Perspektiven, Opladen 1993, S.9-43.
Die Autoren widersprechen Luhmann, indem sie als Funktion des Kunstsystems die ‚Unterhaltung' vorschlagen und hiervon die Codierung ‚interessant versus langweilig' ableiten. Die Argumentation weist Schwächen auf, die Lektüre ist aber – auch für den Anfänger – interessant, nicht langweilig.

Schwanitz, Dietrich, Systemtheorie und Literatur. Ein neues Paradigma, Opladen 1990.
Die Systemtheorie wird vor allem für die Gattungspoetik fruchtbar gemacht. Eingeschobene fiktive Dialoge zu wichtigen Theoriefragen etwa zwischen Sherlock Holmes und Watson lockern die Darstellung auf und erleichtern dem Anfänger den Zugang.

Weber, Stefan (Hg.), Was konstruiert Kunst? Kunst an der Schnittstelle von Konstruktivismus, Systemtheorie und Distinktionstheorie, Wien 1999.
Nicht das Teilsystem Literatur, sondern das gesamte Feld der Kunst steht zur Diskussion. Die Gegenüberstellung der Systemtheorie mit anderen Kulturtheorien wirft viele interessante Aspekte ab. Vorkenntnisse zur aktuellen kulturwissenschaftlichen Diskussion müssen allerdings mitgebracht werden.

3.

Disselbeck, Klaus, Geschmack und Kunst. Eine systemtheoretische Untersuchung zu Schillers Briefen ‚Über die ästhetische Erziehung des Menschen', Opladen 1987.

Ein klassischer Text der deutschen Literatur- und Geistesgeschichte wird in ein neues Licht gerückt. Manchmal wirkt die Analyse allerdings etwas konstruiert.

Hussel, Elke, Marcel Reich-Ranicki und „Das Literarische Quartett" im Lichte der Systemtheorie, Marburg 2000.
Diese Anwendung der Systemtheorie wird auch den Anfänger ansprechen, der das „Literarische Quartett" als Produkt des aktuellen Literaturbetriebs unmittelbar vor Augen hat.

Schönert, Jörg u.a. (Hgg.), Erzählte Kriminalität. Zur Typologie und Funktion von narrativen Darstellungen in Strafrechtspflege, Publizistik und Literatur zwischen 1770 und 1920, Tübingen 1991.
Die Ausdifferenzierung des Rechtssystems auf der einen, des Kunst- bzw. Literatursystems auf der anderen Seite wird anhand von Kriminalliteratur und juristischen Gebrauchstexten rekonstruiert.

Werber, Niels, Literatur als System. Zur Ausdifferenzierung literarischer Kommunikation, Opladen 1992.
Literarische, literaturtheoretische und -kritische Texte aus dem ausgehenden 18. und frühen 19. Jahrhundert werden analysiert, um die Ausdifferenzierung der Literatur zu einem autonomen (Teil-)System nachzuvollziehen. Vor allem die Entstehung des Codes ‚interessant versus langweilig' soll nachgewiesen werden.

Liebe

1.

Luhmann, Niklas, Liebe als Passion. Zur Codierung von Intimität, Frankfurt a.M. ^{5}1999 [1982].
Vielleicht das bekannteste, aber auch eines der umstrittensten Luhmann-Bücher. Die quellenorientierte Darstellung macht einige Passagen des Buches leichter zugänglich, insgesamt ist es aber nur für Fortgeschrittene zu empfehlen.

Luhmann, Niklas, Darum Liebe. Interview, in: ders., Short Cuts, Frankfurt a.M. 2000, S.135-149.
Im Gespräch wird manches einfacher und pointierter ausgedrückt – daher für den Anfänger eine anregende Lektüre, die auf die gesamte Theorie neugierig macht.

2.

Fuchs, Peter, Liebe, Sex und solche Sachen. Zur Konstruktion moderner Intimsysteme, Konstanz 1999.
Neben der Liebe spielt hier auch die Familie eine wichtige Rolle. Aus einer Vorlesung entstanden, dadurch auch für den Anfänger gut lesbar.

Tyrell, Hartmann, Romantische Liebe – Überlegungen zu ihrer „quantitativen Bestimmtheit", in: Dirk Baecker u.a. (Hg.), Theorie als Passion. Niklas Luhmann zum 60. Geburtstag, Frankfurt a.M. 1987, S.570-599.
Eine selbständige Diskussion von Luhmanns Liebesbegriff, die in einigen Punkten auch Alternativvorschläge entwickelt. Für den Anfänger verständlich.

3.

Braun, Manuel, Ehe, Liebe, Freundschaft. Semantik der Vergesellschaftung im frühneuhochdeutschen Prosaroman, Tübingen 2001.
Theoretisch-methodische Vorgaben Luhmanns werden in überzeugender Weise mit Ansätzen aus dem Bereich der Diskurstheorie verknüpft. Dabei zieht der Verfasser literarische Texte der unterschiedlichsten Qualität und Provenienz als Quellen heran. Im Ergebnis entsteht eine Studie von allgemein-kulturgeschichtlicher Bedeutung. Auch für Nicht-Germanisten eine anregende Lektüre.

Greis, Jutta, Drama Liebe. Zur Entstehungsgeschichte der modernen Liebe im Drama des 18. Jahrhunderts, Stuttgart 1991.
Eine eher problematische Aneignung der Systemtheorie, die sich in methodischer Hinsicht über grundlegende Prämissen hinwegsetzt. Nur für den fortgeschrittenen Leser geeignet, der sein Urteilsvermögen schärfen möchte. Außer Frage steht aber die Relevanz dieser Studie für die Literarhistorie und die Kulturgeschichte der Liebe.

Semantik

1.

Luhmann, Niklas, Gesellschaftliche Struktur und semantische Tradition, in: ders., Gesellschaftsstruktur und Semantik. Studien zur Wissenssoziologie der modernen Gesellschaft, Bd.1, Frankfurt a.M. 1980, S.9-71.

Kein anderer Luhmann-Text bringt die Grundgedanken der systemtheoretischen Semantikanalyse so prägnant zum Ausdruck. Die anschauliche Schreibweise macht den Text auch für den Anfänger geeignet.

Luhmann, Niklas, Ideengeschichten in soziologischer Perspektive, in: Joachim Matthes (Hg.), Lebenswelt und soziale Probleme. Verhandlungen des 20. Deutschen Soziologentages zu Bremen 1980, Frankfurt a.M./New York 1981, S.49-61.
Ideenbegriff und Ideengeschichte werden auf hohem Abstraktionsniveau diskutiert – nur dem Fortgeschrittenen zu empfehlen.

2.

Hahn, Alois, Funktionale und stratifikatorische Differenzierung und ihre Rolle für die gepflegte Semantik. Zu Niklas Luhmanns „Gesellschaftsstruktur und Semantik", in: Kölner Zeitschrift für Soziologie und Sozialpsychologie 33 (1981), S.345-360.
Die Grundgedanken Luhmanns werden klar und verständlich referiert. Als ‚Brücke' für den Zugang zu den Originaltexten gut geeignet!

Stäheli, Urs, Die Nachträglichkeit der Semantik. Zum Verhältnis von Sozialstruktur und Semantik, in: Soziale Systeme 4 (1998), S.315-340.
Eine kompetente Diskussion der schwierigen Wechselwirkung von Ideen- und Sozialevolution. Teils werden Ansätze Luhmanns aufgegriffen und weitergeführt, teils auch eigene Konzepte entwickelt. Das Abstraktionsniveau ist allerdings hoch, der Anfänger wird stark gefordert.

3.

Becker, Frank, Der Sportler als „moderner Menschentyp". Entwürfe für eine neue Körperlichkeit in der Weimarer Republik, in: Clemens Wischermann/Stefan Haas (Hgg.), Körper mit Geschichte. Der menschliche Körper als Ort der Selbst- und Weltdeutung, Stuttgart 2000, S.223-243.
Die moderne Industriegesellschaft konfrontiert den menschlichen Körper mit neuen Anforderungen. Wie diesen Anforderungen auf der Ebene der Semantik mit einer neuen Körperdeutung und -wahrnehmung begegnet wird, untersucht dieser Aufsatz.

Becker, Frank, Kriegserfahrung in der Ära der Einigungskriege aus systemtheoretischer Perspektive, in: Nikolaus Buschmann/Horst Carl (Hgg.), Die Erfahrung des Krieges. Von der Französischen Revolution bis zum Zweiten Weltkrieg, Paderborn 2001, S.147-172 [im Druck].

Jede menschliche Erfahrung ist durch kulturelle Muster vermittelt. Luhmanns Semantikbegriff erlaubt einen spezifischen Zugriff auf diese kulturellen Muster; hier wird er auf historische Kriegserfahrungen angewendet.